NOS « MAÎTRES »
LES EXTRATERRESTRES

« Le Monde étrange des contactés »

Jimmy Guieu

NOS « MAÎTRES » LES EXTRATERRESTRES

« Le Monde étrange des contactés »

PRESSES DE LA CITÉ

Laurédit.inc.

© Presses de la Cité, 1992.

ISBN 2-258-03707-7

A Irène Granchi, au général Uchoa, au professeur Gevaerd, à M.A.O. Bianca, Maurice Brunel, Sylvia et à « Manuela » (Brésil).

A Maurice Chatelain, Allen Hynek (†), George Andrews, Wendelle C. Stevens, Robert Hastings, « Vic » Brown, Jacques Vallée, Roger Rémy et aux cinq « inconnus » de Santa Fe (Etats-Unis).

A Roseline Pallascio, Louise Courteau, Sylvie Gagné, Gary et Michael, Jocelyne R..., Richard Glenn, Roger Drollet, Bob et Lily Moynier, Maurice Poulin, Yves et Michèle Mezaltarin (P.Q., Canada).

A Helmut Schaffer, Philippe M..., Arlette Mazliah-Mireval, Régis Monnier, Rolf V..., E... et R... et tous les FdT (Suisse). A Ion Hobana (Roumanie), Boris Shurinov (Moscou, CEI). A Liu (Hong Kong) et T. K... (Berlin) du réseau WBT.

A Jacques Castex, Jean-François Gille, Gérard Ehret, Daniel Huguet, Alain Le Kern, Monique Augeix, Michaël M... et autres CDL ; au professeur Régis Dutheil et A. Rachman, au professeur Michel Bounias, Alexandre Laugier, Jean-Louis Forest (†), Paco Rabanne, Noël Dubus, Geneviève Vanquelef, Monique Mathieu (channeling), Henry Durrant, Charles Garreau, Charles Gouiran, Patrick Gamb, Alain Ranguis, Guy Tarade, Philippe Fitousi, René Voarino (président du CEOF), Marcel Pech (président de Tau Ceti), Suzanne Perreau (présidente de la SLUB), Philippe Mathé (président du SERPPE), Olivier Riefel (président de *Crash*

Réalité) et à leurs équipes dynamiques œuvrant dans la bonne direction.

Enfin, à tous les membres de l'IMSA de par le monde, j'exprime ici ma fraternelle amitié et ma gratitude pour leur collaboration sans réserve.

J. G.

SOMMAIRE

Des lendemains d'espérance. Vigilance ! L'opération « Rapa Nui » a-t-elle été réalisée en secret ?

Tchernobyl « surveillé » par des OVNI. Immeubles abandonnés, sans électricité... mais éclairés ! Maastricht. Censure officielle... et aveux déguisés. Films américains à diffusion mondiale... Europe exceptée ! *Révélations*, nouvel ouvrage (à clé) de Jacques Vallée. Eclairage nouveau sur l'affaire de Cergy-Pontoise. Intox à gogo. Le fantastique rapport de Lucien Cometta et les maîtres secrets du monde. La base de Pine Gap dans son contexte mondial. Technologie de Tesla. Recherches russes et américaines. Pine Gap ? L'enfer sous nos pieds ! Demain le chaos ?

AVANT-PROPOS

Depuis la fracassante déclaration de John Lear (fin 1988), confortée par celles de Milton William Cooper et de Bill English, nous savons qu'une espèce extraterrestre (les « Gris » ou « Petits Gris »), fin des années 40, a conclu un accord avec le président Harry Truman et, ultérieurement, avec Staline. Moyennant leur hébergement dans des terriers à grande profondeur, sous des bases militaires, les Gris offraient en échange aux Américains des transferts de technologie. Un leurre qui précéda ou suivit la création du Majestic 12 ou MJ 12, véritable gouvernement secret à l'échelle planétaire exerçant sa mainmise sur la drogue, la géopolitique et la géoéconomie. Cette super-mafia sut habilement, dès le début, s'assurer le concours d'une part importante de la communauté scientifique destinée à exercer un véritable terrorisme intellectuel sur tous ceux qui oseraient discuter son infaillibilité, ses fondements, ses méthodes, ses ukases. Ces naïfs scientistes n'eurent aucun mal à convaincre les médias à coups d'affirmations péremptoires : les soucoupes volantes (on ne les appelait pas encore OVNI) et les prétendus Extraterrestres (plus tard ridiculement surnommés les « petits hommes verts ») ne sont que fariboles, canulars ou hallucinations.

Et les médias ont marché, répandant à leur tour ces

sornettes ! Une formidable entreprise de *debunking* (déboulonnage, dépréciation systématique) rendue possible grâce à une longue chaîne de propagandistes facilement bernés ou bien par des renégats, parfaitement au courant de la vérité ; cela à tous les niveaux de la société, jusques et y compris, depuis guère plus d'une décennie, certaines catégories d'ufologues/ sociopsychologues qui font le jeu de la conspiration. Distillée par le MJ 12, cette propagande négative, si elle n'est pas fermement combattue, ne peut qu'aboutir à une « solution finale » monstrueuse... *Déjà arrêtée, planifiée, comme surent le faire Hitler et ses hordes barbares avant de passer de la théorie à la pratique !* (A se demander si les Gris, déjà, ne tiraient pas un tantinet les ficelles dans les coulisses de l'histoire occulte de l'humanité...) Et pourquoi ce noir « futurible » ne deviendrait-il pas réalité dans la mesure où le monde entier, depuis 1947, a été conditionné pour réagir par le scepticisme, l'hilarité ou la négation viscérale face au problème des OVNI et des « petits hommes verts » ? Attitude sécurisante qui dispense de réfléchir.

Lors de la parution de mes romans-vérité *E.B.E. alerte rouge* et *E.B.E. 2 : l'entité noire d'Andamooka*, j'ai été invité à participer à diverses émissions TV : *Ciel mon mardi*, *Merci et encore Bravo*, *La Grande Famille* et d'autres. Je suis reconnaissant aux producteurs ou animateurs de ces émissions de m'avoir ainsi permis de m'exprimer sur un sujet aussi grave, hélas ! trop souvent tourné en dérision. Ces émissions ont incontestablement contribué à sensibiliser l'opinion publique. Il sera de plus en plus difficile de diffuser des programmes sur l'ufologie en ne faisant appel qu'aux « spécialistes » (ou prétendus tels) frileux et aseptisés, se protégeant derrière des « peut-être », « on peut envisager que », « il semble que », « il se pourrait que nous ne soyons pas seuls dans l'univers », et gnagnagna et gnagnagna ! Doux ronron des mous, des indécis qui s'imaginent être des ufologues, mais qui ne sont généralement que les lèches-(soyons polis) bottes des « commissions soucoupes » officielles créées pour tromper le public !

Cela posé et gardé en mémoire, amis lecteurs, vous pourrez alors valablement aborder cette adaptation du *Monde étrange des contactés* entièrement revue, augmentée, inchangée sur le fond, mais conçue dans une optique nouvelle indispensable. Et tenir compte essentiellement qu'en 1985, en écrivant la version initiale de ce document, j'ignorais comme tout un chacun l'existence du MJ 12. Enfin, dans le but de ne pas alourdir les annotations, renvois et notes infrapaginales, mes romans-vérité *E.B.E. alerte rouge* et *E.B.E. 2 : l'entité noire d'Andamooka* seront simplement désignés par *E.B.E. 1* et *E.B.E. 2.*

J.G.

PRÉFACE DE L'ÉDITION DE 1986

Mon Cher Jimmy,

En m'introduisant dans le cénacle de tes préfaciers,
merci de me mettre en la si brillante et réconfortante
compagnie de personnalités apparemment aussi dissemblables et, à l'analyse, aussi complémentaires que
Jean Cocteau et Charles-Noël Martin. Dans l'accord
sans restriction que l'un et l'autre ont apporté à ton
œuvre, sans doute faut-il admirer, chez le poète, un
goût instinctif pour la quête scientifique et, chez le
physicien atomiste, une reconnaissance tacite de la
réalité onirique; tous deux ont osé faire le « pas en
avant », dans un domaine qui n'était pas le leur; ils se
sont ainsi retrouvés, avec l'extraordinaire comme trait
d'union.

Et merci aussi de faire cela à l'occasion de cet
ouvrage documentaire. Je crois, en effet, pouvoir pré-
dire, sans être grand prophète, qu'il va faire quelque
bruit, ce « monde étrange des contactés » dans lequel
tu fais mouvoir ton lecteur, au gré de témoignages
analysés sans complaisance, de convergences entre ces
témoignages inexpliqués rationnellement et de suggestions, de tentatives d'explications que tu proposes et
dont, hélas, toutes ne sont pas rassurantes !

Voilà déjà un bon nombre d'années que tu m'ho-

15

nores, mon cher Jimmy, de ton amitié ; j'ai cherché à déterminer ce qui faisait, de chaque rencontre avec toi, toujours un plaisir rare ; en fait, c'est simple : tu n'as jamais cessé de me surprendre, de m'étonner ; tu pourrais mieux que tout autre adopter pour devise la phrase de Paul Bourget : « Quant à moi, j'ai continué d'avoir une curiosité universelle. » Tout comme Jacques Bergier, qui m'a souvent dit l'estime en laquelle il te tenait, tu pourrais te flatter d'être « amateur d'insolite et scribe de miracles ».

D'une manière générale, l'étrange, l'anormal est ton lot quotidien, sans même que tu aies à le chercher. Tu l'accueilles sans réticence et, avec une admirable clairvoyance (inspirée ?), tu l'expliques, en toute simplicité. C'est ce que ne te pardonneront jamais les incrédules à tout prix, les « vénérables barbes » du savant Charles-Noël Martin, les « serviettes élégantes dressées en forme de bonnet d'âne » du merveilleux Jean Cocteau. Car il est vrai que, même si tu t'efforces, incessamment, à une démarche scientifique, rationnelle, cartésienne, parfois tu *sais* trop fort et tu brûles les étapes de la démonstration, prêtant ainsi le flanc aux attaques des rationalistes bon teint, ceux-là mêmes qui sont convaincus que deux droites parallèles ne se rejoindront jamais (pauvre Lobatchevski...), qu'un plus un ne peut que faire deux (pourquoi diable la physique moderne a-t-elle inventé les particules « charmées » ?...) et, sans doute, que Robert Millikan (Prix Nobel de physique 1923) avait raison lorsqu'il écrivait, en 1930 : « La désintégration de l'atome ne dégagera pas une quantité d'énergie appréciable »...

Foin donc de ces pisse-vinaigre moucheronnants et laisse-moi te dire, mon cher Jimmy, que tu m'as encore une fois étonné par la masse d'informations originales dont est constitué ton livre : cas de contacts par dizaines, au travers du monde entier — et tu as dû largement pécher par omission volontaire, puisque

16

j'en connais moi-même au moins trois que tu n'as pas cités —, renseignements inédits sur des rencontres de type I, II ou III en Occident, bien sûr, malgré le silence officiel, mais aussi en Chine, en URSS, en Ethiopie — du sensationnel réconfortant — et enfin cette idée, géniale dans sa simplicité, de l'expérience que tu médites avec René Voarino ! Cette opération « Rapa Nui » qui, si elle réussissait, déclencherait une des plus formidables controverses de l'histoire et à l'égard de laquelle on pourrait, comme tu l'écris, parler d'un « Watergate cosmique » ayant ses racines dans la conspiration du silence pratiquée par toutes les nations.

Pour la satisfaction de la curiosité scientifique et simplement humaine, fasse le Ciel que tes collègues des divers médias entendent ton appel et viennent t'appuyer.

Et fassent aussi tous les Extraterrestres, s'ils existent bien, en sorte de te donner raison lorsque tu dis « croire » en la proximité, sinon l'imminence, du grand contact et du grain de sagesse qu'il mettra dans la conscience de notre humanité.

Jacques Castex
Centralien,
Membre de l'IMSA,
M's.

1992 – Post scriptum

Six ans ont passé...

Tout est allé très vite, très fort, de par le monde : Gorbatchev, la chute du « Mur », du communisme, la libération de toute l'Europe centrale, le « test » de la guerre du Golfe... Avec, dans tout cela, d'énormes « bavures » : Tchernobyl, les Kurdes, le conflit serbo-croate... ; mais aussi des points d'orgue : la première rencontre israélo-palestinienne, Mandela et la fin de l'apartheid, le sommet mondial de Rio...

Et toi, Jimmy, te voilà avec *Nos « maîtres » les Extraterrestres*, ex-*Monde étrange des contactés,* édition revue et sérieusement augmentée. Moisson nouvelle d'inédits ; et pas des moindres, ni des moins alarmants : les « Gris », le MJ 12, le rapport Cometta...

S'ils s'en tenaient là, tes lecteurs ne pourraient manquer d'envisager avec une grave inquiétude le devenir des prochains temps. Mais je connais ta quête : il en va d'elle comme du monde. Elle a toujours procédé — pour suivre, in fine, une ligne ascendante continue — par hauts et bas successifs.

Tu viens de distiller le froid. Il ne reste à présent que d'attendre avec confiance ce chaud que, déjà, laissent présager tes dernières pages. Viendra-t-il du fond des galaxies ou simplement des hommes de bonne volonté sur terre ?

Qui peut encore le savoir ?

Paris, un jour de soleil...

1

> Le temps n'est plus à tenter de convaincre mais à chercher à rassembler.
> Ceux qui, n'ayant toujours rien compris aujourd'hui, demeurent nos adversaires, ne comprendront pas davantage demain.
> Laissons-les s'enliser dans leurs polémiques et attaques stériles et, fraternellement, travaillons !
>
> J.G.

Un phénomène évolutif agit sur les Terriens.

Panorama ultra-condensé — quarante-cinq années se sont écoulées depuis la mémorable observation de Kenneth Arnold (1947) qui fit naître l'expression « soucoupes volantes », pudiquement rebaptisées OVNI, de UFO *(Unidentified Flying Objects)* ; à partir de ce sigle allait être créé le néologisme « ufologie », d'où découle « ufologue ».

Phase I. Durant les premières années de cette recherche (car l'on ne peut parler de « science » des OVNI) se multiplient les témoignages de personnes parfaitement équilibrées affirmant avoir vu un ou plusieurs « objets » mystérieux évoluer dans le ciel. Sous quelque latitude que ce soit, des analogies, des invariants, des concordances se dégagent : il ne peut donc s'agir d'hallucinations.

Phase II. Au début des années 50, l'on commence à recueillir les témoignages sur les atterrissages des disques volants. La notion vague « d'objets » cède maintenant la place à cette « identification » évidente... que les officiels et la communauté scientifique combattront désormais sans désemparer[1] !

Phase III (notamment en automne 1954 pour la France). Les occupants de ces vaisseaux font de brèves apparitions, réintègrent leur machine et décollent, emportant des échantillons minéraux et végétaux recueillis « ouvertement » sous les yeux des humains. Cette nouvelle « évidence » accrédite la thèse d'Extraterrestres venus herboriser, prélever des « cailloux », comme tout explorateur qui se respecte, en territoire inconnu. Par ce « cinéma » accessible à notre psychisme, ils se désignent pour ce qu'ils sont (ou pour l'image qu'ils veulent nous donner d'eux) : des visiteurs étrangers à notre planète. Pour les esprits ouverts, c'est là aussi une évidence. Mais pour la communauté scientifique, conditionnée par le carcan rationaliste, nier l'évidence devient hélas un credo... négatif !

Phase IV. Des RR III (Rencontres Rapprochées du Troisième Type) commencent à s'opérer entre nous et les « visiteurs » ; rencontres généralement fort brèves, à dose homéopathique, somme toute, visant à préparer les Terriens à « autre chose » sans (trop) les traumatiser. L'on note pourtant, sporadiquement, un dialogue structuré, assorti de « messages » pacifiques destinés aux humains. Ce sont là les prémisses (au sens philoso-

1. Nous le verrons plus loin ; de nombreux crashes de vaisseaux extraterrestres se sont produits dans le Middle West américain (années 40) suivis d'une prise de contact des « Etrangers » (nains sans pilosité, à peau grise = les Gris) avec les autorités américaines. Première étape génératrice du MJ 12.

phique) ou les prémices (au sens plus matériel), annonçant les contacts et, donc, les contactés.

Souvenons-nous de George Adamski : le 20 novembre 1952, en Californie, il vit atterrir l'un de ces disques et s'entretint par télépathie avec un humanoïde aux longs cheveux blonds se disant Vénusien.

Peu d'ufologues aujourd'hui accordent crédit à cette RR III. Et pourtant... Doit-on rejeter en bloc ce récit qui demeure troublant à bien des égards et s'inscrit dans le droit fil d'un scénario réalisé par les ET, conformément au processus de la « Phase IV » ? Ne serait-il pas plus sage d'admettre la réalité du contact... avec manipulation d'Adamski, lequel accepta sans sourciller (et qu'eût-il pu faire d'autre, à l'époque ?) les affirmations du pseudo-Vénusien ?

Phase V (actuelle, mais étape de transition). Depuis une décennie environ, les contacts se multiplient. Nos visiteurs « parlent » de plus en plus volontiers, délivrent des messages qui, s'ils varient quelque peu dans leur formulation (fonction aussi du vocabulaire, du QI des contactés), ont un indéniable air de famille, avec cependant des exceptions ou des variables dépendantes, selon le modèle structurel du « scénario ». Rien de commun, par exemple, entre la rencontre captivante faite le 10 avril 1952 par Rose C... et celle, beaucoup plus récente (1979), de Franck Fontaine, à Cergy-Pontoise... Sur ce dernier événement [1] qui eut un retentissement mondial et déchaîna les passions, nous présenterons au Chapitre 7 une analyse minutieuse ; le lecteur pourra alors juger « pièces en main ».

Ces deux affaires, fort dissemblables, et d'autres aussi présentent des invariants quant à la teneur des messages reçus : mise en garde des Terriens contre leur « inconduite », leur absence d'amour et de spiritualité. Ces idées-forces, nous les rencontrerons fréquemment chez les contactés de tous les pays. Mais ces idées-

1. Cf : *Contacts OVNI Cergy-Pontoise*, Jimmy Guieu, Ed. du Rocher, Paris (épuisé).

forces, *ne pourraient-elles pas receler un piège ?* C'est cette « Phase V » que nous allons développer en évoquant des cas, inconnus ou méconnus du public, sur lesquels l'IMSA (Institut Mondial des Sciences Avancées) a mené des enquêtes.

Un « téléguidage » significatif.

Début septembre 1984, Richard Glenn, un ami canadien, m'appela pour me proposer cinq ou six conférences, assorties d'émissions à la radio et à la télévision. Cela venait vraiment à point nommé dans la rédaction du présent ouvrage. Un mystérieux « téléguidage » — j'en avais soudain l'intime conviction — s'était mis en marche... J'acceptai la proposition. Je n'étais plus retourné à Montréal depuis 1978 où, durant le deuxième trimestre, j'avais donné soixante et onze conférences à travers la Belle Province ; un périple de 16 000 kilomètres. Le mercredi 24 octobre, je débarquai à Mirabel. Le lendemain, Richard me présenta l'éditrice Louise Courteau qui avait récemment publié *Contact 158*, l'ouvrage documentaire de François Bourbeau, l'ex-président de la CCUQ (Centrale de Compilation Ufologique du Québec). La lecture de ce livre — combien attachant — me conduisit de surprise en surprise...

« Contact 158 » ou l'étrange aventure de M. X...

Voici donc, schématisé au minimum, ce qu'il advint à ce M. X... (trente-sept ans au moment des faits), héros bien involontaire d'une aventure survenue le 25 novembre 1979 sur la route 158, à l'ouest de Montréal. A 3 h 30 du matin, il quitte la petite ville de Lachute pour gagner son domicile où, normalement, il aurait dû arriver trois quarts d'heure plus tard. Lors de leur première entrevue, M. X... déclara à François Bourbeau (extraits de l'ouvrage) :

« A mi-trajet de chez moi, un bruit indescriptible me heurta l'esprit et perdura pour le restant du trajet. C'est dans une courbe, à seulement quelques kilomètres de ma résidence, que ce " quelque chose " se produisit. *Je crois avoir été enlevé par des Extraterrestres !* Je le crois parce que, depuis un an, mes nuits de sommeil sont occupées par de curieux rêves où je me vois allongé sur une table et des êtres m'auscultent. J'ai aussi rêvé qu'une énorme soucoupe volante embarquait mon automobile dans sa soute pour je ne sais où. Je me souviens aussi d'avoir observé un objet très brillant avec des lumières rouges, vertes et bleues disposées symétriquement sur l'engin volant. L'OVNI serait apparu sur ma droite, se préparant à me couper la route à la sortie de la courbe. Je suis alors entré *dans une espèce de nuage bloquant la route ; j'en suis ressorti quasi instantanément* [c'est moi qui souligne, JG] pour aller donner sèchement contre un panneau de signalisation routière.

» Je suis alors sorti de mon véhicule pour inspecter les environs et vérifier les bris [c.-à-d. les dégâts, JG]. Rien de majeur ne m'empêchait de reprendre la route. Je désirais quitter rapidement cet endroit maudit qui ne me plaisait nullement. J'ai alors roulé pendant au plus cinq minutes et je suis entré à ma résidence. Ma surprise fut grande lorsque je constatai l'heure : 5 h 45 ! C'était absolument illogique puisque j'avais quitté Lachute à 3 h 30 et qu'à 4 h 15 maximum j'aurais dû être rentré. *Qu'ai-je fait durant les cent dix minutes manquantes ?* »

Pour tenter de résoudre cette énigme, François Bourbeau convainquit M. X... de se soumettre à des séances d'hypnose qu'allaient pratiquer deux hypnothérapeutes professionnels de Beauport (banlieue de Québec) : les frères Yvan et Yvon Gagnon. Les diverses régressions mémorielles sous hypnose peuvent être résumées comme suit :

M. X... roule sur la route 158. Il y a « quelque chose » au-dessus de sa voiture. (« Ah ! Laissez-moi ! » clamera-t-il à plusieurs reprises, non pas à l'adresse des hypnotiseurs mais à *ceux qui se trouvent au-dessus de lui*. Il se plaindra d'être alors « contrôlé », d'entendre un bruit lancinant.) En entrant dans le nuage sur la route, sa voiture est enlevée...

« Je suis entré dans le vaisseau ; j'ai été soulevé et mon auto s'est retrouvée dans le vaisseau. C'est beau ! C'est en métal, le plancher est en métal brillant [...] J'entre... Je monte (un escalier). C'est beau, c'est grand et c'est propre ! Je me dirige dans une salle. Il y a deux *personnes ;* deux êtres [...] très gentils. On se parle, on se comprend [par télépathie, JG]... On me demande de m'allonger sur la table ; ils sont gentils, j'ai un peu peur. Il semble y avoir un homme et une femme. Ils ont les épaules, la tête, un peu plus larges que nous. Les yeux plus gros, en amande, le nez plat, une peau rude, c'est gris et vert [...]. Ils me mettent des choses sur le corps [...] pour faire des expériences [...], pour apprendre des choses sur les humains [...]. Il y a des machines, des cadrans [...]. Pour chaque appareil, il y a un fil qui est relié à une sonde placée sur mon corps [...]. La femme a des traits beaucoup plus raffinés que l'homme, mais ils ne sont pas beaux comme nous [...]. Ils sont gentils, mais ce sont des profiteurs. Parce qu'ils veulent tout de nous mais ils ne nous donnent rien en retour [1]. »

Après avoir subi cet examen, M. X... va être relâché, mais il précise sous hypnose : « J'ai encore quelques mots à leur dire : Je ne veux plus jamais avoir affaire à vous autres ! [...] Laissez donc le monde tranquille ! Je

1. C'est ce qu'on pourrait dire des Gris (cf. *E.B.E. 1* et *E.B.E. 2*).

m'en vais (soupir). Sauvages! Vous n'êtes pas corrects, c'est pas correct de faire ça! [...]. Vous riez du monde! [...] (soupir). Ils s'excusent. Ils sont gentils quand même, c'est peut-être moi qui m'emporte. Je veux partir chez moi, laissez-moi partir... Vous, monsieur, vous n'êtes que de la merde! »

A deux reprises, M. X... se plaindra d'être « contrôlé ». A bord du vaisseau, il n'a pas la notion du temps « *parce qu'on ne me donne pas toujours ma conscience*, explique-t-il, *afin que je ne puisse pas tout voir* [...] *On ne veut pas que j'en parle.* »

François Bourbeau commente :

« Ils lui ont dit que des représailles suivraient s'il venait un jour à raconter ce qu'il a vécu [...] M. X... est perpétuellement hanté par un code : 6-1, 8-2, 6-4, 7. Impossible d'en définir l'origine et la signification. »

Brossons à présent une analyse succincte à partir d'une constatation essentielle.

M. X... fut enlevé à bord du mystérieux vaisseau dans la nuit du 24 au 25 novembre 1979, donc le 25 vers 4 heures du matin, heure locale (soit 10 heures du matin en France). Interrogé, M. de La Palice n'eût pas manqué de constater que le 25 est toujours la veille du 26! Or, le 26 novembre 1979, vers 4 h 30 du matin (soit dix-neuf heures après le rapt de M. X... au volant de sa voiture), non plus au Québec mais dans la région parisienne... *c'est Franck Fontaine qui, dans un halo de « brume lumineuse », disparaissait à Cergy-Pontoise!* Cette dernière concordance — sans complicité possible entre le Canadien et le Français — raffermit de façon plus que troublante la crédibilité de leur récit respectif. Lorsque, incidemment, je fis remarquer ce « petit détail » à François Bourbeau, celui-ci, à son tour, resta coi. Il ne connaissait l'affaire Franck Fontaine qu'à travers les articles de presse parus à l'époque et n'avait jamais lu (non plus que M. X...) *Contacts OVNI Cergy-Pontoise*. Mon confrère écrivait d'ailleurs, page 18 de *Contact 158 :*

« Il existe très peu de cas de contacts du genre enlèvement. Ceux que nous connaissons le plus sont comparables au cas de Cergy-Pontoise où Franck Fontaine fut enlevé toute une semaine par des êtres de l'espace. Triste aventure puisque la lumière fut faite à ce sujet quelques années plus tard, le tout discréditant carrément les cas de " kidnapping ". »

François Bourbeau a lu, depuis, mon livre consacré à cette affaire. Il fut alors — comme je l'ai été à la lecture du sien — stupéfait, nombre de coïncidences marquant l'aventure de M. X... et celle de Franck Fontaine. Enumérons, au gré de ces deux cas, les rapprochements qui sautent aux yeux : M. X... et Franck Fontaine précisent que ces êtres sont « des personnes » ; tous deux se plaignent d'être « contrôlés », redoutent des représailles. M. X... a reçu un code numérique. Gamma Delta (un autre « kidnappé », in *Contacts OVNI Cergy-Pontoise*) a lui aussi reçu un code numérique. M. X... et Franck ont pareillement « disparu dans un nuage » enveloppant leur véhicule, cela à dix-neuf heures d'intervalle. Ils sont identiquement examinés sur une table par des ET « qui sont des personnes » pour M. X..., par des « boules parlantes » *qui sont comme des personnes* pour Franck Fontaine. Quantité d'autres coïncidences renforcent la crédibilité des deux affaires, attestent que les ravisseurs, s'ils n'appartiennent pas à la même espèce, appliquent un plan analogue ayant la même finalité. Autant de jalons qu'il me fallait découvrir et cela, je n'ai pu le faire qu'en me rendant au Québec, après l'appel de Richard Glenn.

« *Nous sommes des pions sur l'échiquier cosmique* », ai-je fait dire à Gilles Novak, le héros de certains de mes romans. Les « joueurs » doivent bien s'amuser en manipulant les pions-jalons de leur partie. Via

Richard Glenn, Louise Courteau et François Bourbeau, le « téléguidage » continuait !

Des « boules parlantes » et d'autres qui « regardent ».

De faible diamètre (dix à vingt centimètres), ces boules sont apparues quantité de fois dans la plupart des pays, créant chez les témoins (surtout si le phénomène se produit dans leur appartement) la désagréable sensation d'être observés, même si l'apparition n'est pas suivie de « communication ».

Premier exemple

En 1957, Aline (nom fictif) a cinq ans et vit en Suisse, canton de Neuchâtel. C'est la nuit ; la petite Aline dort paisiblement dans sa chambre ; les volets, la fenêtre et la porte sont clos. Brusquement, l'enfant se réveille, prise de terreur en découvrant très près d'elle deux boules lumineuses, qui n'éclairent pas la chambre. Et ces boules parlent ! La gamine ne se souvient que d'une phrase : « Nous reviendrons te chercher... » Ces boules étaient « matérielles », mais l'on devinait les contours flous de deux oreilles de lapin et une bouche souriante (suggestion d'apaisement ?). Elles disparurent rapidement.

Un cauchemar d'enfant, songeront les sceptiques. L'on pourrait à la rigueur admettre qu'il s'agissait d'un phénomène paranormal, parapsychologique puisque Aline, adolescente puis adulte, vécut d'autres phénomènes (parfois avec des témoins) que l'on pourrait classer dans le domaine psi. Encore qu'un lien mystérieux puisse exister entre ces derniers (ou certains d'entre eux) et des « entités » — aussi matérielles dans leur monde que nous le sommes dans le nôtre — ne dédaignant pas l'humour (plus ou moins grinçant !).

Deuxième exemple

En 1972, dans le midi de la France, Myriam (dix-sept

ans) dort dans le même lit que sa sœur Josette (douze ans). Soudain, la fillette se réveille, s'assied et secoue Myriam, s'agrippe à elle, très effrayée. L'aînée sort du sommeil, s'assied elle aussi et, dans l'obscurité de la chambre, elle aperçoit au sommet de l'armoire, suspendue en l'air, une boule lumineuse cependant que sa jeune sœur s'affaisse en arrière, sans connaissance.

« Je ne détache pas mes yeux de cette boule, me dira-t-elle. Après un instant, elle se dirige tout doucement vers le pied du lit et vient se placer au centre. A ce moment-là, je sens que je me détends, je me relâche ; j'ai la sensation écrasante que cette boule me fixe de toutes ses forces. Une phrase me vient à l'esprit : " Les Extraterrestres ", et tout de suite après, sans savoir pourquoi ni comment, j'ai dit tout haut : " Eh bien, c'est pas trop tôt. " La boule s'est aussitôt mise à zigzaguer à la vitesse de l'éclair puis elle est partie à travers le mur, au-dessus de la fenêtre. Une fois qu'elle eut disparu, je me suis laissée retomber en arrière, vidée de toutes mes forces et me suis rendormie sans avoir le temps de réagir. Cette boule, d'environ vingt centimètres de diamètre, n'était pas éblouissante ; une multitude de petits points scintillants occupaient presque toute sa masse. La première idée que j'ai eue de ce truc c'est qu'il était *vivant !* »

A des degrés divers, ces sœurs possédaient une certaine médiumnité, Myriam en particulier, comme le prouve l'anecdote suivante : « Vers l'âge de quatre ou cinq ans, raconte-t-elle, nous repartions, mes parents et moi, de chez des amis qui avaient un petit garçon prénommé Gilles, de six mois plus jeune que moi. Au moment où nous nous faisions la bise, mon petit copain et moi, sa mère dit d'un air amusé : " Nous les marierons, ces deux-là. " Et moi, très gravement, j'ai pensé : " Elle n'aurait pas dû dire ça, il ne sera plus là. " Or, Gilles s'est suicidé à l'âge de dix-sept ans et demi, le 11 avril 1972. »

Troisième exemple

Brigitte (la trentaine, mariée, deux enfants) habite dans l'Yonne. Le 10 mars 1983, à vingt heures, son travail achevé, Brigitte prend la route pour regagner son domicile, distant d'une vingtaine de kilomètres. Voici des extraits de son rapport écrit : « Je vis, à l'entrée d'un bois, une lumière venant en sens inverse de la marche de mon véhicule, que j'identifiai comme le phare d'une voiture " borgne " (pourquoi pas celui d'une moto, je l'ignore). Je plaçai alors mes phares en code et, au moment de croiser cette lumière, celle-ci se subdivisa en de nombreuses petites boules très lumineuses mais non éblouissantes. A ce moment, j'eus l'impression de traverser toute une zone très lumineuse ; j'eus le réflexe de freiner, mais mes freins ne répondirent pas. Pendant cette traversée, je n'éprouvai aucune sensation de chaleur ou de froid, ne ressentis aucune vibration, *aucune sensation de roulement de ma voiture* (2 CV Citroën)[1]. A ce moment précis, une pensée m'obséda : " Il ne faut pas qu'*ils* m'emmènent sans Georges (mon mari) et les enfants. " [...] Cela s'est passé très vite, en quelques secondes tout au plus. Ensuite, je vis dans mon rétroviseur les " petites boules lumineuses " se rassembler derrière la voiture pour n'en former qu'une seule, plus grande, qui s'éloigna très vite derrière le véhicule. Puis, regardant la route, je m'aperçus que je stationnais sur le côté droit, dans l'herbe, juste devant le panneau routier de l'entrée du village de V... Dans un état d'intense inquiétude, je suis alors descendue de ma voiture ; j'ai constaté que la carrosserie était *chaude*, ainsi que la capote, comme si la 2 CV avait stationné plusieurs heures sous un soleil torride ! Remontant dans le véhicule, j'ai remarqué que le levier de vitesse était au point mort et que le

---

1. *Idem* pour 2 Mu Bêta (voir Chapitre 6) ainsi que Edmonde et Benoît (voir Chapitre 4).

frein à main était libre. Puis j'ai repris la route. Arrivé à C..., je suis allée chercher mes enfants chez la nourrice et nous sommes rentrés immédiatement.

» En descendant de la voiture, j'ai voulu prendre mon tricot (un pull que je m'étais confectionné, dont toutes les pièces étaient tricotées, mais pas encore assemblées), déposé sur le siège arrière avec deux aiguilles dans un sac de papier. Or, je ne retrouvai que les aiguilles... Aucune trace du pull! Quelques minutes plus tard, dans la salle de bains, je vis, dans la glace, que mon maquillage avait coulé sur mon visage, comme si j'avais fortement transpiré! »

Disposant de plusieurs repères dans le temps, Brigitte réalisa qu'il existait un trou de quinze à vingt-cinq minutes durant son trajet, lors même que l'intermède des boules lumineuses lui semblait n'avoir duré que quelques secondes! Depuis, elle souffre de céphalées, pas très douloureuses mais fort tenaces, et éprouve parfois également la sensation d'être surveillée.

« Par ailleurs, précise-t-elle, il m'arrive souvent de me relaxer avant de m'endormir. A ces moments, je suis totalement détendue, l'esprit le plus vide possible. Un soir, dans ces circonstances, j'ai entendu ou cru entendre la phrase suivante, prononcée lentement : " Ne dis rien à personne pour le moment ", ou une phrase ayant ce sens, je ne puis garantir les termes précis. Enfin, il y a quelques jours (15 ou 20 mars 1983), je me suis souvenue avoir entendu, lors de cette aventure, une musique douce, reposante, composée de quelques notes prolongées et s'apparentant un peu au souffle du vent. Mon mari et moi-même avons entendu la même musique le 29 mars vers 3 heures du matin, avant de nous endormir. »

Georges, l'époux de l'intéressée, m'écrivit le 6 avril 1983 :

« Je viens de prendre connaissance du rapport que

Brigitte vous envoie. Je confirme effectivement avoir attiré l'attention de mon épouse sur une musique très douce, très faible également, que nous avons entendue le 29 mars vers 3 heures du matin. Cette musique s'est terminée sur une note très prolongée d'amplitude toujours égale. Je crois pouvoir évaluer la durée de ce phénomène à environ une minute, mais cela n'est qu'une appréciation personnelle. J'ajoute avoir constaté que j'entendais mieux cette musique l'oreille " collée " sur l'oreiller que la tête relevée, ce qui m'a profondément surpris. »

Ma consœur et amie Geneviève Vanquelef (la seule femme ufologue d'Europe, à ma connaissance) publie dans son ouvrage *OVNI, interventions, captures*[1], divers exemples de comportement de ces boules lumineuses qu'elle appelle des « plasmoïdes lumineux » :

« Dans l'Aveyron, en 1966 et 1967, des boules lumineuses sont aperçues par tous les habitants de la ferme. En janvier, le père est suivi dans ses déplacements par cette étrange forme. Tout à coup, *avant qu'il ne fasse un geste*, la lumière vient se placer devant le sentier *qu'il avait l'intention de prendre.*

» Le 4 avril 1974, dans une ferme à trente kilomètres de Montluçon, le chef de famille aperçoit deux boules lumineuses qui tournent autour des bâtiments. *Dans son lit, sa fille endormie gémit à chaque passage.* Le fermier sort, une des boules se plante devant lui, " agressive " ; le manège dure jusqu'à 4 heures du matin ! Un autre jour, comme le fermier rencontre de nouveau cette boule diabolique, il décide de la suivre. Il s'aperçoit avec effroi *qu'il ne touche plus le sol.* Alors que la terre est très boueuse, ses chaussures sont intactes. Par contre, il

1. En vente chez l'auteur : Geneviève Vanquelef, 12 avenue du Vallespir, 66700 Argelès-sur-Mer, France.

s'embourbe complètement lors du voyage de retour quand le phénomène a disparu : étrange pouvoir que celui de faire léviter un homme[1].

» Au Canada, en 1970, une infirmière observe une soucoupe volante stationnée face au second étage de l'hôpital où elle travaille. Après sa journée, elle revient chez elle en voiture et s'aperçoit qu'une petite lumière blanche la suit. Chaque fois qu'elle effectue ce parcours entre l'hôpital et son domicile, la boule est fidèle au poste. Ceci pendant quinze jours [...].

» Le cas de Blauzac, dans le Gard, en juin 1967, donne un exemple des effets de ce genre de plasmoïde. Un soir, le téléphone sonne. La maîtresse de maison vient dans la salle à manger pour décrocher et s'entretient avec son interlocuteur. Tout en parlant, elle entend son chien grogner et regarde dans sa direction. Une boule lumineuse jaune est juste devant son museau, elle éclaire d'ailleurs tout un côté de la pièce. Brusquement, la boule s'élève et s'approche de la femme. Celle-ci lève la main devant son visage pour se protéger. Elle est alors entièrement paralysée dans cette position, le combiné dans l'autre main, la boule au-dessus de sa tête ! Elle ne peut même pas bouger les yeux ni appeler. Au bout de quelques minutes, la boule glisse de côté et disparaît. La victime tombe, entraînant le téléphone, et toute la maisonnée accourt.

» Cette personne est paralysée mais consciente. Le docteur lui fait une piqûre. Elle commence à pouvoir remuer les jambes deux heures après. Le chien meurt trois jours plus tard. La femme ne racontera les détails de l'aventure que *dix ans* après, lorsque son mari remarquera à son tour une boule insolite dans le jardin. »

Que ces boules « parlent », « regardent » ou se

---

1. Ou une voiture, pourrait-on ajouter et ce n'est pas Geneviève Vanquelef qui me contredira !

contentent de virevolter, il est certain qu'elles ne se bornent pas à passer sous le nez des témoins. Dans *Les soucoupes volantes viennent d'un autre monde*[1], j'ai baptisé « mouchards » un type particulier de ces modules téléguidés depuis un astronef qui recueille les informations transmises par leurs soins.

Franck Fontaine n'est donc pas le seul à avoir eu affaire à des « boules parlantes » ; de même n'est-il pas le seul à avoir été enlevé par un OVNI...

Les « pêcheurs d'hommes » de Charles H. Fort.

Convaincu que des humains ont été victimes d'enlèvements par des êtres venus d'ailleurs, l'illustre précurseur que fut Charles Hoy Fort (auteur du *Livre des damnés*), écrivait : « On nous pêche ! » Voici quelques exemples :

En juillet 1983, M. Stefan Gasparovic, habitant à Sommerécourt, dans l'est de la France, est littéralement aspiré par un engin lumineux (qu'il avait déjà aperçu quelques jours plus tôt) et perd connaissance. Il reprend conscience six kilomètres plus loin, souffre de troubles de la vue, de perte de mémoire et son corps est couvert d'ecchymoses. Il sera hospitalisé pendant plusieurs jours et avouera par la suite avoir vu, « à bord du vaisseau, de petits bonshommes tous laids et gros, avec des oreilles pointues ».

En décembre 1983, c'est au Chili qu'une jeune femme de vingt-deux ans, Marisol Espinoza Fica, est à son tour kidnappée. A quinze cents kilomètres au nord de Santiago, elle roule tard dans la nuit en direction de son domicile, sur une route de montagne. Soudain, déclare-t-elle, son véhicule fut « aspiré par une force

1. Réédité aux Éditions Vaugirard, ainsi que *Black-out sur les soucoupes volantes*.

puissante provenant d'un objet rond flottant en l'air et parcouru de lueurs violettes ».

La voiture ayant été déposée par l'engin à quelques mètres d'un ravin et le moteur refusant de démarrer, la jeune femme fut contrainte de faire une longue marche à pied pour regagner son domicile. Avec son père, Marisol se rendit au commissariat de police afin de faire une déposition et en sortant, tous deux, interdits, observèrent de nouveau le disque dans le ciel. « Un engin énorme », précisera le père, bouleversé.

En septembre 1981, près d'Avignon (Vaucluse), Mme Guiraud et l'un de ses amis roulent en voiture sur la nationale 100. « Devant nous, explique Mme Guiraud, circulait une 2 CV conduite par une femme. Tout à coup, alors que nous commencions à grimper une côte, une sorte de brouillard bizarre s'abattit sur la route et ses abords. Il était 19 h 30. Nous avions allumé nos phares et puis ce gros nuage s'est dissipé aussi rapidement qu'il était venu : *nous avons alors constaté la disparition de la 2 CV ! Il n'y avait aucun chemin, aucun parking où elle aurait pu se garer. Cette voiture s'est volatilisée dans ce nuage qui s'étendait sur trente mètres à peine.* »

Cet « enlèvement » d'un véhicule dans un « nuage » leur a paru tellement extravagant que les deux automobilistes n'ont pas osé en parler. Mais quelques semaines plus tard, avec plusieurs centaines d'autres témoins, ayant observé dans le ciel d'Avignon une énorme boule lumineuse rouge, Mme Guiraud décida de rompre le silence. Elle révéla dans quelles circonstances une 2 CV, sous ses yeux, avait disparu dans un nuage qui s'était inexplicablement abattu sur la nationale 100.

L'on aurait dû s'attendre à une levée de boucliers, à des cris hystériques de la part des groupuscules ufologiques qui, deux ans plus tôt, s'étaient acharnés contre l'enlèvement de Franck Fontaine. Pas le moins du

34

monde : une fois pour toutes, seule l'affaire de Cergy-Pontoise soulevait leur indignation...

Des Terriens sous contrôle.

Début novembre 1984, à Montréal, l'éditrice Louise Courteau et moi-même travaillions sur les épreuves de *La Conspiration cosmique*, ouvrage de Stan Deyo, traduit par Bernard Milot[1], dont la couverture, avec juste raison, porte la mention : *Ce livre est une bombe!* Nous fûmes interrompus par la visite d'une amie de Louise Courteau accompagnée de sa fille Martine (nom fictif). Jolie femme bien dans sa peau, décontractée, peu encline à agiter des problèmes métaphysiques, travaillant dans un grand magasin, Martine (vingt et un ans) coulait des jours heureux auprès de son *chum* (petit ami, au Québec).

Martine accepta de narrer l'étonnante aventure qu'elle avait vécue, à l'âge de quinze ans, chez ses parents habitant une maison assez isolée, à une cinquantaine de kilomètres de Montréal.

Durant la nuit du 15 février 1978, Martine est brusquement réveillée et s'assied dans son lit. De la fenêtre de sa chambre parvient une forte clarté et l'adolescente se sent incapable de bouger. Très près du sol, dans le jardin, un étrange appareil lumineux en forme de dôme stationne au-dessus de la neige, immobile. A la base et à son sommet pulsent des lumières colorées.

— Tu vas te lever et venir nous rejoindre...
— *Non!*

Ce cri muet, elle le hurla mentalement et, une

1. Paru au Canada chez Louise Courteau Editrice Inc., 7433, rue Saint-Denis, Montréal (H2R 2E5), Québec. Diffusé en France par Dervy-Livres, Paris.

idée, une argumentation fort étonnante la poussa à formuler cette pensée :

— Non, je ne viendrai pas car je suis matérialiste, très attachée aux joies banales de la vie. Vous, vous êtes évolués spirituellement et fort éloignés de mes préoccupations. Laissez-moi, la spiritualité ne m'intéresse pas.

Martine ne se souvient plus exactement des termes « télépathiques » qu'elle opposa à la requête des occupants du vaisseau, mais la phrase ci-dessus traduit assez bien le contenu de son refus.

Après un temps difficile à évaluer — plus d'une heure sans doute — la paralysie cessa et l'engin, avec lenteur, se souleva. Affolée, Martine courut réveiller ses parents. Ceux-ci, par la fenêtre, purent voir sans erreur possible le vaisseau qui, maintenant à plusieurs mètres du sol, s'éloignait avec ses lumières pulsantes, polychromes.

La mère de Martine me confirma formellement avoir vu cet engin prendre de l'altitude et mettre le cap à l'est. L'hypothèse d'un rêve, d'un cauchemar est à écarter. Le père, la mère et leur fille avaient indéniablement observé le même objet, le décrivaient avec les mêmes détails.

Alors que Martine achevait son récit (elle était assise à ma droite, face à Louise Courteau et à sa mère), l'image du mollet droit de la jeune femme envahit mon esprit : *mais c'est le mollet d'une petite fille !* Evitant de faire allusion à ce « flash », j'interrogeai la mère :

— Lorsque Martine était enfant et jouait dehors, près de votre maison, ne lui est-il pas arrivé de faire une escapade, de rentrer tard, un soir ?

Etonnement de la mère qui me conte alors cette escapade (car escapade il y avait, conforme à ma « visualisation ») et ses prolongements inattendus. Agée de cinq ou six ans, Martine alla un jour s'amuser seule dans le bois, s'éloigna, resta absente plusieurs heures. Revenue le soir à la maison, ses parents, comme bien l'on pense, la grondèrent sévèrement. Qu'avait-elle fait ? Rien ; elle s'était amusée, simplement, et ne se souvenait pas d'autre chose. Le lendemain, son mollet droit se mit à enfler, doublant presque de volume, mais sans lui causer de douleur. Ses parents l'examinèrent, remarquèrent une petite trace de piqûre vers le haut du mollet ; sans doute une piqûre d'insecte. Le médecin prescrivit un médicament en application locale. L'enflure, tout à fait anormale mais indolore, persista durant une semaine puis la trace de piqûre devint plus visible. Le père de Martine débrida l'orifice, malaxa doucement les muscles et une épine sombre apparut. Sans doute le piquant d'un porc-épic ? La gamine affirma n'avoir pas vu ni approché, dans le bois, ce genre d'animal. Lors de ses jeux, elle n'avait pas davantage ressenti de piqûre.

A l'aide d'une pince à épiler, la mère de la fillette retira doucement l'épine, d'un roux sombre, qui n'en finissait pas de sortir du mollet. Elle mesurait bien dix centimètres sur un ou deux millimètres de diamètre. Sa section n'était pas arrondie mais plutôt triangulaire, aux arêtes adoucies, comme polies. Cette épine fut lavée et conservée sur une étagère. Le mollet de Martine désenfla et tout rentra dans l'ordre. Une quinzaine de jours plus tard, lorsque le père avisa la fameuse épine sur l'étagère, il haussa les épaules et la jeta...

Et l'on perdit ainsi *l'implant* que des êtres venus d'ailleurs avaient probablement greffé dans le mollet de la petite fille. De quelle nature était-il, cet implant ? Un « mouchard » testant la porteuse et renvoyant des informations à une sonde orbitant autour de la Terre ? Ou bien un leurre destiné à être découvert, extirpé des chairs mais laissant *in situ* un implant beaucoup plus petit ? Celui-ci ne subirait aucun phénomène de rejet, ne causerait point d'inflammation et passerait inaperçu, tout en continuant d'émettre des impulsions localisatrices ; des trains d'ondes permettant aux ET de suivre la porteuse et de la localiser le moment venu[1]. *Par exemple dix ans plus tard, dans sa chambre d'adolescente, au cours de cette nuit mémorable où « ils » lui demandèrent de venir les rejoindre...*

J'en avais la conviction : durant son escapade dans le bois, la gamine avait été amenée à bord d'un vaisseau pour y subir un examen puis la greffe d'un « mouchard ». A ma demande, elle accepta sans difficulté de se soumettre à une séance d'hypnose afin de revivre ces événements qui n'avaient laissé aucune trace dans sa mémoire consciente. Las, une semaine plus tard, Martine ne voulait plus entendre parler de cette histoire ancienne. Nous ne saurons jamais ce que, petite fille, elle vécut à bord de ce vaisseau revenu dix ans plus tard aux abords de la maison paternelle... Combien d'enfants, au cours d'une escapade, rentrant chez eux avec une blessure légère, furent ainsi placés sous contrôle par des « visiteurs » qui tous ne sont pas — loin s'en faut — bienveillants (nous en prendrons conscience plus loin) ? Banal incident vite oublié mais qui peut, plus tard, resurgir à l'occasion d'une nouvelle « rencontre »...

Si tel devait être votre cas, ami lecteur, ou si vous connaissez quelqu'un à qui pareille aventure est arrivée, n'hésitez pas à m'écrire. Je respecterai scrupuleusement l'anonymat de l'intéressé et sa coopération dans notre enquête nous permettra peut-être de progresser.

---

1. Elément authentique utilisé dans *E.B.E. 1*. Une aventure similaire fut vécue par l'artiste peintre Claudia Roux qui en relate les détails dans la cassette vidéo : *Ovni-EBE : l'invasion a commencé.*

2

Les rendez-vous manqués... et les autres.

De par le monde, divers contactés ont reçu des ET la promesse de revenir. Dans la majorité des cas, les visiteurs leur posaient un lapin ! Quelquefois aussi, le témoin se voyait survolé par un disque lumineux à l'heure du rendez-vous, sans qu'il y ait contact ni dialogue. D'autres, plus chanceux — tel ce couple de Belo Horizonte, Brésil —, purent à maintes reprises rencontrer leurs « frères de l'espace », monter à bord de leur vaisseau et rendre compte par la suite de leur aventure. Voici, en raccourci, celle de Herminio et Bianca R..., ce couple sympathique avec lequel j'eus de longs entretiens au Brésil, en juin 1980 *(hors-texte n° 1)*. Parents de trois enfants, occupant une bonne situation, menant une existence des plus normales, tous deux, au moment des faits (à l'instar de la majorité des contactés), ne s'intéressaient point aux OVNI.

Le 12 janvier 1976 à 23 h 30, à bord de leur vieille Karmanguir (modèle 1965), ils roulent sur la route de Rio à Belo Horizonte. Ayant dépassé la ville de Matias Barbosa, Herminio, fatigué du voyage, s'arrête sur le bas-côté de la route pour se reposer ; il s'assoupit tandis que sa femme veille. Une demi-heure peut-être s'écoule et Bianca aperçoit par le pare-brise ce qu'elle prend pour un ballon lumineux, « très joli », dira-t-elle. Le ballon se rapproche, s'éteint, cesse d'être visible. Subitement, il se rallume, dirige vers la voiture un faisceau lumineux qui s'éteint à son tour cependant que le ballon s'immobilise au-dessus de la Karman-guir. Bianca pense à présent à un avion en difficulté qui va percuter leur véhicule. Elle crie. Herminio se réveille en sursaut, s'assied.

Tous deux éprouvent alors une étrange sensation de légèreté, une sorte de vide ; cela fait songer à Bianca qu'elle pourrait aussi bien se « retourner la tête en bas » et flotter sans dommage. La sensation de légèreté s'accentue et le couple réalise, effaré, que la « chose » *aspire* la voiture qui s'élève lentement, que la nuit « normale » fait place à une obscurité complète. La sensation de flottement disparaît, remplacée par une pression sur tout le corps. Ont-ils perdu connaissance ? Le fait est que, brusquement, ils se retrouvent (toujours assis dans leur voiture) au milieu d'une pièce circulaire éclairée par une lumière provenant directement des parois ; aucune lampe apparente. « Il me semblait être à l'intérieur d'une ampoule répandant une lumière analogue à celle du jour », expliquera Bianca. *Ni elle ni son époux ne comprennent en quel lieu ils peuvent bien se trouver ;* ils n'ont à cet égard aucune idée préconçue, sont simplement déroutés.

Dans le plafond de cette pièce circulaire s'ouvre une trappe : un escalier métallique s'étire jusqu'au plancher. Deux « jeunes gens » paraissent, grands, la peau mate, les cheveux noirs, les yeux verts. Revêtus d'une sorte de survêtement, ils descendent les marches : l'un se dirige vers l'avant de la voiture, l'autre vers l'arrière, tous deux l'examinent avec attention (la Karman-guir est sale, couverte de boue car il a plu). L'un des « jeunes gens » (c'est ainsi qu'au début nos amis les désignent, toujours sans idée préconçue) s'approche de Bianca et lui fait signe de descendre. Elle est si nerveuse qu'elle ne parvient pas à ouvrir ; la portière, au demeurant, est un peu coincée. Le « jeune homme » saisit alors la poignée et aide Bianca à sortir.

Sitôt dehors, la Brésilienne a la désagréable impression d'être ivre. « Si je posais le pied sur le sol, je titubais, je ne pouvais pas me tenir debout. Alors, le jeune homme m'a tenu le bras ; puis Herminio est sorti et l'autre jeune homme l'a également tenu. » Les époux ne comprennent toujours pas *où* ils se trouvent. Les deux « jeunes gens », fort aimablement, les guident vers un autre escalier métallique et ils le descendent pour aboutir dans une salle immense que Bianca appellera « le hangar ». Une idée inquiétante s'insinue dans l'esprit de Herminio qui, non sans hésitation, demande à sa femme : « Est-ce que nous ne serions pas dans une soucoupe volante ? » Bianca tressaille violemment, manque s'évanouir de terreur, songeant qu'elle et son mari ne reviendront plus chez eux. Que vont devenir leurs enfants ?

Auparavant, répétons-le, ni l'un ni l'autre ne croyaient aux soucoupes volantes et moins encore à la possibilité qu'il puisse s'agir de vaisseaux extraterrestres. Alors que les deux « jeunes gens » les amènent dans cette vaste salle, ont-ils changé d'avis ? Non ! Certes, force leur est de se rendre à l'évidence : cet appareil ressemble à ce qu'on pourrait appeler une soucoupe volante mais, pour eux, cet engin est bien *terrestre*.

Herminio déclara : « J'ai pensé d'abord qu'il s'agissait d'une expérience des Américains, des Russes et qu'ils s'étaient trompés de personnes, qu'ils nous prenaient pour ceux que nous n'étions pas. J'ai commencé à gesticuler, à leur crier qu'ils se trompaient, mais j'avais l'impression qu'ils ne m'entendaient pas. Affolée, Bianca aussi criait, pleurait. Les deux jeunes gens étaient pourtant aimables, prévenants. Ils nous ont conduits dans une autre pièce, parlant entre eux une langue que nous ne comprenions pas. Ce local était carré. Ils examinèrent notre peau, nos yeux, puis ils firent s'allonger Bianca dans une sorte de caisson transparent qui commença à changer de couleur, comme du fer porté au rouge. Je ne savais pas ce qu'ils allaient faire et commençais à crier désespérément, leur demandant ce qu'ils nous voulaient. Ils ne réagirent pas, ne me prêtèrent aucune attention. L'un des jeunes gens restait auprès de moi. La coloration rouge du caisson s'atténua, disparut et l'autre aida Bianca à sortir de ce caisson, à se remettre sur pied. Ce fut mon tour de m'allonger dans le caisson et la même expérience se renouvela[1]. Quand j'en sortis, il y eut une conversation entre les jeunes gens, toujours incompréhensible pour nous. Ensuite, ils apportèrent une petite boîte et l'approchèrent de ma poitrine ; cet instrument était relié à un autre appareil, de grande dimension. Il me sembla que le fond de la boîte sauta, s'appuya sur ma poitrine... ensuite, j'ai dû m'évanouir ; je ne me souviens plus de rien. »

Bianca subit la même expérience et « dormit » tout comme son mari. Quand ils reprirent conscience, ils étaient couchés sur quelque chose d'assez haut qui ressemblait à une table ronde mais souple. Ils s'assirent et le « plateau » accompagna leur mouvement, s'enfonça un peu, se modela étroitement selon les formes de leurs corps.

Plusieurs « personnes » en survêtement moulant les observaient, toujours avec une expression bienveillante. Il y avait là quatre « hommes » de grande taille (supérieure à deux mètres) et une femme de la même stature, très belle, avec de longs cheveux noirs, des

1. Tous deux, fort effrayés, appréhendant même la mort, se trouvaient dans l'incapacité de bouger. Indépendamment de leur frayeur, ils sentaient leur peau devenir grenue, « hérissée sur tout le corps, jusqu'aux cheveux ».

yeux verts au regard étrange, indéfinissable[1]. Tous ces êtres se ressemblaient énormément et l'on aurait pu les prendre pour des jumeaux. Très féminine, la jeune femme présentait pourtant les mêmes traits que ceux de ses compagnons : même peau mate, mêmes yeux verts arrondis, même corps harmonieusement proportionné. Ses longs cheveux noirs tombaient sur son buste. Elle portait des chaussures basses sans talons.

A proximité des « fauteuils », un grand appareil un peu comparable à un standard téléphonique. A son tableau furent reliés quatre casques : un pour Herminio, un pour Bianca, les deux autres pour les « jeunes gens » qui leur avaient servi de cicérones. Nos amis adaptèrent le casque sur leur tête ; ils entendirent leurs interlocuteurs s'exprimer dans leur idiome incompréhensible et aussitôt après venait la traduction en portugais. Bianca s'écria soudain, interloquée :

— Oh ! Herminio, ils me parlent ! Je les comprends !

— Soyez la bienvenue, disait la voix dans les écouteurs. Je suis Karran (les « r » très aspirés). Et vous, quel est votre nom ?

Karran se présenta à Herminio, lui demanda son nom ; la « machine » traduisait le portugais et l'humanoïde recevait donc les paroles de ses hôtes dans sa propre langue. Il leur annonça venir d'une lointaine planète portant le nom de *Klermer*... C'est à ce moment-là seulement que Herminio et Bianca réalisèrent l'effarante vérité : ils se trouvaient bien dans une soucoupe volante, mais ce vaisseau ne devait rien à la technologie humaine. Il avait été conçu loin de la Terre, sur un autre monde ! Un dialogue s'instaura, fort long puisqu'à diverses reprises Bianca, manifestant le désir de satisfaire un besoin naturel, *se sentait envahir par le*

1. Ce même regard, fascinant, que les témoins prêteront à Haurrio, très fidèlement rendu par le peintre Sabine Mangin dans le portrait de cet ET qu'elle dessina lors de l'enquête sur l'affaire de Cergy-Pontoise *(hors-texte n° 2)*.

sommeil et s'endormait! « Quand je me réveillais, avouera-t-elle, je ne ressentais plus le besoin d'aller aux toilettes. Je ne sais donc pas s'ils ont des toilettes. » Ces paroles, elle les répétera textuellement au cours d'une série d'émissions télévisées qui firent sensation au Brésil.

Bianca et Herminio subirent des examens de la peau, des yeux et, au début, ils reconnurent avoir eu très peur mais, graduellement, leur crainte disparut, surtout à partir du moment où, grâce à l'appareil traducteur, un dialogue put s'établir. Voici, en résumé, quelques points qu'il nous faudra retenir, afin de les comparer à d'autres déclarations faites par les ET à divers contactés :

« Ils croient en un dieu, dira Bianca, seulement, ils ne pensent pas qu'ils aient besoin de livres, d'églises, pour savoir que le Créateur existe. Sur leur Terre, ils n'ont rien de tout cela. Ils n'en ont pas besoin.

» Herminio : D'après ce que Karran m'a dit, la vieillesse est une maladie ; ils ne vieillissent pas [1]. Ils contrôlent la matière.

» Bianca : Ils disent que sur leur Terre, ils ne meurent pas, ils " perdent la matière ". Et quand ils reçoivent une " nouvelle matière " — nous dirions " naître de nouveau " — ils n'oublient pas ce qu'ils étaient auparavant et continuent en partant de là où ils se sont arrêtés. Ils ne reviennent jamais en arrière.

1. Lors de l'enlèvement de Betty et Barney Hill (cf. *Le Voyage interrompu*, John G. Fuller, éd. du Rocher, Paris), les ET leur firent des déclarations similaires et semblaient n'avoir aucune conception du temps... ce qui est parfaitement invraisemblable et relève du « cinéma ». Un vaisseau spatial ou une bicyclette accomplissent un trajet en un temps *t* ; un humain et un ET ont invariablement un passé, un présent, un avenir. Et ce, même s'ils sont capables de *manipuler le temps*, ce qui semble ressortir de certaines expériences sur des contactés. Exemple, le caporal Valdes, au Chili : disparu dans un halo lumineux, il revint au bout d'un quart d'heure avec une barbe de cinq jours ; sa montre calendographe marquait le même « saut » dans le temps.

» Durant notre séjour à bord du vaisseau, nous avons bu un liquide comme de l'huile et d'un goût indéfinissable. Je dis indéfinissable parce qu'il avait goût d'un peu tout ; un goût de sel et de sucre et d'autres choses. On ne pouvait pas définir la saveur. C'était mauvais. A un certain moment, alors qu'ils voulaient me faire boire un liquide destiné à effacer les souvenirs que nous pourrions garder d'eux, j'ai refusé. Ils dirent que c'était *nécessaire* que je boive. J'ai réagi par un refus car le premier liquide qu'ils m'avaient donné à boire était très mauvais et je ne voulais pas recommencer. Ils me dirent qu'ils ne me forceraient pas. Karran m'expliqua les raisons pour lesquelles je devais boire, bien qu'ils ne m'y obligeraient pas. Il me donna ces explications, calmement : lorsque j'arriverais sur la Terre[1] et que je parlerais de ce sujet, on penserait que j'étais folle. Il était donc préférable de boire ce liquide pour oublier que nous étions allés avec eux. J'ai mûrement réfléchi puis j'ai dit : " Non, je ne vais pas boire parce que, pour moi, tout cela est très important. Malgré la peur et tout le reste, cette expérience fut merveilleuse. Tu veux savoir, Karran ? Dans ce monde où il y a tant de fous, un de plus ne fera pas une grande différence. Donc, je ne boirai pas ce liquide[2]. " »

L'attitude courageuse et déterminée de Bianca sembla impressionner très favorablement Karran et ses compagnons. Est-ce pour cette raison qu'ils la soumirent à un appareil destiné à « enregistrer » ses ondes mentales en négligeant de le faire avec Herminio ? L'un et l'autre l'ignorent, mais il faut noter que,

1. Karran sous-entend-il que, dans ce vaisseau, Bianca et Herminio se trouvent présentement « ailleurs » ? Durant leur absence, ont-ils été transportés sur la planète Klermer ?
2. Combien de Terriens vivant une expérience analogue ont-ils accepté de boire ce liquide (telle l'eau du Léthé de la mythologie grecque) et perdu ainsi le souvenir de leur contact ?

désormais, après cette première aventure, c'est Bianca qui reçut les messages émanant de ces êtres, messages *auditifs*, transmis par une voix perçue fort clairement. Ce détail est aussi à retenir quand nous aborderons le cas « 2 Mu Bêta ». Aux dires de Karran, rapportés par Bianca : « C'est seulement pour nous observer qu'ils viennent sur notre planète. *Ils disent que nous leur appartenons et qu'ils nous appartiennent.* Leur finalité est seulement d'observer ce que nous faisons, sans intervenir. Nous, les Terriens, *nous descendons d'eux.* »

Cette hypothèse, je l'ai formulée dès 1953 dans *Les soucoupes volantes viennent d'un autre monde*, me fondant en cela sur divers textes sacrés, dont la Bible et, pour l'hindouisme, les Stances de Dzyan (cf. *La Doctrine secrète*, H. P. Blavatski, éd. Adyar, Paris). Claude Vorhillon, *alias* Raël, s'est inspiré de cette approche néo-herméneutique pour fonder sa secte dont une des principales activités est la « méditation sensuelle », jouant lui-même les gourous en clamant *urbi et orbi* que Dieu n'existe pas.

Concernant le « changement de matière » (mort), la période transitoire et le « renouvellement de matière », Bianca rapporte les paroles de Karran ou, du moins, ce qu'elle en a retenu. Je la cite en résumant mais en conservant son style parlé (les parenthèses sont de moi) :

« Ils m'ont expliqué qu'ici, sur cette Terre, le processus est le même (mort et renaissance avec réincarnation, sous-entendu). Nous utilisons le même procédé qu'eux, seulement, nous ne nous en souvenons pas (nous avons oublié nos vies antérieures). Sur leur monde, ils ne meurent pas de vieillesse ; chez eux, il existe un processus qui maintient la matière saine pendant très longtemps. Mais il existe une époque où la matière se fatigue, bien qu'elle soit " ravitaillée " (régénérée ?) constamment. Il faut alors faire le " changement de matière ". Il arrive aussi qu'il y ait des accidents et qu'ils perdent alors la matière. Dans ce cas, nous dirions ici que c'est la mort. Ils ont essayé de m'expliquer ce processus et m'ont dit : " Sur notre planète, nous ne mourons pas ; nous perdons la matière et il y a une différence entre la mort et la perte de matière [1]. La mort, c'est sur votre planète, où se produisit un accident (lors de la création des humains par les ET ?) : un excès d'énergie, une radiation a brûlé une partie de votre cerveau. C'est pour cela que vous ne vous souvenez de rien (de vos vies antérieures) quand vous revenez dans votre matière (quand vous vous réincarnez). Chez nous, nous nous souvenons de tout parfaitement quand nous recevons une nouvelle matière. " »

En juillet, août et septembre 1978, au cours des émissions TV de Flavio Cavalcanti — chaîne Tupi — auxquelles ce couple de contactés participa, la question suivante leur fut posée :

« Ont-ils (Karran et ses semblables) une communication avec les esprits [2], avant de prendre une nouvelle matière ?

» Bianca : Je voudrais préciser que ce terme " esprit " n'a été utilisé, adopté, par eux, à ce moment-là, que pour que nous puissions comprendre de quoi ils voulaient parler. Ils ont une parfaite communication entre la matière — les personnes vivantes — et les personnes-esprits ; je veux dire les personnes qui ont perdu la matière (la vie). Il y a une relation parfaite entre eux. Nous n'avons pas cette relation, ici, juste-ment à cause de nos problèmes. » (Allusion sans doute à « l'accident » évoqué plus haut.)

1. Karran entendait-il par là que, pour son espèce, la « mort réelle » désigne non pas la perte du corps-matière mais la libéra-tion de l'âme, de l'esprit, dégagé du cycle karmique lui permettant dès lors de ne plus se réincarner ?
2. Rappelons qu'au Brésil le kardecisme (doctrine d'Allan Kar-dec sur la communication avec les esprits des désincarnés) est considérée comme une véritable religion.

C'est donc vers minuit, le 12 janvier 1976, aux abords de Matias Barbosa (localité située à environ cent cinquante kilomètres au nord de Rio de Janeiro), que Herminio et Bianca sont embarqués à bord du vaisseau de Karran. Lorsqu'ils quittèrent l'astronef et se remirent à rouler, la pendulette du tableau de bord qui ne fonctionnait pas très bien indiquait presque minuit. A l'approche d'une agglomération, une première surprise les attendait : ils se trouvaient à Conselheiro Lafaiete, dans le Minas Gerais, soit à environ *deux cents kilomètres de Matias Barbosa !* Ils avaient donc effectué un vol durant leur séjour dans le vaisseau et celui-ci les avait déposé à deux cents kilomètres de leur point d'enlèvement. Nouvelle surprise lorsque, prenant de l'essence à la première station, ils apprirent que, s'il était bien minuit, le calendrier indiquait jeudi 15 janvier. En conséquence, *ils étaient restés deux jours à bord de l'astronef.*

Bianca demeura choquée, traumatisée et bègue pendant plusieurs jours ; elle dut même avoir recours à un calmant et, progressivement, les choses rentrèrent dans l'ordre. Ni elle ni son mari ne rendirent publique leur étrange expérience, de crainte de passer pour « détraqués » ; ils en parlèrent seulement à quelques amis... et des fuites se produisirent. Mais c'est seulement au bout de deux années que le producteur de télévision Flavio Cavalcanti put enfin les « découvrir », s'entretenir longuement avec eux, les voir dans leur milieu familial avec leurs enfants et se rendre compte de leur sincérité. Il parvint à les décider à participer à une série d'émissions et c'est ainsi que leur fantastique enlèvement fut divulgué.

Le 27 août 1978, sur la même chaîne Tupi, nos amis consentaient à parler de leur second contact du 9 janvier 1977, qui leur avait été annoncé par un message à la fin novembre 1976. Voici la transcription, résumée, de leurs déclarations :

« Bianca : Le message disait que Karran allait revenir et qu'il désirait nous parler à nouveau. Une autre personne — un Extraterrestre nommé Zir — serait au rendez-vous et nous attendait, pour nous conduire vers Karran. A la date fixée, nous sommes allés au lieu convenu. Nous n'avons pas vu arriver la personne[1] nommée Zir. Celui-ci, surgi près de nous dans l'obscurité, a frappé à la vitre de la voiture. Nous avons eu peur. Il nous a parlé en portugais, nous a rappelé ce qui avait été convenu auparavant dans le message. Zir est monté dans la voiture. Nous avons roulé sur environ un kilomètre pour atteindre le lieu du rendez-vous. Zir a demandé à Herminio de faire une manœuvre, de placer la voiture dans le sens du départ (celui du retour). Puis il est sorti. Nous avons attendu une heure environ. Ensuite nous avons vu une forme blanche qui avançait sur la route. J'ai eu très peur, pensant que cela pouvait être un fantôme. Je n'ai pas pensé du tout que c'était Karran parce que je m'attendais à voir descendre son vaisseau. La forme blanche qui marchait dans notre direction se précisa : c'était effectivement Karran ! »

Lors de ce second contact, le dialogue devait durer deux heures environ. Herminio et Bianca ne furent pas très prolixes sur ce qui leur fut dit, mais l'on peut retenir qu'au gré de ces contacts, ils reçurent des informations « inquiétantes », susceptibles d'avoir un sérieux impact sur le public si celles-ci devaient être un jour divulguées. De quelle nature étaient-elles donc,

---

1. On notera une fois encore l'emploi du mot « personne » pour désigner le ou les ET avec lesquels les témoins sont confrontés. Formulation inconsciente sans doute pour bien préciser qu'il s'agit de *personnes physiques* et non pas d'une illusion, voire peut-être d'un hologramme. Mais il pourrait s'agir aussi d'une induction « persuasive » due aux ET eux-mêmes imprimant cette certitude dans le psychisme des contactés. Nous avions fait la même remarque dans les cas de M. X... au Québec et de Franck Fontaine en France.

ces informations alarmantes ? Nous en aurons une idée en abordant, plus loin, l'affaire « 2 Mu Bêta » qui recoupe parfois celle de Herminio et Bianca. D'autres contacts avec Karran et son équipage eurent lieu pour nos amis, *chaque année au mois de janvier*[1]. Ils apprirent ainsi que certains Extraterrestres vivent parmi nous, que notre société humaine est en permanence observée par eux.

Ces contacts répétés modifièrent profondément la façon de penser de Herminio et Bianca. Au cours de ces rencontres avec les « Intelligences du Dehors », ils reçurent un enseignement, apprirent une technique de « sortie hors du corps », sortie *consciente* qu'ils enseignèrent par la suite à quiconque voulait bien fréquenter le *Centro de Estudos e Pesquisas Occultistas* (Centre d'études et de recherches occultistes) qu'ils ont créé à Belo Horizonte.

Les résultats obtenus par cette technique de « sortie et de retour conscient à la matière » visent à démontrer aux expérimentateurs la réalité de ce que Karran enseigna à ce couple. Une technique basée sur des exercices respiratoires particuliers, des exercices sur le nerf optique (d'abord les yeux ouverts, debout, ensuite couché et les yeux clos) et ce sans avoir besoin de cesser de boire, de fumer, de manger de la viande ou d'avoir des rapports sexuels. Cela, on l'avouera, est assez nouveau puisque diverses écoles spiritualistes enseignent le contraire.

Cette technique permet donc, au cours de « sorties hors du corps », d'entrer en relation avec les « esprits » des désincarnés mais aussi avec les Extraterrestres lorsqu'ils « perdent leur matière » ou simplement quand ils « évoluent » eux-mêmes (et ce volontairement) « en astral ». Cette succession de rencontres

1. Bianca — divorcée — m'a confirmé la pérennité de ses contacts, lors de notre seconde rencontre à Rio de Janeiro, au cours du Ier Congrès International d'Ufologie (septembre 1988).

50

avec ces êtres d'ailleurs, nous le voyons, a profondément modifié, bouleversé la vie de nos deux amis qui se sont orientés vers plus de spiritualité et c'est là, encore, un trait commun à nombre de contactés. Par le truchement de notre interprète, j'ai posé cette question à Herminio :

« Karran t'a-t-il donné la raison pour laquelle lui et ses semblables établissent des contacts avec des Terriens ? Et pourquoi leurs vaisseaux sillonnent-ils nos cieux avec une telle fréquence ?

» — C'est là une préparation visant à nous habituer à leur présence, à nous convaincre de leur existence. Ensuite, dans un futur proche, ils établiront un contact " public " sans provoquer de panique. »

J'ai questionné Bianca :

« Toi et Herminio avez vécu une expérience extraordinaire dont tous les détails mériteraient d'être largement divulgués. Pourquoi n'écririez-vous pas un livre ?

» — Nous l'avions écrit et avons confié le manuscrit, avec des photos, des croquis, à un " professeur " américain qui nous a dit l'avoir perdu ou qu'on le lui avait volé. Nous n'avons jamais pu le récupérer. Nous étions découragés ; plus tard, nous essayerons de le récrire[1]. »

Je suggérai à Bianca et à son mari de se soumettre à des séances d'hypnose, pour retrouver — si faire se pouvait — la totalité de leurs souvenirs au cours de ces divers contacts. Ils déclinèrent cette proposition et je crus discerner une gêne diffuse chez mes interlocuteurs. Les sceptiques mettront cette réaction sur le compte d'un canular que les « coupables » étaient peu désireux de révéler. Cet embarras, je le crois, avait une origine bien différente. Ni l'un ni l'autre, visiblement, ne souhaitaient voir resurgir certains souvenirs... *peut-*

---

1. En 1987, Bianca publia enfin ce livre (voir la bibliographie en fin de l'ouvrage).

être gênants. Car en quarante-huit heures d'examens médicaux et de tests à bord du vaisseau, bien des « expériences » ont dû avoir lieu entre les — séduisants — Extraterrestres des deux sexes et leurs hôtes terriens qui n'avaient rien de repoussant ! Bianca elle-même est une très jolie femme qui nous dépeint Karran et les siens comme de très beaux spécimens d'humanoïdes...

N'y avait-il pas eu le précédent d'Antonio Villas Boas (également au Brésil) enlevé par les ET (pas très beaux, eux !), enfermé dans l'une des cabines de leur vaisseau, dévêtu et bientôt rejoint par une « femme » de petite taille ? Cette Rencontre du Troisième Type fut — à deux reprises — suivie d'une prise de contact... horizontal et fort rapproché ! Si pareille aventure leur advint, à eux aussi (et peut-être pas tout à fait de leur plein gré), ni Herminio ni Bianca n'ont souhaité s'en entretenir et, à fortiori, en faire part à autrui.

Au cours des émissions télévisées de Flavio Cavalcanti, en direct et avec le public, plusieurs personnes intervinrent, notamment pour relater leurs propres expériences en matière de contacts. Mario Monteiro, en 1975, était capitaine à bord du *Amapa.* Un soir, le pilote appela le commandant du navire — Luiz Raigon — pour lui montrer l'étrange lumière qui accompagnait le bâtiment. Lorsque le commandant rejoignit le pilote (vers 23 h 30), l'objet lumineux avait disparu. Le lendemain, même scénario : la lumière suit le navire, le pilote avertit le commandant Raigon ; l'objet modifie alors son intensité lumineuse puis s'évanouit. Le commandant ne voit rien et commence à considérer le pilote avec une certaine suspicion. Le troisième soir, de nouveau appelé et ne remarquant toujours rien d'anormal, le commandant menace le pilote de le débarquer, s'il continue à se payer sa tête !

Puis un vendredi, vers 10 heures du soir, le capitaine Mario Monteiro vit lui-même cet objet lumineux. Un très gros flash l'aveugla (le témoin dira : « J'ai été attaqué par une lumière énorme »)... *et l'infortuné disparut littéralement du navire!* Il devait se rematérialiser à bord, dans la même position que celle qu'il occupait au moment de « l'agression », le dimanche dans le courant de l'après-midi! Quarante-huit heures d'absence ayant laissé un trou dans sa mémoire. Nul ne s'aperçut de sa disparition car, dit-il, « le samedi et le dimanche c'était repos. Les uns s'enfermaient dans leur cabine, les autres lisaient des revues, se détendaient. Personne ne s'occupait du voisin. De sorte que personne ne s'est aperçu de mon absence à bord. J'ai été désagréablement impressionné par cette aventure ».

Cette « lumière énorme » qui « attaque » ce Brésilien, le transfère ailleurs pour le ramener à son point de départ au bout de quarante-huit heures, s'apparente assez à l'enlèvement de M. X... au Québec et à celui de Franck Fontaine. Ces éléments concordants font litière des élucubrations négatives proférées trois ans plus tard par Jean-Pierre Prévost. Ce processus de transfert ou téléportation était connu des ufologues depuis 1975[1]; en revanche, le 26 novembre 1979 (enlèvement de Franck Fontaine), les cas de Herminio et Bianca et du capitaine du navire *Amapa* (et à plus forte raison celui de M. X... survenu la veille!) étaient ignorés en France.

Par ailleurs, toujours au cours de l'émission de la TV brésilienne un autre ufologue, José Krieger de Cavalcanti (simple homonymie avec le producteur), déclara avoir enquêté, à Sao Paolo, auprès d'une dame de

1. Les ET utilisent aussi des « sphères à transfert », boules lumineuses d'environ vingt centimètres de diamètre. Celles-ci se posent à proximité d'une personne ; leur luminosité s'accroît... et la personne concernée est instantanément transférée ailleurs. (Cf. *Contacts OVNI Cergy-Pontoise* et, du même auteur, *Les Yeux de l'épouvante*, roman fondé sur certains événements authentiques ; réédité in collection « S.F. Jimmy Guieu », n° 74, Editions Vaugirard.)

condition modeste, ne possédant pas de téléviseur et ignorant tout du couple interviewé. Cette dame eut le même genre de contact et, pour communiquer avec elle, les ET utilisèrent le même type d'appareil traducteur équipé de casques. Une téléspectatrice avoua connaître un homme qui avait vécu une expérience analogue à celle du couple de Belo Horizonte ; tout s'était déroulé de manière identique. Malheureusement, cette téléspectatrice ne fournit pas d'autres détails.

L'on aura cependant noté que ce système de traduction (assimilé à un standard téléphonique à casques multiples), s'il est d'usage relativement courant chez les humanoïdes opérant au Brésil, semble être ignoré de ceux qui établissent des contacts avec les Terriens des autres pays du monde. Du moins, ces contactés-là n'ont pas souvenance d'avoir été soumis à ce type d'instrument... Si tant est que ce procédé (faisant intervenir un appareillage d'aspect familier) ait réellement été employé et ne résulte pas d'une simple *suggestion* de la part des ET. Ceux-ci n'en sont pas à un scénario près, nous le vérifierons à maintes reprises. Car, si certains contactés trichent (fraude inconsciente, consciente ou *induite* par nos visiteurs), ces derniers trichent aussi, de même que trichent les commissions d'enquêtes officielles sur les OVNI contrôlées par les Services secrets (NSA — National Security Agency — et CIA, qui dépend de la précédente). Dès lors, on est en droit de se demander qui manipule qui et pourquoi[1] ? A propos de « manipulation », rapportons un événement qui passa inaperçu en Europe mais fit grand bruit au Brésil.

Edilco Barbosa, passionné d'ufologie, reçut un message lui annonçant un débarquement d'Extraterrestres

1. Nous connaissons aujourd'hui la réponse dramatique : le MJ 12.

54

le 15 mars 1980 à Casimiro de Abreu, agglomération à une centaine de kilomètres au nord-est de Rio. Ces « visiteurs » avaient promis de ramener quatre Terriens enlevés des années plus tôt : un Brésilien, un Argentin, un Canadien et un Hollandais, lesquels — selon le message — avaient fait un long séjour sur Jupiter (une hérésie : cette planète géante est fluide, sa rotation accuse une période de neuf heures cinquante minutes, l'intensité de la pesanteur est de 2,54 à l'équateur et que dire de la pression exercée au « sol » par une atmosphère d'hydrogène, d'hélium, d'ammoniac et autres composants d'une épaisseur de mille kilomètres !).

Parmi les quatre Terriens attendus, le Brésilien aurait été l'un des membres de l'équipage d'un hélicoptère militaire disparu sans laisser de trace en août 1976.

« Le maire de Casimiro de Abreu a pris l'affaire très au sérieux, indiquait une dépêche publiée par de rares journaux en France le 9 mars 1980. Prévoyant un afflux de curieux vers sa cité, il a mis en place un dispositif de sécurité. Quant à Edilco Barbosa, il souhaite rassembler le plus grand nombre possible de témoins pour l'arrivée des " rescapés de l'espace ", afin d'éviter que ceux-ci, lorsqu'ils raconteront leur aventure, ne soient considérés comme fous ou déserteurs. Cette mésaventure, affirme-t-il, serait arrivée à un sergent brésilien, restitué à sa planète d'origine par les Extraterrestres et qui se morfondrait actuellement dans un établissement psychiatrique militaire.

» Certains spécialistes brésiliens, comme le général Uchoa et Irène Granchi [1], ne prennent pas les affirma-

1. Le général (en retraite) A. Moacyr de M. Uchoa (Brasilia), auteur notamment d'un livre d'un très grand intérêt (*La Parapsychologie et les soucoupes volantes*, malheureusement non traduit en français), et Irène Granchi, fondatrice du CISNE (*Centro de Investigaçaoes Sobre a Natureza dos Extraterrestres*, Caixa postal 12058,

tions d'Edilco Barbosa au sérieux et, d'une façon générale, on soupçonne une entreprise publicitaire. Mais, sérieuse ou pas, cette affaire ravive un drame humain : celui de la famille de l'aviateur brésilien disparu en 1976 et dont on annonce le retour. Sa veuve, Albuquerque E Silva, a mis longtemps à se faire à l'idée de la disparition irrémédiable de son mari et à en convaincre ses enfants. »

Le rendez-vous du 15 mars 1980 attira plus de dix mille personnes à Casimiro de Abreu. Dès l'aube, des équipes de la télévision brésilienne attendaient de pied ferme les messagers d'outre-ciel... qui leur posèrent un lapin ! Tout comme en France, à Cergy-Pontoise, en 1980 et 1983 !

Une « facétie » de plus à mettre au compte des ET plus encore qu'à celui des contactés qui en sont souvent les victimes de bonne foi. Cela dans l'éventualité où cet Edilco Barbosa aurait réellement reçu leurs messages...

Rio de Janeiro), sont parmi les plus célèbres ufologues du Brésil. En leur compagnie, j'ai passé des heures inoubliables. Merveilleux et fabuleux Brésil, si riche en phénomènes psi, en Rencontres du Troisième Type, en contacts prolongés... *et où demain, tout peut arriver...*

3

Nuit d'angoisse à Ponta Negra (Rio de Janeiro).

Le 18 juin 1980, à Rio, je me rendis à l'aimable invitation d'Irène Granchi, n° 1 de l'ufologie au Brésil. Je pus chez elle sympathiser avec divers chercheurs — dont le docteur Silvio Lago — et Luli Oswald qui, en dépit du caractère fantastique de ce qu'elle a vécu, m'autorisa à révéler son identité. Irène Granchi enquêta minutieusement sur son cas et publia une série d'articles dans *OVNI Documento* et la revue *Planeta* ; j'en reproduirai des extraits pour compléter le récit de Luli enregistré lors de notre entretien.

Mère de sept enfants, Luli Oswald est une dame charmante, très cultivée, parlant le portugais, l'anglais, le français, l'italien. Concertiste, conférencière, chargée de cours de musique dans des universités américaines, elle voyagea beaucoup avant de prendre sa retraite. Le 15 octobre 1979, elle reçut la visite de F... G..., vingt et un ans, étudiant à l'université de Rio et ami de l'un de ses fils. F... G... se rendait à Saquarema, station balnéaire à une quarantaine de kilomètres à l'est de Niteroi, ville située sur la rive sud-est de la baie de Guanabara, face à Rio de Janeiro ; le très long pont Presidente Costa E Silva relie les deux cités. Mettant à profit cette opportunité, Luli Oswald, qui devait justement apporter un colis à l'une de ses filles demeurant à Saquarema, partit avec l'étudiant à bord de sa Fiat 147. Un peu après 21 heures, ils quittèrent la route nationale Amaral Peixoto pour emprunter la voie longeant le bord de mer. Il pleuvait et lorsque la pluie s'arrêta, le ciel n'en demeura pas moins nuageux et très sombre. Pour rompre le silence, Luli questionna, *sans la moindre idée préconçue :*

— Aimeriez-vous voir une soucoupe volante? Auriez-vous peur?

— Non, répondit le conducteur. Je trouverais cela merveilleux.

A cet instant, médusée, Luli Oswald s'écria :

— Si vous voulez vraiment en voir, regardez là-bas!

Au-dessus de l'océan, effectivement, venaient d'apparaître trois « lumières » et un énorme objet arrondi surmonté d'une coupole. Après des évolutions lentes, la formation se stabilisa, répandant son éclat sur les flots.

F... G... jeta un bref coup d'œil puis reporta son attention sur la route car il faisait très sombre. Il pensa dès l'abord qu'il s'agissait de la lune (oubliant curieusement le ciel couvert et la nuit d'encre). Ils roulèrent un moment entre les *morros* (mornes, collines) et reprirent la route côtière. Luli se demanda un instant s'ils ne s'étaient pas égarés. Le moteur de la Fiat « cafouilla ». L'étudiant descendit de la voiture ; les phares commencèrent à clignoter tout seuls (le garçon pensa que Luli s'amusait à lui faire une blague). Ils redémarrèrent et la passagère aperçut de nouveau, au loin, le vaisseau qui illuminait l'océan. Ne voulant pas être distrait, le garçon s'abstint de regarder cette « lune » décidément bien grosse (malgré le plafond nuageux très bas). L'objet venait d'ailleurs de disparaître...

Arrivés à Saquarema vers 21 h 50, ils remarquèrent une fois encore les trois lumières et, sur le ton de la plaisanterie, firent part de leurs observations à la fille de Luli, se promettant cependant, au retour, d'emprunter plutôt la route de la montagne. La prudence, dit-on, est mère de sûreté ! Quittant Saquarema avec la ferme intention d'éviter la côte, ils mirent le cap sur la montagne... et se retrouvèrent inexplicablement sur la route longeant la plage... La Fiat, soudain, me dira Luli, s'emballa « comme un cheval fou. Nous étions tiraillés, jetés à droite, à gauche. Les portières vibraient avec un bruit assourdissant. De surcroît, bien qu'ayant fait le plein à la sortie de Rio, l'essence n'allait pas tarder à manquer. Sur cette route, pourtant en bon état, nous étions si secoués que nous jugeâmes préférable d'attacher nos ceintures. Mais ce ne fut pas facile : les ceintures " voltigeaient ", comme aspirées vers le haut et leur boucle cognait contre les vitres » !

Luli avisa de nouveau les trois lumières qui pulsaient des éclats colorés au-dessus des flots. Elle compta mentalement les flashes, 1, 2, 3... 1, 2, 3, cela jusqu'à seize éclats distincts. D'autres lumières émergeaient au voisinage d'une forme imprécise qui paraissait être une soucoupe de belles dimensions. Un tourbillon agitait la mer et de sa surface s'élevaient des lueurs.

Tout en cahotant, la Fiat roula jusqu'à l'usine désaffectée de Ponta Negra ; mais pourquoi cette usine délabrée, abandonnée, était-elle *illuminée ?* A ce moment-là, tous deux remarquèrent un énorme vaisseau, « si grand, précisa Luli, qu'il occupait l'espace entre deux pics de la colline Jaconé ». Oblongue, sa forme s'apparentait à celle d'un parallélépipède orangé, jalonné de « barreaux ou de fenêtres » disposés horizontalement. Sa masse colossale dégageait une impression de paix, de quiétude. Subitement, trois fortes lueurs apparurent du côté de la mer, illuminant la Fiat, projetant plus spécialement un faisceau sur le conducteur qui, terrorisé, se mit à prier à haute voix, à invoquer tous les saints du Paradis. Luli Oswald se souvint de l'avoir houspillé pour lui conseiller de quitter le secteur sans perdre de temps. Il obtempéra, persuadé, avoua-t-il, que « les soucoupes voulaient les enlever » !

Puis ce fut le trou de mémoire.

Ils reprirent leurs esprits — toujours dans la voiture — sur un chemin à l'entrée d'une ferme, perpendiculairement à la grande route Amaral Peixoto, *soit à plusieurs kilomètres de Ponta Negra*. Traumatisés, préoccupés par la nécessité de faire le plein, ils se rendirent à la plus proche station-service, réalisant alors qu'il était plus de 2 heures du matin et non pas 22 h 30 ou 23 heures comme ils le pensaient. Par ailleurs, la montre de Luli avançait de trois heures. Le pompiste leur confia que la nuit, plus personne ne se risquait à emprunter le chemin qu'ils avaient suivi, car l'on ne comptait plus les apparitions d'objets étranges et lumineux qui hantaient la région et la plage en particulier.

Ils réintégrèrent la Fiat, roulant sur la route Amaral Peixoto et, de nouveau, les portières se remirent à vibrer ; le lecteur de cassettes « pleurait », victime de curieuses distorsions alors qu'à l'aller, il fonctionnait normalement. Luli et F... G... remarquèrent que les portières vibraient fortement chaque fois qu'ils passaient devant un endroit bien éclairé, tels les postes à essence. Le phénomène cessa après qu'ils eurent dépassé Niteroi. Regagnant la maison de Luli Oswald, ils se résignèrent à l'évidence : ce voyage d'environ cent vingt/cent trente kilomètres aller-retour qui n'aurait pas dû excéder deux heures leur en avait pris cinq !

Paniqué, F... G... n'osa pas rentrer chez lui, ni coucher seul. Agité de tremblements incontrôlables, il passa le restant de la nuit dans le lit du fils de Luli, s'agrippant à ce dernier avec une terreur insurmontable. L'observation de ces mystérieux engins et les incidents de parcours suffisaient-ils à expliquer cette réaction irraisonnée?

Des réactions inattendues, il y en eut d'autres chez notre amie. Deux jours durant, Luli fut incapable d'uriner, puis cette rétention disparut; mieux, affligée jusque-là de problèmes rénaux, elle fut rétablie! En revanche, une douleur lancinante taraudait ses oreilles. Par ailleurs, souffrant d'angine de poitrine, Luli appréhendait une attaque, mais celle-ci ne survint, atténuée, qu'une semaine après son aventure. Cependant, ses yeux ne cessaient de larmoyer et cela dura un mois. Elle attribua cette conjonctivite au fait d'avoir longuement regardé la lumière des disques volants. Une curieuse « lumière gelée », dira-t-elle, « comme s'il y avait eu des fragments de glace dans le faisceau lumineux ».

Irène Granchi eut la chance de pouvoir longuement interroger Luli et F... G... cinq jours seulement après leur inquiétante expérience. Le docteur Max Berezonski, président de l'APEX (*Associaçao de Pesquisas Exologicas*, dont Irène fut la vice-présidente), testa la Fiat 147 à l'aide d'une boussole et releva des zones hautement magnétisées, plus spécialement aux endroits où les faisceaux lumineux s'étaient dirigés.

Une horrible expérience revécue sous hypnose.

Les deux témoins acceptèrent de se prêter à une séance d'hypnose. Avant de se rendre au cabinet du docteur Silvio Lago, à Niteroi, ils retournèrent avec Irène Granchi sur les lieux de l'incident. Là, près de la route littorale, ils rencontrèrent un pêcheur — Alvaro — et bavardèrent avec lui. Alvaro avait vu souvent des lumières sortant de l'eau ou y plongeant, émerveillé par ces manifestations qu'il attribuait à

Iemanjà, la Déesse des Eaux, appelée aussi Mão do Ouro (la Mère de l'Or)[1].

Faisant halte à la station-service où Luli et F... G... avaient pris de l'essence, le pompiste leur donna l'adresse du gardien de nuit qui les avait servis le 15 octobre 1979. Ce dernier les reconnut spontanément et avoua avoir vu, lui aussi, quelques jours plus tard, une « grande roue avec des lumières éblouissantes vertes, rouges, bleues et blanches traverser le ciel à basse altitude en direction de Ponta Negra ». Luis Franca, un autre témoin, déclara avoir observé de près un vaisseau. A travers un large hublot, expliqua-t-il, trois « hommes » étaient visibles, debout, manœuvrant des commandes et agitant les bras. Un engin parfaitement silencieux, « splendide, magnifique, formidable », précisera-t-il. Un certain Reinaldo, une nuit, s'arrêta au poste à essence, bouleversé : un disque lumineux avait foncé sur son véhicule et l'avait poursuivi. Tout cela au voisinage de Ponta Negra. Le nombre impressionnant de témoignages de poursuites, de vaisseaux émergeant des flots ou venant du ciel et plongeant dans l'Atlantique autorise à penser que les ET pourraient avoir installé une base subaquatique au large du littoral, à l'est de Rio et de Niteroi.

Irène Granchi, Luli Oswald et F... G... se rendirent enfin au cabinet du docteur Silvio Lago, lequel put alors procéder, sur Luli Oswald pour commencer, à une régression mémorielle sous hypnose. En transe profonde, Luli relatera ce qui vient d'être exposé mais ajoutera des détails oubliés, plus exactement *effacés* de sa mémoire. A bord de la Fiat, alors qu'elle comptait

1. Le culte de Iemanjà est encore vivace au Brésil. A deux reprises, la nuit, j'ai pu voir sur les plages d'Ipanema et de Leblon des sortes d'autels hâtivement dressés, formés de coquillages, de branchages, de petits bouts de bois flotté entourés de lumignons ou de bougies. Touchante ferveur de modestes Cariocas (habitants de Rio) rendant ainsi hommage à la belle Déesse des Eaux.

les flashes lumineux, elle pense avoir été en contact télépathique avec les occupants d'un vaisseau et se souviendra brusquement d'un rêve, précédant d'une semaine les événements de Ponta Negra. Durant ce « rêve » elle avait entendu le même vacarme que faisait la voiture la nuit du drame, ballottée en tous sens, vibrant, donnant l'impression qu'elle allait se déglinguer. Des humanoïdes lui étaient apparus, si laids qu'elle pensa à des « revenants » (analogie avec la réaction de Bianca se rendant à un contact programmé près de Belo Horizonte !).

Luli revint aux tribulations réellement vécues à bord de la Fiat : un OVNI noir, un peu inquiétant mais « beau », les suit. Selon elle, l'engin est piloté par des êtres bons, amicaux, animés des meilleures intentions. (Il s'agit en fait d'une mise en condition sécurisante de la part des ET.) Elle entrevoit seulement leur visage triangulaire. Luli observe ensuite le grand vaisseau entre les deux pics de la colline Jaconé (longueur estimée à trois cents mètres). Il est transparent. A la requête du docteur Silvio Lago, elle y pénètre par projection mentale : il est vide, téléguidé par les trois lumières qui poursuivent la Fiat. Un second vaisseau de grande dimension, également noir, évolue de l'autre côté de la route littorale. Venant de la colline, deux lumières clignotantes foncent en direction de la voiture qui se met à tanguer.

« Ça donne la nausée, grimace Luli. Regarde ! s'exclame-t-elle d'une voix vibrante, très émue. Ils ont pris la voiture !... Notre voiture est prisonnière, au-dessus ! »

Questions et réponses s'enchaînent :

« Docteur Silvio Lago : Qu'est-ce qui a pris la voiture ?

» Luli : La lumière, parmi les toutes petites (lumières) là, au-dessus ! La voiture est prisonnière... Nous sommes en train de marcher... Nous ne marchons pas par terre [leurs pieds ne touchent pas le sol]... Nous avons été prisonniers du faisceau [de lumière]. (Sa voix se fait larmoyante, angoissée :) On est en train de nous tirer, de nous tirer ! C'est le disque noir, nous y entrons par-dessus ! Nous sommes à l'intérieur de cette chose noire...

» Docteur Silvio Lago : Y a-t-il de la lumière ?

» Luli (après un long silence) : C'est pareil à une salle d'opération. Nous ne sommes plus dans la voiture. La voiture est à l'intérieur [de l'engin], mais nous, nous sommes dehors [hors de la Fiat, mais à bord du vaisseau]. Il y a des tubes en verre...

» Docteur Silvio Lago : Comment est l'ambiance ? Est-ce agréable ?

» Luli (éclatant en sanglots) : Ils sont en train de tirer mes cheveux ! Ce ne sont pas les gentils visages qu'il y avait à l'intérieur [allusion aux visages triangulaires des êtres bons, amicaux, décrits plus haut]. On dirait des rats ! Oh ! mon Dieu, quelle horreur ! Ils ont même des oreilles de rat... Grandes, laides... La bouche n'est qu'un trait. Ils sont dégoûtants !

» Docteur Silvio Lago : Ce sont des bipèdes ?

» Luli : Ils sont debout. Leurs pieds sont comme des pattes de canard. Leurs bras sont minces [...] Ils ont la taille d'un enfant de treize ans [...] Le nez est long, fin, le cou est celui d'un rat, mais ils n'ont pas de queue. La couleur est celle d'un rat, gris, répugnant ! » *(Voir hors-texte nº 3).*

Lors de notre entretien chez Irène Granchi, en juin 1980, Luli me précisera : « Leur peau était semblable à celle d'un rat mouillé ! » (Et de grimacer en évoquant ce pénible souvenir.)

« Ils semblent être nus, poursuit-elle. Mais peut-être portent-ils un vêtement (très ajusté) comparable à du satin brillant. Auraient-ils un masque dépourvu de tube inhalateur ? »

Luli est étendue sur une sorte de table « qui ressemble à du marbre mais ce n'en est pas ». Ces êtres de cauchemar l'ont dévêtue pour l'examiner, y compris au plan gynécologique ! Soudain, elle observe le jeune F... G..., couché sur une table proche, nu, rigide tel un cadavre : « C'est comme s'il était mort », se lamente-t-elle. Les hommes-rats n'utilisent point d'instrument pour les examiner, mais des faisceaux lumineux émanant de tubes transparents qui s'abaissent vers les sujets. Leur point de contact avec le corps provoque une légère douleur, plus forte lorsque l'un de ces faisceaux pénètre dans les oreilles de Luli. (Elle en conservera la douleur plusieurs semaines durant.)

Notre amie remarquera de grands tableaux de commandes, noirs, un peu similaires à ceux d'un Boeing mais ornés seulement de boutons. Dans la « salle d'examen » règne une curieuse odeur de « linge et de soufre ».

« Docteur Silvio Lago : Etes-vous assise ou couchée ?

» Luli : Maintenant, je suis assise... Ils palpent mes oreilles et mon nez. Auparavant, ils me placèrent la tête en bas, à plat ventre, couchée... »

Les êtres ne communiquaient pas, semble-t-il, par la parole : ils échangeaient des regards « et l'un faisait alors quelque chose » (sous-entendu, exécutait apparemment un ordre mental). Les rayons investigateurs « venaient d'en haut, émis par des tubes ». Les hommes-rats ne touchaient pas ces tubes : ils regardaient l'un d'eux et celui-ci faisait descendre le rayon qui se posait alors sur la peau de la « patiente ».

> Ce rayon qui s'étire, « descend » vers la zone du corps à explorer et exerce une pression légère sur la peau, est tiède. Il ne s'agit donc pas d'un faisceau de photons mais de ce qu'en ufologie l'on a appelé « lumière cohérente », canalisée (sans dispersion), tel un élément télescopique de longueur variable.

La lumière ambiante, phosphorescente, paraissait osciller à la manière des impulsions d'un stroboscope mais à un rythme moins rapide. Effectivement, tantôt Luli voyait l'étudiant couché sur la table voisine, inerte, sans respiration, et tantôt il n'était plus visible. Présentement, des hommes-rats examinaient la tête du jeune homme à l'aide d'un « jeu de faisceaux ».

« Docteur Silvio Lago : Avez-vous une idée de la façon dont cet examen est enregistré ?

» Luli : L'enregistrement se fait sur le tableau [de commandes] mais d'une manière différente de la nôtre. On dirait que la lumière du " faisceau examinateur " enregistre [les données] sur le tableau métallique ayant l'apparence de l'aluminium ; il n'y a pas de cylindre, de papier [allusion au dispositif enregistreur d'un électro-encéphalographe ou d'un électrocardiographe], ni d'autre appareillage.

» Docteur Silvio Lago : F... G... a-t-il subi lui aussi un examen sexuel ?

» Luli : Oui (long silence, puis stupeur). [...] Cela me semble impossible ! Il a eu des relations sexuelles avec l'un de ces êtres, installé au-dessus de lui... L'être s'est mis sur lui !

» Docteur Silvio Lago : Mais ces êtres, étaient-ils bien des hommes ? Des humains ? »

La réponse est fort surprenante :

« Luli : Maintenant, je vois que ces êtres ne sont pas des hommes : ce sont des *figures* [...] Ils n'ont pas... On ne leur voit pas de sexe. C'est comme si c'était des pantins. Mais en même temps, je *sens* que ce sont des hommes, cependant, ils n'ont pas les organes masculins. Je *sens* que ce n'est pas la première fois qu'ils font tout cela ; la même chose s'est déjà produite une quinzaine de fois. [Bien davantage ; voir annexes.]

» Docteur Silvio Lago : Quel est leur objectif ?

» Luli : Tout a pour but la recherche [voir annexes].

» Docteur Silvio Lago : Quelle différence faites-vous entre un rêve et ce que vous avez vécu ?

» Luli : Ce n'était pas un rêve, mais un cauchemar horrible !

» Docteur Silvio Lago : Il y a eu une grande impression de réalité, pour vous ?

» Luli : Il n'y a pas de réalité, mais cela s'est tout de même produit... C'est pire encore : c'est une réalité qui s'est produite ! »

Nous analyserons plus loin ces « irréalités » *manifestées*.

A diverses questions du praticien, Luli Oswald répondra : « Ces êtres furent très intéressés par F... G... parce que c'était un jeune homme ; ils désiraient le garder avec eux. Je ne les intéressais pas et ils me libéreraient... Je suis restée avec eux deux heures (confirmé par l'enquête). Bien sûr, ils ont aussi libéré F... G... [les choses ne se sont pas passées exactement ainsi, JG], mais il serait dangereux pour lui de retourner sur les lieux de notre enlèvement, car les êtres l'enlèveraient à nouveau. [Ce ne fut pas le cas, JG.] Ils ont choisi F... G... parce qu'il a un esprit ouvert. Selon moi, une personne sensitive, à l'esprit ouvert, possède des prédispositions parapsychologiques [...]. »

Luli se culpabilisait d'avoir, même inconsciemment, amené l'étudiant à ce « contact » (suite à « la liaison télépathique » établie entre elle et « eux », au cours de leur randonnée à bord de la Fiat). Rappelons que tout ce qui précède fut obtenu par régression mémorielle sous hypnose, ces souvenirs ayant été effacés (tout comme chez Franck Fontaine et M. X... au Québec) par les ET. Cette amnésie provoquée avait-elle pour but de supprimer des réminiscences pouvant être traumatisantes ?

Je me suis demandé, après plusieurs heures d'entretien avec cette sympathique Brésilienne, si elle était vraiment *libre*, détachée de tout contrôle de la part de ces êtres ? Malgré le caractère éprouvant de l'expérience vécue, elle pense que ces créatures font simplement des recherches sur les humains, sans mauvaises intentions. Sous hypnose, elle déclara toutefois : « Le groupe qui nous enleva, F... G... et moi, n'éprouve pas d'amitié pour les Terriens et il n'est pas affecté lorsque l'un de nous [humains] est sacrifié durant les expériences qu'ils [les ET] lui font subir[1]. »

L'un des « hommes-rats », quelque peu différent des autres, lui parut bon et amical ; elle apprit de lui que certains « groupes [ET] » sont originaires de l'Antarctique. En Patagonie existerait un tunnel ouvrant sous la mer et par lequel ces Gris velus et leurs engins accèdent à un autre monde. Il avoua ne pas appartenir à ce groupe ; d'une origine différente, il avait été capturé par ces hommes-rats (lui et les autres formant une espèce commune au plan physiologique). A cet instant (toujours sous hypnose et revivant les confidences du « gentil homme-rat »), Luli regarde de nouveau vers la table sur laquelle F... G... est étendu, sans vie. Les créatures ont appliqué sur sa tête des tubes transparents reliés à une sorte d'alambic. Le sang de l'étudiant est véhiculé par ces tubes jusqu'à l'alambic, puis renvoyé dans sa tête.

> Nous avons là un nouvel exemple du « cinéma » — ici aberrant — offert par certains ET aux contactés. Quel que soit le niveau technologique de nos visiteurs, cela n'ajoutera pas un centimètre cube à la capacité sanguine d'un crâne humain. Car c'est bien *dans* le crâne de F... G... (non pas dans la carotide, la veine jugulaire, non plus que dans l'artère et la veine temporales) que les tubes furent « enfoncés » !

Les « examinateurs » vaquant à d'autres occupations, Luli et le garçon restèrent seuls avec le « gentil homme-rat ». Ce dernier (toujours par télépathie) ren-

---

1. Nous retrouvons là le comportement « inhumain » des Gris, ces EBE pour lesquels nous ne sommes que du bétail (voir annexes).

seigna complaisamment la Brésilienne : il provenait d'une petite galaxie (*sic*) proche de Neptune...

> Cet ET serait-il aussi ignare que la majorité des Terriens en matière d'astronomie ? Notre galaxie se compose d'environ 300/400 milliards de soleils minimum (et non de 100 milliards, comme l'énoncent généralement chez nous les livres d'astronomie). Même si l'ET en question confond galaxie et système solaire (ou bien la confusion vient-elle de Luli ?), il est encore dans l'erreur : il n'y a pas — et pour cause — de système solaire proche de Neptune, cette planète faisant partie du nôtre !

Poursuivant ses confidences, l'*Homo mus* (*mus* = rat en latin), rectifia : il n'était pas réellement prisonnier. Lorsqu'il arriva près de notre planète, seul à bord de son appareil, celui-ci eut une avarie et tomba dans l'océan. A ce moment-là, les autres « hommes-rats » — survenant très opportunément — le repêchèrent. Le naufragé se joignit donc à eux et resta en leur compagnie.

Le grand vaisseau observé par Luli et l'étudiant, au voisinage de Ponta Negra, ne serait qu'un « générateur d'énergie » alimentant les disques de reconnaissance. Quant aux informations puisées dans le psychisme des Terriens capturés, elles sont transmises « par télépathie à une base. Les ET utilisent de préférence des humains à l'esprit déjà préparés, aux aptitudes télépathiques innées qu'ils développent au fur et à mesure chez leurs sujets d'expérience ». Au terme de ses explications, le « bon ET » resté seul avec les kidnappés leur confia : « Je vais vous aider à fuir... » Et là survint un nouveau trou dans la mémoire de la Brésilienne que l'hypnose ne parvint pas à explorer. Sans transition consciente, Luli Oswald et l'étudiant — maintenant habillés — sont à bord de la Fiat restée dans la soute de l'astronef. Luli regarde avec attention F... G... : assis au volant, il est livide ! Un temps difficile à apprécier s'écoule et la voiture est « projetée » sur la route. Au même instant, l'étudiant jusque-là « pâle comme un mort », regagne ses couleurs, reprend conscience.

La Fiat stationne à proximité d'une ferme, sur un petit chemin perpendiculaire à la grande route Amaral Peixoto. F... G... démarre en direction de Rio, s'arrête à la plus proche station-service... Lui et Luli se souviennent seulement d'avoir observé divers OVNI dont les évolutions les ont fortement impressionnés. Nulle souvenance du cauchemar vécu... Le rapt terrifiant ne laissera en eux qu'un relent d'angoisse inexpliqué ; il leur faudra attendre les séances d'hypnose chez le docteur Silvio Lago pour que refluent à leur mémoire les détails de cette nuit d'épouvante. La sincérité de ces témoignages ne peut être mise en doute, mais les faits appellent quelques remarques.

Lorsque la Fiat roule en direction de Saquarema, selon toute vraisemblance Luli est *déjà* sous l'emprise psychique des ET qui « préparent leur coup ». « Aimeriez-vous voir une soucoupe volante ? » demande-t-elle à l'étudiant. Et, comme par enchantement, des soucoupes font leur apparition ! Un peu plus tard, elle « recevra » l'image (faciès triangulaire) de créatures qui, différentes de nous, sont « animées de bonnes intentions ». La mise en condition s'opère graduellement. Pour F... G..., le conditionnement est plus subtil encore : dans un ciel sombre et bouché, par cette nuit d'encre, il lui semble tout naturel de voir la pleine lune (qui en fait, cette nuit-là, était à son dernier quartier, la pleine lune ayant eu lieu le 5 octobre).

F... G... a une grande habitude des deux voies d'accès à Saquarema où demeure sa sœur : celle de l'intérieur cheminant à travers les collines et l'autre, en bord de mer. Or, il se trompera *par deux fois* et se retrouvera sur la route littorale... où le rapt sera évidemment plus aisé !

Nous verrons dans ce même chapitre comment les ET, une fois encore, « égarèrent » un archéologue (toujours au Brésil), qui tourna carrément le dos à sa destination !

C'est seulement quelques minutes avant le rapt que F... G... échappe au contrôle mental des ET. Affolé, il invoque la Vierge et tous les saints, convaincu soudain que les soucoupes volantes vont les enlever ! Ensuite, le contrôle reprend, total cette fois, et c'est le trou de mémoire... Entre le faciès triangulaire sécurisant de ces créatures « aux bonnes intentions » projeté dans le psychisme de Luli, à bord de la Fiat, et l'horreur de leur aspect réel (?), il y a un abîme. L'image factice avait naturellement pour but de calmer l'inquiétude des deux automobilistes. Ces êtres maîtrisent parfaitement les suggestions mentales ; il n'est pas certain du tout que Luli ait été en mesure, même en transe profonde, de rapporter fidèlement ce qu'ils ont *réellement* vécu. Leurs ravisseurs ont fort bien pu greffer en eux des souvenirs fictifs et « souffler » certaines réponses à Luli. Cette dernière ne dira-t-elle pas : « Je *sens* que ce sont des hommes... Je *sens* que ce n'est pas la première fois qu'ils font ça. »

Le terme « sentir » traduit peut-être simplement la *sensation* d'une suggestion à laquelle elle ne peut échapper. Les pouvoirs mentaux de ces êtres sont évidents : ils regardent un tube émetteur d'un rayon exploratoire et aussitôt, ledit rayon s'oriente, se dirige vers le point du corps de la « patiente » ou du « patient ». Il s'agit là d'une fonction PK, mise en activation d'un pouvoir de psychokinèse capable d'agir sans contact physique sur la matière[1]. L'on peut

---

1. A lire absolument : *L'Effet G*, de Jean-Pierre Girard, propos recueillis par Christian de Corgnol (Ed. Robert Laffont) ; j'ai pu, au cours de diverses expériences contrôlées par vidéo, constater la réalité des pouvoirs psi de l'ami Jean-Pierre Girard. Il en fut de même avec Uri Geller.

également concevoir un adjuvant psychotronique, un dispositif amplificateur d'ondes mentales analogue à celui sur lequel travaillent les Russes, désireux de mettre au point (si ce n'est déjà fait) le principe de la *psychocommande*. Un tel amplificateur psychotronique permettrait à un sujet doué de pouvoirs psi d'agir à distance et, par télépathie, d'ouvrir ou de fermer un circuit électrique. Procédé fort commode pour commander l'ouverture d'une porte... *ou le largage des missiles embarqués à bord d'un satellite orbitant autour du globe !* La parade adverse (elle est à l'étude) consisterait à entraîner des agents télépathes dont les trains d'ondes mentales auraient pour objectif de brouiller, de « dévier » les émissions psi de l'ennemi !

De la science-fiction ? Non, hélas ! Quoi qu'en pensent ou en disent les esprits forts, incroyablement bornés et donc en retard sur la réalité, les deux « Grands » travaillent avec opiniâtreté à ces procédés de l'arsenal du futur, celui qui succédera aux dispositifs défensifs (ou offensifs) de ce que l'on nomme improprement la « guerre des étoiles ».

Mais revenons à nos moutons. Pardon, à nos « rats » !

« Ces êtres, commente Luli, ne sont pas des hommes ; ce sont des pantins, des *figures*[1] et ils n'ont pas d'organes masculins » (cf. *E.B.E. 2*). Ce qui n'empêcha pas l'un d'eux de simuler un coït sur F... G... ! L'on pourrait évoquer le Golem, cette « figure » d'argile *animée* par le psychisme d'un initié kabbaliste. Encore que cette « fable » pourrait fort bien recouvrir une réalité technique : celle d'un robot/androïde, par exemple, issu d'une technologie non humaine, que nos ancêtres confrontés à une espèce pensante venue du ciel auraient été incapables d'appréhender.

Il y a plus de vingt ans, Roger Rémy (représentant

1. C'est un peu ainsi que Jean-Pierre Prévost décrira les MIB (*Men in Black* = Hommes en noir) venus l'intimider. (Cf. *Contacts OVNI Cergy-Pontoise, op. cit.*)

l'IMSA aux USA) put consulter auprès d'un biologiste les résultats d'examens effectués sur les cadavres d'une variété d'Extraterrestres « nains » recueillis après le crash de leur astronef. Entre autres anomalies, leur bouche n'était qu'une cavité *fermée* au niveau du larynx, donc sans communication œsophagienne ou laryngée. Point d'organes sexuels, sinon un léger renflement. Pourrait-on les qualifier de robots biologiques, de cyborgs dévolus à des tâches subalternes ? Leurs « constructeurs » se réservant des missions plus « nobles » et demeurant à l'abri de leurs simulacres ? Ou se dévoilant (au propre comme au figuré !) lorsqu'il s'agit de copuler réellement avec un humain : ce fut justement le cas d'Antonio Villas Boas. Ce dernier, à bord du vaisseau de ses ravisseurs, dut par deux fois « honorer » une femme de petite taille, au visage triangulaire, aux cheveux d'un brillant cendré, à la pilosité pubienne écarlate et qui, pour tout langage, émettait des grognements de porcidé. Intéressante conversation pour grimper au septième ciel !

Dans les jours qui suivirent le rapt, F... G... maigrit de façon alarmante puis se rétablit. En lui s'opéra une transformation profonde qui aiguisa sa spiritualité ; malgré la terreur éprouvée, il estime que cette expérience fut finalement bénéfique. Il n'en alla point de même pour Luli Oswald, nous l'avons vu. De surcroît, fréquemment, elle vit dans sa chambre des boules de lumière orangée, qui surgissaient spontanément, voletaient autour d'elle avant de s'évanouir à travers une cloison. Son chien disparaîtra, puis elle entendra, au-dehors, ses aboiements plaintifs et le découvrira... sur le toit de la maison, où il est totalement exclu qu'il ait pu accéder tout seul ! Souvent, aussi, Luli éprouvera la sensation d'une présence.

Si manipulation il y a — et cela sembla avéré —, le but des ravisseurs est atteint : l'épouvantable aventure de Luli Oswald et de l'étudiant est rendue publique et s'ajoutera aux innombrables démonstrations que l'on doit à nos visiteurs d'outre-espace... Insensiblement, la mise en condition des humains se poursuit...

Des bases extraterrestres dans l'Enfer vert ?

Au cours de mon premier voyage d'étude au Brésil (1980), j'ai également rencontré un archéologue amateur mais fort expérimenté. En matière d'archéologie et d'ésotérisme, cet homme de terrain en remontrerait aux « savants de cabinet ». Il est, de plus, extrêmement versé dans les domaines de la géologie, de l'ethnographie et de l'anthropologie amérindiennes. Perego — un pseudonyme préservant son anonymat — s'est par ailleurs penché sur les légendes, les traditions précolombiennes, en particulier celles des Aymaras (Bolivie, Pérou) dont il a retrouvé d'imposants vestiges.

Il a longuement parcouru la Serra do Roncador, l'un des territoires les plus sauvages du Mato Grosso, presque aussi grand que la France. C'est dans ces régions envahies de jungle qu'il fit ses plus étranges découvertes, sur des sites inexplorés, ponctués de tumuli, de ruines mystérieuses... *invariablement survolés par des vaisseaux qui ne sortaient point de nos usines aéronautiques !* Je tiens à préciser à ce propos que l'ufologie n'était absolument pas le majeur de ses soucis.

Les autorités brésiliennes ne lui ayant jamais facilité la tâche — bien au contraire —, je demeurerai volontairement dans le vague quant aux localisations géographiques et autres détails de ses « moissons ». Lors d'une expédition dans le Roncador, Perego et ses compagnons, juchés au sommet d'un promontoire surplombant de six cents mètres une vallée, aperçurent (semblant sortir du pied de cette falaise) de nombreux hommes (blancs), barbus, d'une taille supérieure à deux mètres, vêtus d'une sorte de grand manteau. Les explorateurs les perdirent de vue, mais ils entendirent bientôt un chant étrange, un peu analogue à un cantique, un chant sacré inattendu dans ce paysage tropical. Gagner la vallée eût exigé d'emprunter un parcours fort accidenté de plusieurs dizaines de kilomètres. Perego et ses équipiers y renoncèrent, se promettant toutefois de revenir ultérieurement sur les lieux.

Au cours des trois décennies écoulées, Perego ratissa la région, sans jamais plus revoir ces hommes de haute stature. En revanche, très fréquemment, un disque volant de belle dimension allait escorter ses pérégrinations. Cela de jour comme de nuit.

— Vous avez dû, je suppose, prendre plusieurs photographies de cet engin ? lui ai-je demandé.

La réponse fut affirmative, mais... car il y avait un « mais », indépendant de sa volonté. En effet, à la suite de ses nombreuses expéditions, Perego écrivit trois ouvrages documentaires, les premiers d'une série qu'il voulait achever avant de les publier. Ces trois manuscrits — et toute l'iconographie, tirages et négatifs — *lui furent volés !* Il n'eut pas le courage de récrire cette œuvre monumentale devant comporter une dizaine de tomes. La même déconvenue frappa une archéologue nord-américaine qu'il pilota à travers les forêts du Roncador ; au retour vers la civilisation, les films, les documents recueillis furent également dérobés par les personnes mêmes qui hébergeaient l'Américaine, ses logeurs déménageant du jour au lendemain ! Nos amis Herminio et Bianca, eux aussi, avaient été dépouillés de leurs manuscrits, dessins et photos.

Quelle mystérieuse organisation — singulièrement bien renseignée — s'est donné pour mission d'étouffer certains secrets, certaines découvertes gênantes ? Peut-on, une nouvelle fois, incriminer les MIB, ces Hommes en noir, fussent-ils humains ou « étrangers » ? Perego a la conviction d'avoir toujours été « téléguidé », conduit au bon endroit de ces sites inexplorés pour y faire d'intéressantes découvertes... dont les éléments cruciaux, ensuite, sont escamotés. Singulière ressemblance avec les cas majeurs de contactés dont l'histoire tourne court, est subitement discréditée en raison d'un incident qui remet tout en question ? Certes, Perego n'est pas un contacté *direct*, il n'a jamais fait de RR III mais reçoit assez régulièrement des indications, des messages de ceux qu'il appelle ses « maîtres », liés à des « forces occultes » bénéfiques. Il fut également confronté, nous allons le voir, à des forces contraires.

Au cours de son récit, Perego ouvrit une parenthèse pour nous parler de ses recherches sur les origines de l'homme : tous les peuples anciens font référence à une civilisation souterraine, chthonienne ; les traditions précolombiennes se réfèrent à des « êtres futurs fantastiques devant un jour faire connaître la face cachée de la Terre ». Ces êtres seraient les « Fils du Soleil » ou les « Vénus du Soleil » (autrement dit : les Célestes) ?

Dans mon ouvrage documentaire *Les soucoupes volantes viennent d'un autre monde*, je rapportais cette légende des Indiens Navajos (Nouveau-Mexique, Arizona, Utah, Colorado) : Voici des millénaires, des êtres à peau dorée, les *Hav-Musuvs*, arrivèrent dans ce que l'on appelle aujourd'hui la vallée de la Mort (Californie) et bâtirent leurs villes dans de vastes cavernes. Ils utilisaient des « canots volants », des armes sophistiquées, tel un « petit tube qui étourdissait » et s'éclairaient avec « des lumières qui brillaient jour et nuit ». Ils s'étaient installés dans la vallée de la Mort (alors verdoyante) avant que ne survienne un grand cataclysme et ils disparurent inexplicablement après l'arrivée des Conquistadors.

Les Hav-Musuvs étaient-ils des Atlantes, fuyant leur continent avant son engloutissement ? Quittèrent-ils notre globe à bord de leurs « canots volants » ou bien se réfugièrent-ils dans leurs cités cavernicoles... devenant ainsi ceux que l'on baptisa les Intraterrestres ?

Une autre légende parle également d'une montagne sacrée — probablement dans le Roncador — où s'ouvrent trois « portes » donnant accès au monde souterrain. Dans ces régions inhospitalières du Brésil vivraient encore des Aymaras (émigrés du Pérou et de la Colombie il y a bien longtemps) ; leur migration ancestrale remonterait à 12 000-13 000 ans et aurait été provoquée par un cataclysme. Tout comme pour les Hav-Musuvs, l'on pense immédiatement à l'engloutissement de l'Atlantide (vers la même époque) qui eut fatalement des retentissements sur le continent américain. La tradition d'un terrible déluge accompagné de « cinq jours d'obscurité » circule chez les Précolombiens ; des traces de ce déluge abondent à Tiahuanaco et en d'autres hauts lieux, ainsi que l'expose Simone Waisbard dans *Tiahuanaco, 10 000 ans d'énigmes incas* (Ed. Robert Laffont).

Aux tracasseries administratives qui entravent gravement les recherches archéologiques — surtout si les explorateurs ne sont pas des archéologues officiels — s'ajoutent parfois des « tracasseries » beaucoup plus mystérieuses...

Les barrières occultes.

Perego et quelques-uns de ses amis avaient créé une association de recherches régie par une loi semblable à celle de nos ASBL (association sans but lucratif, loi du 1ᵉʳ juillet 1901). De nouveaux membres, nombreux, y adhérèrent. L'un d'eux proposa d'organiser une expédition pour tenter de fouiller les tumuli du Roncador afin d'exhumer les vestiges, objets de culte, squelettes etc., qu'ils pouvaient abriter. La forme juridique de cette association exigeait que le projet fût adopté par le conseil d'administration. Or, Perego et les fondateurs n'étaient pas chauds pour cautionner cette entreprise, fort risquée en raison de leurs moyens financiers limités. En dépit de leur opposition, le projet fut voté.

Perego, avec sagesse, refusa d'engager la responsabilité de l'association. Que cela ne tienne : certains membres récents (plus fortunés que les fondateurs) firent — à titre personnel — l'acquisition d'un camion, du matériel *ad hoc* et annoncèrent la « bonne nouvelle » à Perego, dont le concours était indispensable pour gagner le site tenu secret. Trois personnes seulement connaissaient la piste menant aux tumuli : Perego, Roberto (pseudonyme) et une troisième, décédée longtemps avant l'élaboration du projet.

Malgré leur répugnance (persuadés que des « forces occultes » les empêcheraient d'atteindre le but), Perego et Roberto se joignirent aux cinq autres membres de l'expédition qui prit enfin le départ. A une dizaine de kilomètres de la piste, ils font le plein au dernier « poste » de la civilisation. Ils parcourent une huitaine de kilomètres et prennent une série de photos du secteur, grandiose et sauvage. On se réinstalle et le chauffeur met le contact... qui ne répond pas. Un coup d'œil à la jauge le fait tiquer : l'aiguille est à zéro ! Le plein ayant été fait dix-huit kilomètres avant la halte, la jauge est-elle détraquée ? On vérifie le niveau des réservoirs... *qui sont à sec !* Même une fuite n'aurait pu les vider sur une aussi courte distance et, au demeurant, *il n'y a aucune trace de fuite !*

Il faut donc retourner chez le pompiste (en imaginant sa joie devant ces clients qui consomment l'essence avec une telle générosité !). On manœuvre le camion en le poussant, en marche arrière, jusqu'à ce que l'on trouve une aire suffisamment large pour le placer dans le sens de la descente. Mince besogne dans ce secteur de jungle, sur cette piste ravinée ! Les multiples manœuvres, la descente au point mort et le

78

retour vers la voie carrossable exigèrent cinq heures d'efforts et c'est à la nuit tombée que l'on put atteindre la route : il était exclu de repartir le jour même !

En rageant, le chauffeur tourne machinalement la clé de contact *et le camion démarre !* Sans doute restait-il un « fond » de réservoir qui, à l'examen, leur aura échappé ? A la station-service, ils réclament le plein. Le pompiste s'exécute, puis s'étonne de la rapidité avec laquelle le distributeur automatique stoppe le débit : *il ne manquait que huit litres pour faire le plein !* Devant cette manifestation des « forces occultes » négatives, l'expédition renonça et rentra au bercail, non sans avoir dû reconnaître que les craintes, le peu d'enthousiasme de Perego, au départ, étaient fondés. Celui-ci savait par expérience que le « Gardien du Seuil » ne tolérait pas n'importe qui sur la piste conduisant aux vestiges de l'énigmatique civilisation. Ainsi que Perego l'appréhendait, les bailleurs de fonds de l'opération n'avaient pas été admis.

L'année suivante, d'autres membres organisent une nouvelle expédition. Perego (faisant à leur endroit les mêmes réserves) tente de les dissuader de se lancer dans cette entreprise. Peine perdue. Sans illusion, il se résigne à les accompagner ; à l'aube, le petit groupe démarre en jeep, escomptant être à l'amorce de la piste vers 10 heures du matin. A peu près à cette heure-là, ils arrivent devant un pont en béton et cela les surprend car aucun pont ne devrait exister à cet endroit de l'itinéraire. Un camion approche. Ils interrogent le chauffeur, mentionnent le point de la route où ils doivent emprunter un chemin perpendiculaire. Le camionneur s'esclaffe : ils sont bien sur la route X, mais pas dans la bonne direction. Le point indiqué *est derrière eux, à deux cent soixante kilomètres de là !*

Une telle erreur est inconcevable ! La route, ils la connaissaient parfaitement et durant le trajet, nul ne s'aperçut du « changement de direction » ! Découragés, conscients que les « forces occultes » s'ingénient à les égarer, ils abandonnent et rentrent chez eux. Sur le chemin du retour, pour faire bonne mesure, ils réchappent par miracle à un grave accident. Cette fois, l'avertissement est plus sérieux... Pourquoi cette région leur est-elle interdite ? Pourquoi les portes du temple — qu'ils savent se trouver « là-bas » — ne s'ouvrent-elles pas pour eux ? Car Perego en est persuadé : dans ce secteur de la Serra do Roncador existe une « porte » donnant accès à ce temple mystérieux. De 1960 à 1970, il a parcouru en tous sens cette région du vaste territoire, sans jamais parvenir à gagner la zone interdite par les « forces occultes ». Il connaît la direction à suivre, sait quelle piste emprunter mais, toujours, cette « porte » se dérobe...

Certes, je ne nie pas l'existence des Forces Noires, mais au cours de mon entretien avec Perego, j'exprime des doutes quant à la nature réelle de ces « barrières occultes » dans ce cas particulier. Sur quoi se fonde-t-il pour avoir la certitude que le temple et les vestiges mystérieux se trouvent bien à l'endroit X ?

La réponse semble ressortir à la parapsychologie, du moins en première analyse : un jour, Perego lisait tranquillement un article dans une revue mexicaine d'archéologie concernant une équipe partie à la recherche d'un temple, au Mexique, mais ne parvenant pas à le localiser. Au cours de sa lecture, notre ami sentit brusquement *l'odeur de la Serra*, odeur typique (puanteur fade de la pourriture végétale) de ce secteur maintes fois exploré par ses soins. *Parallèlement s'imposait à son esprit la vision de la zone X abritant le temple, les tumuli, les vestiges demeurés « inapprochables ».*

Il est troublé mais ne s'emballe pas. Ce phénomène peut résulter d'une association d'idées : temple mexicain impossible à trouver = temple brésilien impossible à atteindre. Il tente une expérience, reprend depuis le début la lecture de l'article... *et la même sensation olfactive suivie de la vision se reproduit !* Agacé, il réédite une troisième fois l'expérience et obtient le même résultat déroutant. Perego se lève, va boire un grand verre d'eau, arpente le living et reprend sa lecture, très lentement cette fois. Parvenu au paragraphe soulignant la déception des archéologues mexicains devant leur incapacité à découvrir ce temple, de nouveau, Perego perçoit la puanteur écœurante de la jungle... Mais des détails plus précis agrémentent sa vision : non seulement « on » lui montre sur quelle face de la montagne X s'érige le temple (au Brésil, donc) mais il visualise aussi parfaitement la « porte » donnant accès au monde souterrain !

Sa décision est prise : une nouvelle expédition s'impose. Durant les préparatifs de celle-ci, il rencontre une dame qui — comme par hasard — lui parle d'une expédition partie trente ans plus tôt dans ce secteur. Cette dame et son époux, s'occupant d'un commerce de cuir, parcouraient souvent à cheval les abords de la zone X, campant au gré de leurs périples. Un soir, le mari part chercher du bois au pied de la Serra, pour faire du feu et cuire le gibier que sa femme apprête. Il revient très excité, disant avoir fait une découverte extraordinaire. Le couple se met en marche, arrive devant un portique de pierre couvert d'inscriptions, où prend naissance un grand escalier descendant plus loin vers une pente de la Serra. En raison de l'heure tardive, il faut regagner le bivouac.

Au petit matin, les voilà donc en route, suivant le chemin parcouru la veille, se réjouissant à la perspective d'explorer un territoire inconnu des archéologues. Hélas, *ils ne retrouvèrent jamais ce portique et pas davantage l'escalier de pierre !* Au surplus, le souvenir de ce qu'ils avaient — indéniablement — vu la veille s'estompa au cours de la journée. C'est seulement une fois rentrés chez eux que tout, dans les moindres détails, reflua à leur mémoire. Perego en conclut que ce couple n'était pas suffisamment « préparé » pour soulever le voile du mystère...

L'expédition s'organisait. Perego prit contact avec le préfet de la région, lui suggérant de s'informer afin de savoir si, depuis peu, des Indiens ne migreraient pas vers cette contrée inhospitalière. Le fonctionnaire ne cacha pas son scepticisme, les plus proches tribus vivant à des centaines de kilomètres de là.

A la saison sèche, propice à l'exploration, la mission est prête au départ. Perego rappelle le préfet. Ce dernier est troublé : contre toute attente, des tribus indiennes se sont effectivement rapprochées de la région X. Venues de divers horizons, elles semblent converger, « encercler la zone interdite »... Des rumeurs circulent : une « boule de feu » sortirait parfois d'une pyramide... Perego se souvient d'avoir lu quelque chose d'analogue dans les vieilles chroniques espagnoles concernant les pays incas, mais pas l'Etat du Mato Grosso.

L'expédition se met en route. Un peu avant le solstice d'été, elle arrive enfin au voisinage de la fameuse pyramide et le camp de base est installé dans la Serra do Roncador. Le jour du solstice et la semaine durant, il ne se passe rien. Le septième jour (alors que les vivres vont s'épuiser), vers 17 heures, une boule de feu apparaît au sommet de la pyramide. Elle s'élance à la verticale, grimpe à environ un millier de mètres pour redescendre, avec une traînée de comète, et réintégrer le faîte de la pyramide.

A ce moment-là, l'expédition est littéralement entourée, encerclée par des boules vertes phosphorescentes de petite dimension. L'instant de stupeur passé, Perego et ses compagnons tentent d'en saisir une mais, chaque fois, la boule s'écarte. Par centaines, elles flottent à un mètre cinquante du sol et se dérobent, avec une habileté présupposant un téléguidage, des feintes déroutantes. Pendant plusieurs heures, le phénomène illumine le paysage.

Certains membres de l'expédition sont effrayés, mais ce n'est pas le cas de Perego et ceux de ses amis qui se passionnent pour l'ésotérisme et les traditions : selon eux, il s'agit là d'une sorte de premier contact avec les mystérieux maîtres de la pyramide. Ils en sont convaincus, ce secteur recèle une « porte » communiquant avec le monde chthonien, ce monde souterrain dont quantité de légendes et traditions se font l'écho. Les boules phosphorescentes vertes finissent par disparaître ; elles reviendront le lendemain et les trois jours suivants. Perego et deux de ses amis ont arrêté un plan : ils laisseront l'une de ces boules les approcher, puis tous trois se précipiteront ensemble pour tenter de s'en emparer. Dès que les sphères lumineuses reparaissent, ils jettent leur dévolu sur l'une d'elles et s'élancent : la boule fait des zigzags, saute, virevolte, esquive de manière parfaitement intelligente. Durant ce chassé-croisé et alors qu'il bondit, Perego trébuche ; l'un de ses compagnons le retient in extremis et l'empêche de se rompre les os dans un précipice.

La boule les nargue et file vers le sommet de la colline, bientôt imitée par les autres. Découragés, nos amis décident de repartir le lendemain. Cette nuit-là, ce sont des centaines de disques lumineux qui sillonneront le ciel du secteur. Tôt le matin, ils reprennent le chemin du retour... escortés sur leur gauche par d'innombrables boules phosphorescentes cependant que des engins discoïdaux survolent en permanence l'expédition. Deux pneus éclatent, bloquant le véhicule. Deux hommes partent chercher du secours. L'un des vaisseaux — diamètre estimé à deux cents mètres — quitte la formation et, à une centaine de mètres de hauteur, il fera des va-et-vient pour, enfin, s'éloigner avec le reste de l'escadrille à l'arrivée des secours.

Peu après cette expédition — une fois de plus avortée — certains de ses membres modifièrent leur comportement, se livrant à des rites solaires ou lunaires bizarres. L'un d'eux maigrit de seize kilos en une huitaine (analogie avec F... G... après son rapt avec Luli Oswald). Pendant plusieurs semaines, Perego fut frappé d'amnésie et de paralysie. Des « forces étranges », m'expliqua-t-il, se manifestèrent. L'une de ces « forces » disait, par télépathie, s'appeler « JHF » et incitait Perego à reprendre ses recherches dans le même secteur X, mais cette fois avec un groupe plus fermé, des participants mieux sélectionnés.

Fort éprouvé par ces échecs, par ces réactions de défense attribuées à des « forces occultes », Perego renonça, pour un temps indéterminé, à réitérer ses tentatives. D'ailleurs, lors de notre rencontre en juin 1980, son travail ne lui aurait plus permis d'organiser une nouvelle expédition. Plus tard, peut-être...

Je posai néanmoins ma candidature et il accepta de m'aider, de m'indiquer la piste à suivre. Cette bonne disposition d'esprit me fut d'autant plus agréable qu'une offre similaire m'avait été faite, émanant d'une source totalement différente. Située plus au sud-ouest, toujours dans la région du Mato Grosso, la zone X abriterait un « sas » communiquant avec un univers parallèle où des « instructeurs » animeraient des sortes de stages auxquels des Terriens sont parfois conviés. L'offre antérieure émanait d'un haut personnage, un initié résidant dans une bourgade à la lisière de la jungle. L'IMSA serait évidemment en mesure d'organiser une telle expédition. Mais il reste à trouver un mécène, des sponsors pour financer cette extraordinaire entreprise et en réaliser un film documentaire (avec ultérieurement tournée de conférences et distribution du film de l'expédition en vidéocassette [1]).

Forces occultes ou... interventions extraterrestres ?

En écoutant le captivant récit de Perego, une autre hypothèse de travail s'imposait à moi. De toute évidence, ce secteur X est singulièrement fréquenté par des vaisseaux lumineux qu'on ne saurait confondre avec des papillons. Qu'il existe là-bas des installations permanentes, une base géante camouflée, n'a rien d'invraisemblable. Ces territoires quasi inexplorés, sauvages, difficiles d'accès constitueraient un lieu idéal pour y implanter une cité souterraine, ou occuper, aménager peut-être l'un de ces mondes chthoniens évoqués par les traditions sud-américaines [2].

A l'idée de « forces occultes », substituons des systèmes de protection relevant d'une technologie sophistiquée (non humaine) : projection d'hologrammes, action sur le circuit d'allumage des véhicules, téléportation de ces derniers pour égarer les explorateurs sous contrôle psychique ; ajoutons à cela des suggestions télépathiques, soit directes, soit par le truchement d'appareils psychotroniques créant des barrières mentales incapacitantes. L'on aboutit alors à une explication *rationnelle* de ces irritants mystères. Car prêter de tels pouvoirs aux EBE (bons ou — très — mauvais !) ne relève pas de l'imaginaire mais découle ipso facto d'innombrables constatations effectuées depuis 1947.

Le « Gardien du Seuil » cesse par là même d'appar-

1. A toutes fins utiles, je signale que c'est avec empressement que je recevrais un tel financement ! D'aucuns engloutissent des milliards de francs dans le foot ou le rugby (ce qui n'élève assurément pas le QI du Terrien moyen !) ; pourquoi, dès lors, cet argent n'irait-il pas enfin à des activités positives ?
2. Voir *Magie Rouge*, n° 87 collection « S.F. Jimmy Guieu » (Editions Vaugirard).

tenir au domaine de l'occultisme pour entrer dans celui de la technologie et des pouvoirs psi des *Aliens*, les « Etrangers » venus d'ailleurs. On peut aussi admettre une « manipulation psi » des tribus amérindiennes poussées à ceinturer la zone X afin de décourager les curieux de s'en approcher. Mais alors, *quid* du « téléguidage » de Perego, justement, vers ce site mystérieux ? Pourquoi ces dérobades, ces influences négatives lorsqu'il fut sur le point d'atteindre le but ? Cette tactique de la carotte et du bâton, cette manière de douche écossaise, horripilante, nous la retrouvons fréquemment associée aux contacts et aux messages tissés d'absurdités, de mensonges, dont nous relatons plusieurs exemples. Les ET sont virtuoses dans l'art d'aguicher les témoins, les contactés, pour s'esquiver ensuite, conscients cependant que ceux dont ils se jouent parleront de leurs expériences, renforçant ainsi la notion de leur présence parmi nous.

Un agaçant prélude pour nous conditionner, nous préparer à d'autres types de manifestations, sinon au « contact global » ?...

L'astronef du lac Titicaca.

Le 18 avril 1980, un magistrat français, ancien bâtonnier que nous appellerons maître Dupont, et son épouse, sont en vacances dans un hôtel, au bord du lac Titicaca, à cheval sur la frontière bolivio-péruvienne. A 5 heures du matin, maître Dupont se réveille, avec l'idée impérative de devoir prendre une photo du lac. Le caractère incongru de cette « injonction », venue Dieu sait d'où, ne lui apparaît pas, sur le moment. Il se lève sans bruit, afin de ne pas troubler le sommeil de son épouse, saisit son appareil et ouvre la fenêtre. Le soleil commence à poindre, jetant sur l'horizon et le lac une clarté safranée. Il remarque sur le lac, ponctué de joncs totora, un pêcheur indien sur sa petite embarcation. Maître Dupont va prendre deux photos (son objectif n'étant pas un grand angulaire, deux clichés sont nécessaires pour couvrir le Titicaca), puis il se recouche. Lors du petit déjeuner, quelques heures plus tard, l'ex-bâtonnier et sa femme apprennent du personnel de l'hôtel qu'un OVNI a été vu à l'aube planer à très basse altitude sur le lac. Une information qui n'évoque strictement rien pour lui. C'est seulement revenu en France et une fois le film développé que maître Dupont aura la surprise de découvrir, sur un cliché, un étonnant disque doré évoluant à deux ou trois mètres au-dessus des eaux *(hors-texte n° 4).*

Ce n'est évidemment pas le « hasard » qui poussa l'ancien bâtonnier à se réveiller, à prendre ces photos, mais bien les occupants du petit vaisseau qui imprimèrent cette suggestion dans son psychisme !

4

Ne quittons pas encore le Brésil ; d'autres événements tout aussi fantastiques nous y attendent. Le 23 avril 1983 se tint à Brasilia le IIe Congrès International d'Ufologie : cinquante conférences en quatre jours, certaines se terminant à l'aube. A l'issue d'une de ces conférences tardives eut lieu, à quarante kilomètres de la capitale et au kilomètre 19, une *vigilia* (veillée d'observation) : cinq disques volants vinrent complaisamment faire une exhibition à la verticale de ce kilomètre 19 de l'altiplano.

Quelques années plus tôt, participant à une assemblée analogue à Brasilia, un ufologue français que nous appellerons le « Barbu hirsute », ou « Ufo-la-Pétoche », fossoyeur d'une commission d'enquêtes privée et *libre* et la première du genre en Europe, fut invité par une contactée à assister à une RR III... et se déroba au dernier moment. Après cet acte de bravoure, « Ufo-la-Pétoche » partagea son temps entre les attaques orales ou écrites contre ceux qui œuvraient dans l'esprit de Marc Thirouin (pionnier de l'ufologie), et une secte du Pérou ! « La Pétoche » est même devenu (en France) collecteur de fonds pour cette énigmatique « communauté » ; fonds dont les donateurs ignorent l'usage qui en a été fait. Avis, donc, à ceux qui pourraient être pressentis pour financer cette entreprise des plus douteuses...

Au cours de ce congrès international de 1983, le professeur A. J. Gevaerd, président du *Centro Para Pesquisas de Discos Voadores* (Maringa, Etat du Parana) qui collabore avec l'OPETOVNI *(Organisaçao de Pesquisas de Estudos Teoricos sobre Objetos Voadores Nao Identificados)*, exposa le cas « Alto Bacacheri ». Une monographie de ce cas fut distribuée aux congressistes et je remercie vivement ici le professeur Gevaerd d'avoir bien voulu m'autoriser à la reproduire.

Les articles de l'*Estado do Parana* des 5 et 6 mai 1977 sont traduits et résumés ci-après :

« 5 mai 1977 — Le mécanicien Florisval de Jesus, dit " Polaco " (le Polonais), a mystérieusement disparu hier matin 4 mai 1977, vers 10 heures, près de l'embranchement de la route de Atuba. Il conversait avec six de ses amis quand, s'éloignant de quelques mètres, il a littéralement disparu, sous leurs yeux, en une fraction de seconde. Personne ne doute, dans son entourage, qu'il a bien été transporté vers une autre planète, ou vers une autre dimension, par des hommes voyageant à bord d'un vaisseau spatial ; la date précise de ce nouvel enlèvement lui avait été annoncée il y a exactement un an, le 4 mai 1976, à Salto Osorio, *lors d'un enlèvement similaire.* Florisval est célibataire. Il a terminé ses études secondaires, ne fume pas, ne boit pas et n'a jamais eu de problèmes mentaux. Il s'est fiancé il y a quelques mois et a beaucoup d'amis. Sa famille se compose de onze personnes, toutes catholiques. Son père, Oswaldo Ferreira, quarante-sept ans, est adjoint au maire de Campina Grande do Sul. Sa mère, Maria de Luz Ferreira (quarante-sept ans également), est inconsolable de la disparition de son fils, *lequel vivait depuis un an dans l'appréhension des événements qui se sont effectivement produits hier matin.* »

Première rencontre.

« Florisval était militaire à cette époque. Un soir, vers minuit, de garde à Salto Osorio, dans le Mato Grosso, il a vu une lumière éblouissante qui diminua ensuite d'intensité, lui laissant distinguer un appareil étrange et deux hommes portant des vêtements métallisés. Il entendit une voix lui dire : " Nous viendrons te chercher le 4 mai 1976, à 7 heures du matin, au *Mata Burro* (" Tue-les-ânes ", passage reliant ici les deux bords d'une faille) de la fazenda (ferme, exploitation agricole) ". »

Premier enlèvement — 4 mai 1976.

« Florisval se trouvait à la ferme d'élevage Agropecuaria Planalto, de Salto Osorio. Il disparut effectivement, vers 7 heures du matin, de l'endroit que l'on sut plus tard être le deuxième *Mata Burro* de la ferme. Son entourage, qui n'avait pas pris très au sérieux le récit du premier avertissement, commença par le rechercher seul puis demanda l'aide de la police et de l'armée. L'un des groupes partis à sa recherche — comprenant l'une de ses sœurs — retrouva bien ses empreintes près d'une rivière, mais *comme si Florisval y était rentré à reculons !* Celui-ci fut localisé à 18 heures, par un avion de l'armée, à cinquante kilomètres de l'endroit d'où il avait disparu. Il avait une cheville cassée et ne pouvait plus parler. Quand il essayait d'écrire, *c'était dans une écriture inconnue qui n'a jamais été déchiffrée.* Le seul mot lisible qu'il ait réussi à écrire fut *Hitz Mitz*, le nom de l'un des êtres qui l'avaient enlevé.

» Quand Florisval retrouva l'usage de la parole, une semaine plus tard, il raconta qu'il avait été emmené à bord d'un appareil et qu'au retour il s'était cassé la cheville en sautant d'une hauteur de quatre mètres, l'engin qui le ramenait n'ayant pas pu descendre plus bas pour le déposer[1]. *Florisval restait sans voix chaque fois qu'il essayait de donner plus de détails sur son odyssée et, quand il s'efforçait d'écrire, c'était à nouveau dans cette même écriture indéchiffrable.*

» Il confirma aussi avoir bien vu ses amis venir dans sa direction au cours de leurs recherches, mais Hitz Mitz l'avait prévenu :

» — Tu les vois, mais ils ne te voient pas[2].

» Il avait été prouvé ultérieurement que l'équipe de recherche dont faisait partie la sœur du disparu était bien passée près de l'endroit où se trouvaient — invisibles — Florisval et l'Extraterrestre Hitz Mitz. Ce dernier lui avait annoncé ce jour-là qu'il reviendrait le chercher un an plus tard, exactement le 4 mai 1977, mais qu'ensuite, Hitz Mitz et ses semblables ne lui causeraient plus aucun problème ; au contraire, ils l'aideraient beaucoup. »

Second enlèvement — 4 mai 1977.

« Florisval paraissait de plus en plus anxieux au fur et à mesure qu'approchait la date du 4 mai 1977. Il lui arrivait de plaisanter sur son aventure et sur lui-même, mais la veille, le 3 mai, le voyant fort agité, l'un de ses amis l'avait emmené au temple japonais de

1. Parfaitement invraisemblable. Il aurait suffi à ce vaisseau de choisir dans le voisinage un espace suffisant pour atterrir. C'est donc délibérément que les occupants de l'engin l'incitèrent à sauter d'une telle hauteur, certains qu'à tout le moins il se foulerait la cheville. Cet « accident » frapperait davantage l'imagination et, ajouté aux autres détails, renforcerait la crédibilité du récit ; un scénario bien digne de nos visiteurs « négatifs » !

2. Ce champ d'invisibilité (vortex transdimensionnel) est analogue à celui que je décris dans *Les Fils du Serpent* (n° 83, collection « S.F. Jimmy Guieu », Ed. Vaugirard), réédition dont l'original fut rédigé bien avant que le présent rapport ne m'ait été communiqué. Simple création imaginaire ou... induction psi venue d'ailleurs ? *(N.d.A.)*

philosophie superévoluée de la Seicho-No-Yê, pour y participer à une session. Il en revint détendu, plus joyeux et dansa même avec ses amis.

» Au début de la soirée du 3, déclara sa mère, nous étions tous auprès de lui. Son meilleur ami, Elder Bandeira, de l'aéronautique militaire, ne le quittait pas des yeux. Après le dîner (il mangea très peu), nous sommes tous restés groupés, même à l'intérieur de la maison. Où Florisval allait, nous le suivions, craignant qu'il ne disparaisse à n'importe quel moment. La nuit n'en finissait plus, pour nous, mais Florisval dormit normalement. Le lendemain, 4 mai, il se réveilla fort tôt et ne prit pas de petit déjeuner ; il s'était d'ailleurs nourri très légèrement pendant les derniers mois qui avaient précédé son enlèvement. A 9 heures, il prit un bain et paraissait très abattu. Comme il se dirigeait vers une fenêtre, nous y allâmes tous et un de ses frères lui demanda : " Qu'est-ce que tu as, Polaco ? " Il éluda la question et annonça sa décision d'aller voir son cousin Luiz, qui demeure près de chez nous. Il s'y rendit et rencontra là un autre de ses amis, Nelson de Oliveira, lequel lui proposa d'aller faire une promenade, pour se détendre. C'est ainsi qu'ils cheminèrent à pied jusqu'à l'embranchement de la route de Atuba. Ils y arrivèrent un peu après 9 h 30. Là se trouve un atelier de mécanique où travaillent d'autres amis de Florisval, cinq en tout. Ils conversèrent un moment et tous virent Florisval sortir normalement par la porte de l'atelier *et disparaître sous leurs yeux devant la porte, comme s'il s'était désintégré dans l'espace.* C'était peut-être incroyable, mais en une fraction de seconde il avait disparu, était devenu invisible. Le temps n'avait pas été suffisamment long pour qu'il ait pu faire cinq pas au-delà de la porte et tous se mirent à sa recherche. La radio-patrouille, informée, détacha une voiture vers Atuba mais revint sans avoir rencontré Florisval.

92

» La famille, désespérée, vécut des moments de grande tension et le chercha dans tous les lieux qu'il avait l'habitude de fréquenter : les *terreiros* de l'Umbanda [1], les églises et le temple de la Seicho-No-Yê. Vers 18 heures, les membres de la Seicho-No-Yê se présentèrent à la maison de Florisval (quartier Alto de Bacacheri), pour une " concentration " visant à entrer en contact télépathique avec Florisval, quel que soit l'endroit où il pourrait se trouver.

» Un des frères de Florisval — Osmail — était le seul à ne pas croire à la responsabilité des Extraterrestres dans sa disparition. Il avoua à sa mère l'avoir vu personnellement " à l'intérieur d'une boule de verre [2] " et lui conseilla de rechercher les vêtements de Florisval. Mme de Luz Ferreira eut un choc en ouvrant le coffre de son fils : les vêtements avaient disparu alors que, la veille au soir, ils se trouvaient bien à leur place. Florisval avait dit aussi à ses frères, quelques jours avant sa disparition, qu'ils pourraient utiliser sa voiture, mais il en avait sur lui les clés et les papiers lors de son enlèvement. Osmail se lança à la recherche de Nelson de Oliveira " pour en finir une fois pour toutes avec cette farce ". Il passa d'abord par la maison de l'Umbanda de Sao José Dos Pinhais mais il en revint soucieux. Ses uniques paroles, dans la soirée du 4, furent : " Ils (les Extraterrestres et Florisval) reviendront à la maison à 3 heures de l'après-midi demain, mais personne ne les verra. " Effectivement, le lendemain vers 15 heures, *des phénomènes étranges commen-*

---

1. Le spiritisme de l'Umbanda (pratiqué dans les Candombles) est une forme édulcorée, plus récente, de la macumba et n'implique plus les sacrifices d'animaux. De même, les adeptes ne sont plus possédés par les « dieux » (ou *orisha*, divinités inférieures), mais par les esprits des défunts.
2. Voilà qui rappelle assez l'enlèvement de Franck Fontaine, ramené sur Terre dans une boule de lumière.

cèrent à se produire dans la maison[1]. *Des jeunes femmes s'évanouirent, d'autres appelaient Florisval, le tout dans un climat insupportable de mysticisme et d'hystérie collective!* »

Le retour.

« Vers 4 heures de l'après-midi, ce 5 mai, la famille apprit par les reporters du journal *que Florisval avait réapparu à Antonina, vers 13 h 30.* Tardisio (ou Narcisio?) Ferreira, propriétaire de la boutique Armazem Felicidade, de la ville d'Antonina, nous donne des détails sur la réapparition de " Polaco " : " J'étais à mon comptoir quand j'ai vu arriver un jeune homme portant des journaux sous le bras. Il entra normalement, commanda un Coca-Cola, paya avec un billet de dix cruzeiros et, montrant les journaux, m'invita à lire les titres concernant sa disparition. Me demandant si j'y croyais et sur ma réponse affirmative, il me dit : C'est moi. Je commençai à lui poser d'autres questions *mais il ne pouvait plus répondre; il avait perdu la parole sans transition et ne laissait plus échapper que des grognements.* En s'exprimant par des signes et en écrivant, il accepta que je prévienne la police et fut conduit au commissariat vers 14 heures. Je pense qu'effectivement, il a bien été séquestré par les êtres dont il parle et rien ne peut me faire supposer qu'il ait menti ou que cette histoire puisse être l'indice d'une maladie mentale. Il avait été laissé au milieu de la forêt et avait ensuite pris un omnibus, pensant qu'il allait vers Curitiba alors qu'il venait vers Antonina. Son apparence était normale; il n'avait qu'une égratignure sur une des

1. Analogie avec le cas Jean-Claude Pantel (cf. *Le Livre du paranormal* [Ed. l'Omnium littéraire, épuisé] et *La Terreur venue du néant*, n° 3 de la collection « Les Chevaliers de Lumière », J. Guieu, Ed. Fleuve Noir).

jambes et me dit qu'il se l'était faite dans la forêt[1]. "

» Au commissariat de police, Florisval fut reçu par le commissaire Nilton Drapalsk, qui prévint la presse. Florisval, toujours sans voix, paraissait avoir complètement " perdu le nord ". Il répondit d'abord à l'interrogatoire en écrivant en portugais pour dire qu'il avait beaucoup voyagé et visité de nombreux endroits différents, mais qu'il ne pouvait révéler aucun secret sous peine d'avoir beaucoup à souffrir de la part de ses ravisseurs[2]. Il déclara avoir déjà énormément souffert pour avoir trop parlé lors de son précédent enlèvement : " Je suis leur ami [se référant aux Extraterrestres], je ne dois rien dire. " Il raisonnait apparemment de façon normale, bien que semblant très distrait à certains moments. Il répondait par signes de tête et écrivait dans une très mauvaise calligraphie qui se terminait en une sorte de psychographie fort rudimentaire et illisible. »

Cette mauvaise calligraphie s'achevant dans une sorte de psychographie évoque immédiatement les communications « spirites » reçues en écriture automatique. Simple constatation qui appelle cependant une interrogation : quelle qu'en soit la source, ces « communications » sont-elles défectueuses du fait du « récepteur » (point nécessairement accordé sur la bonne « longueur d'onde ») ou bien du fait de ceux qui « émettent » et brouillent délibérément les cartes ?

Tel est donc le rapport préliminaire transmis par le professeur A. J. Gevaerd sur ce cas... controversé.

1. Simple égratignure... ou « implant » comme ce fut le cas pour Martine, au Canada ?
2. Consigne analogue reçue également par M. X... au Québec et F. Fontaine en France, entre autres contactés.

Les enlèvements répétés.

Quatre enlèvements successifs pour le couple Herminio et Bianca et deux pour Florisval, au Brésil. D'autres exemples sont connus en Europe.

Le 8 janvier 1980, mon confrère et ami Maurice Chatelain (auteur notamment de *A la recherche de nos ancêtres cosmiques*, éd. du Rocher, Paris) me faisait parvenir un article paru le 5 janvier 1980 dans *National Enquirer*, un hebdomadaire américain consacrant parfois des reportages à l'ufologie. Article signé Edward Sigall et intitulé : *Enlevé par un OVNI... pour la quatrième fois*. Le héros, bien malgré lui, de cette étonnante aventure a nom Fortunato Zanfretta, un garde de la Sécurité italienne, à Gênes, âgé de vingt-sept ans à l'époque. Il fut longuement interrogé sous hypnose, puis sous Penthotal par le professeur Rolando Marchesan, chef du Centre international d'hypnose médicale et psychologique de Milan. Le témoin fut également examiné par le professeur Giorgio Gianniotti, un neurologue de Gênes ; le docteur Moretti contrôla la séance d'hypnose. Tous conclurent à sa parfaite santé mentale.

Les deux premiers enlèvements eurent lieu en décembre 1978, le troisième le 30 juillet 1979 et le quatrième le 2 décembre de la même année. Le dernier fut le plus impressionnant. Le dimanche 2 décembre 1979 (un an jour pour jour après son premier rapt), Fortunato Zanfretta, à 21 h 30, démarra du centre de Gênes pour patrouiller aux abords de la ville. Un premier « incident » se produisit lorsqu'il eut fait le plein à la station-service, au centre-ville. Sortant de l'ombre, une « voix » lui ordonna d'approcher, ce qu'il fit, pour se trouver nez à nez avec un être de grande taille, à la tête ovoïde, chauve, portant un vêtement collant d'aspect métallisé.

L'étranger lui ordonna de démarrer ; il obéit, incapable de s'opposer à cette consigne. Sur les collines qui dominent Gênes, il se dirigea vers un petit nuage qui descendait du ciel et, là, sa voiture fut aspirée dans le nuage (cela ne vous rappelle-t-il rien ?) ; celui-ci s'avéra être un vaisseau gigantesque : « Un vaisseau si grand, précisa-t-il sous hypnose, qu'il aurait pu contenir une ville ! C'était une sorte de cité de l'espace ! »

Un groupe « d'Etrangers » de grande taille l'accueillit à bord et l'un d'eux lui annonça : « Nous voulons que vous visitiez notre astronef afin qu'un jour vous soyez à même de vous souvenir de ce que vous aurez vu. »

Les ET le conduisirent vers une série de grands cylindres emplis d'un étrange liquide bleu. L'un d'eux, lui fut-il expliqué, « contient l'un de nos ennemis originaire d'une autre planète ». Dans un cylindre se trouvait un oiseau et dans un autre un homme des cavernes ! Ils lui firent visiter une partie du vaisseau mais quand les ET le virent fureter ici et là, ils interrompirent la « promenade » et lui firent réintégrer son véhicule resté dans une soute. La voiture, « dégravitée », fut ramenée au sol... Inquiets de la disparition de leur camarade depuis près de cinq heures, d'autres gardes de la Sécurité, ne recevant aucune réponse à leurs appels radio, s'étaient mis à sa recherche. L'un d'eux, le lieutenant Giovani Cassibba, patrouillant sur les collines génoises, aperçut soudain, décollant du secteur, un engin en forme de cône tronqué auréolé d'une vive lueur orange-rouge qui l'éblouit. Malgré ce, le lieutenant Cassibba dégaina et tira plusieurs coups de feu en direction du vaisseau.

Puis il tressaillit : de sa radio de bord sortait la voix terrifiée de Fortunato Zanfretta : « Ils remontent ! Au secours ! »... Un moment plus tard, la voix reprit, avec soulagement : « Ils ont décollé... Ils sont partis ! »

Plusieurs autres témoins virent l'engin s'éloigner à

une vitesse fantastique, passant du rouge orangé au vert émeraude. Le lieutenant ne tarda pas à repérer la voiture de son collègue — hébété — et le ramena au QG. Avec ce quatrième kidnapping prenait fin la terrible expérience de Fortunato Zanfretta.

Brûlés par un OVNI.

Nuit du 29 décembre 1980. A trente kilomètres de Dayton, Texas, Vickie Landrum, son petit-fils Colby (sept ans) et une amie, Mme Betty Cash (cinquante-deux ans), roulent sur une route déserte. Soudain, dans le ciel, un objet très brillant expulse un immense éclair. Quelques minutes plus tard, l'objet devient mieux visible à l'horizon de la route rectiligne, qu'il domine d'une trentaine de mètres. Aussi grand qu'un château d'eau, il a la forme d'un diamant (taillé en brillant) et une énorme flamme fuse de son sommet en direction de la route. Un son étrange, sorte de bip-bip-bip, se fait entendre. Vickie Landrum stoppe sur le bas-côté, affolée, tandis qu'à bord de la voiture, la température devient insupportable. Elle fait sortir son petit-fils et son amie dans la nuit glaciale de décembre... et a l'impression de se trouver subitement dans un bain turc ! Etouffant !

Les yeux des trois témoins sont douloureux, agressés par cette chaleur accablante qui émane de cette espèce de flamme provenant du sommet de l'appareil. Fou de terreur, le gamin court vers le bois. Sa grand-mère le rattrape, l'exhorte à prier. Pendant un quart d'heure, tapis dans la forêt, les deux dames et l'enfant, épouvantés, sentiront encore cette fournaise et entendront ce bip-bip-bip, lancinant. Puis l'engin s'élève, disparaît à une vitesse vertigineuse. Une heure plus tard, tous trois tombent malades, les yeux irrités, souffrant de brûlures, notamment Vicky, sur la main et le bras gauche. Elle et son amie, au fil des semaines, perdirent d'importantes quantités de cheveux, leur visage enfla. Leur visage, leurs bras et jambes, leurs oreilles même se couvrirent de desquamations. L'enfant en particulier souffrit de problèmes digestifs. Tous trois présentaient les symptômes d'une irradiation, indéniablement constatés au Parkway Hospital de Houston. Soumise à une régression mémorielle sous hypnose en présence de John Schuessler, ingénieur à la NASA, Vicky Landrum revécut, terrifiée, cette agression.

Car il est difficile de ranger ce cas dans la catégorie des « simples » RR III ! De même est-il déraisonnable de penser que de « bons ET » se livreraient à ce genre d'amusement. S'il y a de braves gens sur la Terre, il y a, ou il y a eu, aussi des canailles, tels les Hitler, Mussolini, Mao, Staline, Khomeiny, Kadhafi, Saddam Hussein et consorts, communiquant à une partie de leur peuple leur sadisme, leur fanatisme, leur cruauté criminelle. Pourquoi en irait-il différemment dans notre zone galactique ? Le vieux manichéisme « bons et méchants » doit se manifester aussi parmi les milliards de milliards de systèmes planétaires de notre Voie Lactée et il serait par trop naïf de ne voir dans nos visiteurs que de « bons anges »[1].

Kidnapping sans retour au triangle des Bermudes.

Le soir du 30 octobre 1968, par une mer agitée, un bateau de croisière argentin voguait au large de Cuba. Soudain, un volumineux engin fusiforme auréolé d'une lueur jaune surgit dans le ciel. Rapidement, les croisiéristes se ruèrent sur les ponts afin d'observer cet étrange appareil doté de hublots qui les escortait,

1. Les exemples abondent d'enlèvements, d'inséminations artificielles, de mutilations animales *et humaines* perpétrés par des espèces nullement « angéliques » ! Cf. *E.B.E. 1* et *E.B.E. 2, op. cit.*

disparaissant et reparaissant dans les nuages. Bientôt, tout le système électronique et la radio de bord tombèrent en panne. Le capitaine Charles G. Reid rassura les passagers : il s'agissait tout bonnement d'une « illusion créée par des effets électriques dans l'atmosphère » (une explication pleine de clarté !).

Effectivement, « l'illusion électrique » s'effaça vers minuit et la plupart des passagers regagnèrent leurs cabines, les bars ou la salle de danse. Parmi ceux qui s'obstinèrent à observer le ciel, Marilee Pittman et d'autres croisiéristes virent de nouveau surgir l'engin qui approchait à vive allure. La jeune femme déclara : « Trois petites lumières se sont détachées du gros objet *et ont frôlé le pont.* C'était de petites soucoupes volantes. En une minute, elles avaient rejoint le gros cigare qui disparaissait derrière les nuages. » Vers 3 heures du matin, le matelot Edward Clinton (vingt-sept ans) vit de nouveau ces petites lumières pourvues de projecteurs éblouissants qui frôlèrent la coque du navire presque au ras de l'eau avant de disparaître à grande vitesse. Inquiet, l'homme d'équipage courut prévenir le capitaine Reid : sa cabine, hublot ouvert, était vide. *Nul ne revit jamais cet officier et la compagnie conclut à son suicide.* Tel ne fut pas l'avis de tous les passagers ; ceux-ci avaient été les témoins des va-et-vient répétés de l'engin porteur et de ses modules de faible dimension qui, plusieurs fois dans la nuit, avaient frôlé tantôt le pont, tantôt la coque du navire.

Là où ses ravisseurs l'ont amené, le capitaine Charles G. Reid doit méditer sur ces curieuses « illusions créées par des effets électriques dans l'atmosphère » ! L'infortuné a eu moins de chance que le capitaine Mario Monteiro, enlevé (par téléportation ou dématérialisation) à bord du navire brésilien *Amapa* et ramené quarante-huit heures plus tard...

« *Ils* » *sont parmi nous !*

Au cours de ma tournée de conférences au Canada en 1978, dédicaçant mes ouvrages à la librairie Garnaud (actuellement Demarc) au Complexe Desjardins (Montréal), un ami québécois me présenta Linda H..., vingt ans, étudiante. Il était parvenu à la convaincre de me conter l'étrange rencontre qu'en compagnie d'une autre étudiante elle avait faite à la station de métro Frontenac.

Vers 18 heures, un soir d'avril 1976, les deux jeunes filles empruntaient la ligne en direction d'Atwater lorsqu'elles remarquèrent un homme bizarre, dont Linda fit le portrait. Et bizarre, il l'était avec une stature d'environ deux mètres et sa pigmentation olivâtre. L'inconnu n'accordait aucune attention aux autres voyageurs (assez peu nombreux) mais, au bout d'un moment, comme s'il s'était senti observé, il jeta un furtif coup d'œil à Linda, avec une expression embarrassée ou contrariée.

« Cet être n'était pas vraiment comme je l'ai dessiné, me prévint la jeune fille (*hors-texte n° 5*). Les détails de son visage étaient trop difficiles à rendre sur le papier. Il pouvait avoir soixante à soixante-cinq ans. Pas tellement chevelu, ses cheveux très noirs étaient teints car on voyait une repousse grise. Les sourcils s'allongeaient en pointe vers le front, avec une ligne partant de la paupière et montant vers le haut. Détail fort étrange qui nous a sérieusement impressionnées, ses paupières étaient d'un gris *métallisé*. Il avait un nez grossier, des lèvres minces et foncées. Ses vêtements, en très bon état, dataient d'une mode des années 50. Selon toute vraisemblance, *nous étions seules à le voir car les autres voyageurs, manifestement, ignoraient sa présence !*

» Il sortit comme nous à Berri de Montigny[1] et nous l'escortâmes jusqu'à l'extérieur de la station. Là, mon amie, déjà en retard, dut me quitter pour rentrer chez elle. J'étais en retard aussi, mais je le suivis un moment. Il marchait d'une manière très crispée, les bras collés contre le corps, les doigts joints les uns aux autres. Sa démarche, fort bizarre, me faisait songer à un robot ; il se déplaçait à petits pas très raides et d'une allure assez lente. Même désagréable impression que dans le métro : *les gens qui le croisaient dans la rue ne semblaient pas le voir !* Il s'immobilisa au bord du trottoir, non loin de l'arrêt du bus 185, que j'attendais. Il observait la circulation mais tout en me regardant de côté. On aurait dit qu'il comprenait mes doutes quant à sa provenance et j'avoue m'être posé la question : ne serait-il pas un Extraterrestre ? Il considérait la rue comme s'il n'avait jamais vu auparavant un tel endroit, examinant plus particulièrement les voitures qui passaient. Son regard trahissait une sorte de surprise ; il semblait se demander comment ces machines-là faisaient pour avancer.

» J'en retirai l'impression qu'il s'agissait peut-être d'un " espion " (modèle plus ou moins humain), qui devait transmettre son rapport à un supérieur. Mon bus est arrivé ; j'ai dû abandonner cette " surveillance ". Depuis ce jour, je n'ai cessé de penser à cet être de grande taille, à la peau gris olivâtre, aux paupières d'un gris métallique... Souvent je suis venue dans le métro, à la même heure, à la même station, mais je ne l'ai jamais revu. »

Linda et son amie étaient seules à voir cet « homme » ; ni les usagers du métro, ni les gens dans la rue n'étaient conscients de sa présence. Cela fait songer à un décalage spatio-temporel : un moment durant, les

1. Importante station de correspondance (un peu comme celle du Châtelet, à Paris).

102

deux jeunes filles se seraient trouvées à l'interface de deux univers (ou lignes temporelles) parallèles, co-existant avec cet inconnu aussi dérouté qu'elles pouvaient l'être ; elles parce qu'il différait des humains, lui parce qu'il émergeait dans un univers qui n'était pas le sien !

Sa « translation » était-elle volontaire, programmée à des fin d'observation, ou bien accidentelle ? Cette question vaut aussi pour le cas suivant sur lequel j'ai enquêté.

Les couloirs vers ailleurs.

Du lundi 29 avril au samedi 4 mai 1985 se tint, au Centre commercial de Bonneveine (Marseille), le premier Forum International de la Voyance et de la Parapsychologie, présidé par Maéva Sala, parapsycho-logue-conseil et médium. Un forum remarquablement organisé par cette dernière et Patrick Costaire, le directeur technique de ce Centre. Des colloques et conférences ont été animés par le docteur Jeanine Fontaine, le professeur Lageot (Université de Marseille), Monseigneur Francis Gosselin, évêque à Lyon, Raphaël Balleydier (Canada), magnétiseur-guérisseur, Alain Le Kern (géomancien-analyste), le docteur Dominique Laffont (phytothérapeute), Daniel Huguet, hypnotiseur et votre serviteur. Un *great event* dont tous les médias se firent l'écho et qui connut un succès considérable (l'indice hebdomadaire des visiteurs du Centre commercial de Bonneveine passa de 160 000 à 450 000 !). Patrick Costaire, jusque-là plutôt indifférent aux multiples domaines de la parapsychologie, de l'ufologie, commença à s'y intéresser ; nous devions d'ailleurs nous revoir et nouer des relations amicales.

A l'occasion de ce forum, Edmonde (voyante connue sous le pseudonyme d'Isis Athéna) me fit part d'un événement « extraordinaire » dont elle avait été le témoin, en juillet 1983, avec un chauffeur de taxi de ses relations. Pour les besoins de mon enquête sur ce cas, j'organisai une réunion à Marseille chez mon ami Sauveur Padovano, numérologue et bouquiniste, 77, rue Curiol. Sans en préciser la raison, j'avais demandé à Maéva Sala, au radiesthésiste Gérard Giordan et à Patrick Costaire d'être présents. J'interrogeai donc Edmonde et Benoît B..., le chauffeur de taxi qui la conduisait souvent au cours de ses déplacements. Benoît B..., la cinquantaine, pas très grand, avait au moment des faits les cheveux blancs. Ce détail a son importance, nous le verrons bientôt.

Au volant de sa CX, ce soir-là, Benoît va donc chercher Edmonde-Isis Athéna en banlieue et prend la direction centre-ville. Vers 20 h 30, il descend la rue de la Grande-Armée, maugréant un peu car, depuis un long moment déjà, une petite voiture (Peugeot 104) le suit vraiment de trop près. Au bas de la rue de la Grande-Armée, il stoppe au feu rouge. La voiture suiveuse vient alors s'arrêter à ses côtés, toujours très près. Mécontent, Benoît tourne la tête, s'apprêtant à enguirlander l'automobiliste mais il reste coi et presque pétrifié par la peur : au volant se trouve une femme pouvant avoir entre trente-cinq et quarante ans à peau olivâtre, tirant davantage sur le vert sombre. Sa chevelure est « démente », avec des mèches à dominantes brunes, blanches (blanc farine) et jaunes. Elle porte une robe assez banale, bleue à pois clairs... Elle est hideuse, ses traits sont comme « décalés » par rapport aux nôtres, telle une caricature humaine. (Dans l'affaire de Cergy-Pontoise, J.-P. Prévost décrit un peu de la même manière deux des MIB — *Men in Black* ou Hommes en noir — venus le menacer). Ses yeux verts sont comme lumineux, indéfinissables.

Benoît bredouille à l'adresse de sa passagère :

— Est-ce que vous voyez ce que je vois ?

Edmonde confirme, souligne les détails de ce visage d'une laideur effrayante (sans rapport avec le maquillage clownesque d'une punk). Tous deux prennent alors conscience d'une anomalie inexplicable : dans ce quartier du haut de la Canebière où la circulation est invariablement intense, où les promeneurs estivants s'ajoutent aux Marseillais, *règne un silence minéral !* Plus de véhicules, plus de piétons, plus de motards ni de cyclistes. C'est le désert, avec un silence ouaté, oppressant.

Le feu passe au vert. Comme dans un rêve — ou plutôt un cauchemar —, Benoît redémarre et sa CX fait un bond en avant, *mais elle ne semble pas toucher le sol !* Le grand carrefour du Chapitre, face à l'église des Réformés, est totalement vide. La voiture le traverse rapidement, s'engage dans la rue Adolphe-Thiers... *et de nouveau, tout redevient normal :* le vacarme de la circulation les agresse. Derrière eux, au carrefour franchi, les voitures défilent, les gens se hâtent ou baguenaudent sur les trottoirs. Edmonde et Benoît ont émergé de cette « bulle », de ce vortex mystérieux et ils confrontent leurs impressions. Le chauffeur, encore bouleversé, paniqué par ce qu'ils viennent de vivre et auquel il ne comprend rien, sursaute lorsque Edmonde soupire avec soulagement :

— Vous savez, Benoît, nous l'avons échappé belle !

Edmonde réalisait effectivement qu'ils venaient d'échapper à un « couloir transdimensionnel », zone intermédiaire entre notre univers et un univers parallèle ! Or, la jeune femme ne pouvait pas savoir qu'une enquête remontant à 1969 situait non loin de là un autre « passage » de ce type. Au surplus, c'est au bas de la rue Adolphe-Thiers qu'une nuit de 1980, Jean-Pierre Prévost fut conduit par l'ET Haurrio, lors d'une expérience pouvant se rattacher à l'existence d'un sas transdimensionnel.

Je questionnai Benoît : depuis cette singulière équipée, d'autres anomalies s'étaient-elles produites ? Oui, trois semaines avant notre présente réunion (vers le 20 juillet 1985, donc), *ses cheveux blancs étaient devenus châtain clair !* Et cela l'inquiétait : sa chevelure n'allait-elle pas, graduellement, prendre les teintes extravagantes de celle de l'affreuse créature à la peau olivâtre ? (Pigmentation apparentée à celle du personnage de haute stature rencontré par Linda H..., dans le métro de Montréal).

Autre constatation, plus réjouissante : manifestement, Benoît avait la sensation (pas seulement subjective) *de commencer à rajeunir.* (Il existe le précédent célèbre de Ventura Maceiras, le 30 décembre 1970, à Tres Arroyos, Argentine qui, après un contact avec des ET, connut un rajeunissement spectaculaire... alors qu'il avait soixante-treize ans).

Mais revenons à notre chauffeur de taxi, que deux « anomalies » plus anciennes avaient inquiété. Vers octobre 1984, Benoît prit en charge un client bien connu de lui et le déposa à la Joliette, près du port. Il était environ 1 h 30 du matin et Benoît regagna son domicile de banlieue, du moins en prit-il le chemin. Que se passa-t-il ensuite ? Mystère. Il se réveilla vers 7 h 30 après une nuit paisible mais sans aucun souvenir d'être rentré chez lui. A tel point qu'il se précipita au garage : oui, la CX était bien là. Il interrogea son épouse. Non, celle-ci dormait et ne l'avait pas entendu rentrer. En mai 1985, cette fois avec des clients inconnus, Benoît perçoit le montant de la course et repart vers sa banlieue. Il se réveille chez lui, angoissé : à quelle heure est-il *vraiment* rentré après le trou de mémoire succédant au départ de ses clients ?

Pour une raison ignorée, il semblerait que Benoît soit dans le collimateur d'une catégorie de « visiteurs » facétieux. Ces diverses « anomalies » ne peuvent être le fait du hasard... qui n'existe pas. A un degré moindre peut-être, Edmonde serait également dans ce cas. En

1982 (une année avant la rencontre avec l'effrayante automobiliste, témoignage corroboré par celui de Benoît), elle fit un rêve ayant pour théâtre *le même quartier*. Edmonde descendait l'escalator du métro, à la station des Réformés. Elle se vit soudain traverser le mur et un grand rayon de lumière blanche apparut cependant qu'une voix prononçait : « Si tu traverses ce rayon, tu verras autre chose. » Intriguée, Edmonde traversa le rayon et aperçut d'énormes lézards verts. Elle prit alors conscience (dans ce rêve) qu'il s'agissait d'un passage vers une autre dimension, d'où sa remarque au chauffeur de taxi : « Vous savez, Benoît, nous l'avons échappé belle ! » Sans commenter ce rêve, je distribuai à Edmonde, Maéva et Gérard Giordan la photocopie de ce secteur du plan de Marseille :

— Dans une rue de ce quartier — ce n'est pas celle de la Grande-Armée — se trouve un immeuble dont un appartement a été occupé par des êtres venus d'ailleurs. Essayez de localiser cet immeuble, leur demandai-je.

Sauveur Padovano, Patrick Costaire et moi-même laissâmes les deux voyantes, le radiesthésiste et Benoît pour aller boire un verre. Nous revînmes vingt-cinq minutes plus tard et j'examinai les trois plans. Maéva et Gérard Giordan avaient localisé (séparément) leurs recherches sur un secteur légèrement trop à l'est et Edmonde un peu trop au nord du Point Alpha que j'étais seul à connaître. J'en fus ravi : *cela prouvait qu'aucun pont télépathique inconscient ne s'était établi entre les expérimentateurs et moi-même.*

Je leur conseillai alors simplement de chercher dans la rue Z... et concentrai aussitôt mes pensées sur un sujet totalement étranger. En moins d'une minute, Maéva Sala désigna un immeuble *très près* du Point Alpha, côté gauche de la rue Z... Edmonde et Gérard Giordan, toujours sur le côté gauche, positionnèrent un immeuble quasi voisin, mais au-dessous de leur repérage. Je les félicitai pour leur localisation satisfaisante, l'écart étant négligeable.

J'insiste une fois encore : aucun des participants de ce test sur plan ne pouvait connaître le Point Alpha ; ils ignoraient tout de l'enquête que j'avais menée là, en 1969, auprès de Jean-Claude Pantel[1]. Je puis dire seulement que cet appartement de la rue Z... était manifestement un sas, un relais transdimensionnel utilisé par des humanoïdes, identiques à nous mais doués de pouvoirs fantastiques. Les effets physiques découlant de ces pouvoirs, Alain Le Kern et moi-même, trois années durant, les avons constatés, toujours en présence de nombreux autres témoins.

Avant de conclure, des remarques s'imposent : le caractère hideux, tapageur et extravagant de la créature pilotant une voiture au cœur de la deuxième métropole française, n'était pas fait pour passer inaperçu ; surtout dans ce « vortex[2] » (image d'une ville morte !) où Edmonde et le chauffeur de taxi avaient été projetés.

Cette ostentation, de la part des « manipulateurs », visait un but délibéré : se montrer à Edmonde et à Benoît (et à eux seuls), les effrayer, les inciter à parler de cette rencontre à la fois inquiétante et absurde. Car l'absurde fait partie du *système de brouillage créé par les ET*. Dans presque tous les cas fameux, le binôme « brouillage/absurdité » décourage et éloigne les

1. Héros involontaire d'une multitude d'événements, parfois dramatiques, ayant succédé à des contacts avec des êtres venus d'ailleurs (cf. *Le Livre du paranormal* et *La Terreur venue du néant, op. cit.*).
2. Dans *Les Sentiers invisibles* (n° 8 de la collection « Les Chevaliers de Lumière »), je relate un autre incident lié à ce vortex : l'aventure de Tania Anziani, voyante et tarologue, qui faillit « basculer » dans une autre dimension... en appelant son teckel attiré par une villa qui n'existait pas... Dans la série « Les Portes du Futur » une vidéocassette sera consacrée à ces étranges « vortex ».

scientistes (et au départ, même la majorité de la communauté scientifique). En revanche, les esprits ouverts, sans exclusive, *reçoivent* le message : OVNI = vaisseaux non terrestres ; leurs occupants = entités venues d'ailleurs. Les « marginaux » de la recherche avancée, non contaminés par les tabous universitaires, positivistes, rationalistes, y trouvent matière à réflexion et ajoutent progressivement de nouveaux éléments au puzzle ufologique. Leurs structures mentales *différentes* (point supérieures mais différentes, insistons là-dessus) leur permettent alors de comprendre que le binôme « brouillage/absurdité » est un leurre pour tromper l'adversaire. Et en cette occurrence, l'adversaire est essentiellement générateur de pensées négatives : les soucoupes et les Extraterrestres n'existent pas. Les témoins ont été abusés, sont des ivrognes, des débiles mentaux, des plaisantins.

Cette attitude nihiliste engendre progressivement un véritable terrorisme intellectuel qui musellera nombre de scientifiques et trompera la presse, la radio, la télévision (cf. *E.B.E. 1* et 2, dans leurs annexes). L'on verra alors, dans tel ou tel débat télévisé, des « savants » ridiculiser les OVNI ou la parapsychologie. Qu'une chaîne de télévision ait le courage de créer une émission mensuelle *non polémique*, ouvrant ses antennes aux vrais spécialistes (ufologues, parapsychologues, etc.) et le public alors verra la différence et sera *librement* informé. Seuls spécialistes ? Non, qu'on y invite aussi des « anti », mais Grand Dieu, que leur temps de parole et billevesées soit équitablement contrôlé ! Ou devrons-nous attendre qu'une chaîne TV *privée* ose se lancer dans cette entreprise enfin salutaire ?

5

L'étrange affaire « Pi Mu Sigma ».

Gagnons la Suisse, avec Pi Mu Sigma, nom de code attribué par l'IMSA à ce contacté. Ce fonctionnaire de trente-cinq ans, marié, père de famille, habite le canton de Vaud. C'est encore sous le coup d'une vive émotion qu'il devait m'appeler, dans la soirée du 22 décembre 1982, pour me narrer son aventure de la veille. Ce soir-là, donc, vers 8 heures, il s'arrête chez Michel, un collègue de travail, pour en repartir vers 20 h 40 et regagner son domicile ; le trajet par beau temps exige quinze à vingt minutes, mais il a neigé et la prudence lui fait respecter une vitesse maximale de 70 kilomètres-heure. Le parcours devrait donc s'effectuer en une demi-heure environ.

Décontracté, Pi Mu Sigma conduit en fumant une cigarette ; il amorce un virage et longe la forêt qui s'étend *sur sa gauche*. A droite : des champs, des prés, un terrain plat. Le secteur est désert. Soudain, dans le rétroviseur intérieur, il aperçoit une boule lumineuse rouge vif qui zigzague à l'arrière de la voiture. D'un diamètre d'une quinzaine de centimètres, elle se déplace à une allure vertigineuse, à gauche, à droite *et laisse des traînées rougeâtres*.

Intrigué, il éteint sa cigarette, celle-ci ayant pu

provoquer des reflets dans le rétroviseur, mais la lueur mobile persiste. Une étrange sensation s'empare de lui (qui un instant plus tôt fredonnait, décontracté) : inquiétude, sentiment d'impuissance, paralysie graduelle, accompagnée de douleurs dans le dos et la nuque[1]. La boule de lumière rouge vif illumine l'intérieur du véhicule *mais n'éblouit pas le conducteur*.

« J'étais comme figé, m'expliqua-t-il. Je n'ai eu aucun réflexe, aucune pensée de vouloir m'arrêter, pris dans une sorte de peur inexplicable. Il me semble m'être retourné avec difficulté pour voir cette chose au-delà de la lunette arrière de ma voiture. Bizarrement, malgré son rouge vif, je ne fus à aucun moment ébloui. Elle allait de gauche à droite à une vitesse folle, *venait sur les côtés* ; il m'a même semblé que cette boule, un instant, m'apparut sur mon manteau jeté sur le siège arrière. A partir de là, il y a un trou dans mes souvenirs. J'ai dû rouler tout de même, mais c'est à un peu moins d'un kilomètre après l'apparition de ce phénomène que, reprenant mes esprits, je me suis arrêté au milieu du village de Penthéréas, sortant de la voiture, affolé, ouvrant les portières pour m'assurer que la boule ne se trouvait pas à l'intérieur, ou sous mon manteau. L'idée de retourner sur les lieux m'effleura, mais une certaine inquiétude m'en empêcha. Je pris de l'essence au village et rentrai chez moi vers 21 h 45, trouvant ma femme fort inquiète de mon retard tout à fait inhabituel. Je lui contai ce qui m'était arrivé. A bout de nerfs, je m'effondrai sur la table de la cuisine, vidé de toute énergie, pleurant même comme un gamin ! Avec toujours cette douleur au dos et à la nuque. »

Le réalisme de son expérience était tel qu'il m'avoua être décidé à la rendre publique. Je lui conseillai de ne point s'emballer, de songer aux railleries des imbéciles

1. Fréquemment rapporté par les contactés.

qui pourraient nuire à sa carrière et lui demandai, dans un premier temps, si d'autres observations d'OVNI avaient été enregistrées en Suisse durant les jours ou les semaines écoulées. J'insistai pour qu'il épluche les journaux et hebdomadaires helvétiques ; à défaut d'OVNI, peut-être s'était-il produit un événement insolite pouvant constituer un indice intéressant ? Le conseil était bon. Le lendemain de son appel (23 décembre 1982), Pi Mu Sigma trouva dans le quotidien *24 Heures* un article du journaliste Guy Thébault reproduit ici *in extenso* :

« Cratère spectaculaire à Begnins. Un phénomène inexpliqué. — Un événement insolite s'est produit la semaine passée à Begnins. Un cratère inattendu et spectaculaire par son volume a été découvert dans un champ appartenant à M. Roland Haefeli, au lieu dit Le Peuyé, sur la route de Burtigny, au-dessus du village. Le trou présente approximativement une profondeur de sept mètres pour un diamètre de cinq. Aucune explication précise ne peut être avancée sur la cause de cet accident. Des techniciens, notamment des géomètres, ont examiné les lieux hier. Ce qui étonne le plus Mme Haefeli, c'est qu'*aucune projection de terre n'a été remarquée aux alentours.* Il semble probable que le sol se soit tout simplement effondré, mais cette explication soulève beaucoup de scepticisme. Rien ne laissait prévoir cet événement. Le terrain n'avait pas été semé. M. Haefeli s'apprêtait à y répandre du fumier pour le cultiver. C'est un voisin qui l'a prévenu de ce qui est arrivé.

» L'hypothèse la plus vraisemblable est qu'une poche souterraine de limon a été dissoute et entraînée par les eaux de source au fil des ans. Bien sûr, le passage d'Extraterrestres a aussi ses partisans. Ne lit-on pas dans la littérature spécialisée que le vallon de Prévondavaux, un peu au-dessus, est l'une de leurs aires d'atterrissage favorites ? Il est aussi des anciens pour rappeler que dans leur enfance leurs aïeuls racontaient qu'il y a deux cents ans, un homme qui cherchait de l'eau avait creusé à cet effet de nombreuses galeries souterraines dans cette région... »

Je me renseigne et obtiens les « caractéristiques » de ce trou, mystérieusement creusé dans la nuit du 13 au 14 décembre 1982. La coupe est franche à 90 degrés et 100 mètres cubes de terre mouillée ont disparu. Il n'y a dans le champ aucune trace de roue de camion ou de pelle mécanique. Aucune projection de terre à l'extérieur ; le fond du trou est composé de terre nue, sans aucune trace d'herbe, de végétation que l'on trouve pourtant autour de lui *(hors-texte n° 6, A et B)*. Ceci exclut absolument l'hypothèse d'un effondrement de terrain.

Pi Mu Sigma me fait part de son intention de prendre contact avec Guy Thébault et sollicite mon avis. Le caractère objectif de cet article, l'allusion nullement sarcastique à l'hypothèse d'une intervention extraterrestre, selon certains, me rendent l'auteur sympathique. Cet honnête journaliste va alors publier sur Pi Mu Sigma un article dans *24 Heures* (10 janvier 1983). Un article fort objectif, relatant les faits tels qu'ils se sont produits, sans moquerie ni insinuation désobligeantes. Je devais par la suite rencontrer Guy Thébault et nouer avec lui des relations cordiales. Le clan des négateurs patentés allait bientôt se déchaîner, dans la presse, avec des arguments d'une rare stupidité, faisant intervenir des plaisantins jouant avec un laser et autres débilités rationalistes...

Investigations sous hypnose.

Si l'hypnose ne constitue pas en soi une preuve formelle, ce procédé permet cependant d'obtenir des *indications,* ravive des souvenirs oubliés, reconstitue des éléments d'appréciation fort utiles, que l'on pourra valablement comparer à d'autres affaires.

Pi Mu Sigma ayant spontanément manifesté le désir de se soumettre à une séance d'hypnose, nous fixâmes la date de celle-ci au 1ᵉʳ février 1983. L'hypnotiseur Daniel Huguet et moi-même nous rendîmes en Suisse. Diverses personnes amies furent réunies : Odile et Pierre D..., l'épouse de Pi Mu Sigma, le peintre Sabine Mangin et Denise Thébault, l'épouse du journaliste, malheureusement absent en raison d'une forte grippe (nous l'avions rencontré à son domicile le matin même).

Daniel Huguet fait régresser Pi Mu Sigma, en état d'hypnose, jusqu'à la soirée du 21 décembre 1982. Le sujet a quitté son collègue de travail (Michel) et l'épouse de celui-ci vers 20 h 30. Il roule à 60 kilomètres-heure (route humide : « Ça va geler », dira-t-il) et croise seulement deux ou trois voitures[1]. Ciel étoilé mais nuit noire. Il est en pleine forme, heureux de rentrer chez lui, de retrouver sa femme et ses enfants. Il ralentit à un virage à droite pour allumer une cigarette et baisse la vitre gauche pour ne pas être enfumé.

Sous hypnose, Pi Mu Sigma, d'une voix qui s'altère graduellement, décrit la boule apparue derrière sa voiture :

« Ça vient de loin. Son diamètre fait dix ou vingt centimètres. La boule se rapproche très vite et reste derrière l'auto, à 1,50 mètre ou 2 mètres. *C'est fixe.* Puis ça bouge à gauche, à droite et ça laisse une traînée. Je la vois sur les côtés de la voiture *et ça s'arrête au niveau des portières.* »

Il roule maintenant à 45-50 kilomètres-heure seule-

---

1. Lesquelles, curieusement, n'ont pas été victimes des prétendus mauvais plaisants jouant avec un laser !

ment et se retourne : la boule est sur la banquette arrière, au-dessus de son manteau ! Daniel Huguet lui suggère de s'arrêter, de regarder attentivement la boule qui illumine tout l'intérieur de la voiture et lui conseille de la toucher. Il ne sent rien : sa main passe à travers la boule *mais il ne voit alors plus ses doigts,* ne perçoit aucune sensation tactile.

Daniel lui ordonne de se remettre en route et la séance se poursuit, nous permettant de reconstituer les faits que l'on peut résumer ainsi : venant « d'en haut », une lumière blanche éclaire la voiture, qu'il ne contrôle plus : elle s'est mise « en travers de la route » *en flottant au-dessus du sol !* Pi Mu Sigma est collé au siège, la bouche ouverte, sidéré. Un cône de lumière rouge descend du ciel, enveloppe le véhicule en apesanteur. (Le sujet est angoissé, se plaint de douleur dans le dos, dans les reins.)

L'hypnotiseur lui suggère de s'élever « comme dans un rêve » et de voir d'où provient cette lumière rouge. A une vingtaine de mètres de hauteur, commente Pi Mu Sigma, plafonne au point fixe un objet rond, « comme un igloo posé sur un plateau circulaire de cinq à six mètres de diamètre ». Le cône de lumière rouge part de la base, d'un gris métallisé. « La chose est ronde et dure ; c'est comme de la ferraille. Ma main ne la traverse pas. Il y a des lignes, comme si la surface était quadrillée ; ces stries partent du sommet vers la base, à intervalles réguliers, comme une orange coupée en tranches. »

Nouvelle suggestion de Daniel l'invitant (toujours « comme dans un rêve ») à franchir la « coque » de l'objet pour émerger à l'intérieur. Le sujet obéit et s'étonne : à l'intérieur tout est blanc, mais ce lieu paraît plus grand que vu de l'extérieur ; le plafond est « plus petit » que le parquet. Il visite deux pièces nues, pas très grandes et emprunte des couloirs étroits ; tout est blanc. *Dans la pièce centrale, un orifice, qui émet le faisceau rouge dirigé vers le bas*[1]. Gagnant la pièce supérieure, il remarque un axe vertical, comme une colonne centrale. Tout est vide. Le sujet a l'impression d'être dans une chambre voûtée, avec une colonne axiale massive. Il ignore d'où provient la lumière blanche. Aucun mobilier. Pi Mu Sigma ne sait pas comment cette « chose » dans laquelle il se trouve peut tenir en l'air. Se plaignant de nouveau de douleurs dorsales mais aussi abdominales, le sujet est « ramené » au présent, réveillé selon le processus habituel.

Le trou de vingt minutes dans son trajet, ses révélations fragmentaires sous hypnose, autorisent à penser qu'il a été durant ce temps « pris en charge », amené à bord d'un vaisseau immobilisé au-dessus de sa voiture. Le reste baigne dans le flou d'un blocage classique propre à nombre d'enlèvements.

Une mise sous contrôle graduelle ?

Des éléments annexes, les uns antérieurs, d'autres postérieurs, justifient cette question. En effet, avant la séance d'hypnose résumée ci-dessus, des souvenirs étranges, temporairement oubliés, refont surface peu à peu. Reportons-nous à la mémorable soirée du 21 décembre 1982 : après son travail, Pi Mu Sigma va chez son ami Michel et son épouse. Ils boivent un apéritif (*un*, et non plusieurs !), bavardent et brusquement, notre jeune Vaudois n'entend plus rien. Il est, semble-t-il, entouré de silence. Une idée, tout à fait incongrue, sans rapport avec l'entretien, s'impose à son esprit : *Si mes copains savaient qu'il y a d'autres êtres, vivant ailleurs que sur la Terre...* Et aussi soudaine-

---

1. Nous retrouverons une indication similaire dans l'affaire « 2 Mu Bêta » au chapitre suivant.

ment, l'écran de silence disparaît : Pi Mu Sigma entend de nouveau ses interlocuteurs bavarder, lesquels n'ont rien remarqué. Ce curieux incident s'efface de son conscient. Une heure plus tard, sur la route, survient le chassé-croisé de la boule rouge vif !

Par la suite, un autre souvenir, tout aussi étrange, refait surface. Lorsque la boule s'est posée sur le siège arrière, un singulier phénomène se manifesta, assimilable à une distorsion de l'espace : entre lui et le volant, un effet de profondeur anormale s'est creusé. Le volant était très loin de lui ; il se sentait comme aspiré vers l'arrière de la voiture ! Il était enveloppé d'une lueur rouge ; le village, devant lui, devenait rouge également. Une semaine plus tard, le mercredi 29 décembre, Pi Mu Sigma éprouve des picotements sur le cou, sous la nuque. Son épouse remarque des traces rouges en forme de petits rectangles verticaux, (hauteur : trois centimètres, largeur : un centimètre), disposés à intervalles réguliers tout autour de la nuque et jusqu'à hauteur des oreilles. Le lendemain, ces marques mystérieuses n'ont laissé aucune trace.

Bien d'autres phénomènes se produiront, autorisant à penser que Pi Mu Sigma est « sous surveillance ». Durant la nuit du 13 au 14 février 1983 (après la séance d'hypnose du 13, donc), vers 1 h 30, le visage d'un homme lui apparaît, d'aspect aussi matériel que le phénomène précédent, donnant la curieuse impression de deux êtres en un. Pi Mu Sigma commente cette « observation » :

« Le visage avait les traits tirés, les cheveux me paraissaient longs, les yeux un peu en forme d'amande et d'un beau bleu. L'expression de son visage était celle d'un homme d'une grande sagesse, très pacifique. Au moment de l'apparition de cet être, je fus comme choqué, je ne pouvais faire aucun geste, ni même prononcer une parole ; j'aurais pourtant voulu alerter ma femme qui dormait déjà. Cet homme a dû sentir que j'avais peur car, toujours avec ce même regard d'une grande sagesse, il me sourit et plus rien, tout disparut. L'expression de son visage me laissait entendre qu'il cherchait à me rassurer, qu'il serait toujours là et reviendrait. Sa face baignait dans une lumière d'un blanc opaque, semblant surgie d'un brouillard. Depuis lors, je sens toujours sa présence. »

Quelques jours plus tard, fin mars/début avril 1983, Pi Mu Sigma, couché, ne dort pas. Derrière ses paupières closes défilent brusquement des images colorées. A l'est de sa maison, le ciel est « rouge comme du feu », strié de traînées blanches allant d'est en ouest. Il poursuit :

« Des images se succédèrent ensuite, toujours assez rapidement : images de villes dont la dernière était Berne, la capitale de la Suisse. La première " vue " (il y en eut quatre pour cette ville) montrait le Palais fédéral, avec des gens qui marchaient, des voitures qui roulaient ; scène de tous les jours. La seconde vue montrait l'édifice en train d'exploser. La troisième, le Palais flambait. Sur la quatrième vue, ce n'était que ruines, désolation, sans aucun signe de vie. Les images précédant celles de Berne concernaient des cités — intactes — que je ne connais pas ; mais voyant ma capitale en dernier, j'en conclus que le même sort leur est réservé. Une autre fois, regardant vers l'ouest (images défilant sous mes paupières fermées), je sentis la terre trembler violemment et une montagne d'eau surgir par-dessus le Jura et ne former ensuite qu'un vaste lac recouvrant tout le paysage. »

Le 15 juin 1983, Pi Mu Sigma participe à une réunion avec la municipalité de son village. A 22 h 45 (tout comme lors de la visite chez Michel, son collègue de travail, le 21 décembre 1982), notre ami, soudain, n'entend plus rien de la discussion. Ses compagnons bavardent, il voit parfaitement leurs lèvres remuer mais c'est le silence[1] ! « Les ET sont là ; ils m'observent, ainsi que les personnes qui m'entourent », se dit-il.

Le « silence » persiste une ou deux minutes et le « son » revient, reçu 5 sur 5 comme auparavant ! A son retour chez lui vers 0 h 30, il trouve son épouse endormie, le plafonnier allumé ; un oubli qui l'étonne. Il en a l'explication le lendemain matin... Mais laissons la parole à sa femme :

« Couchée à 20 h 30 environ, ayant de la peine à m'endormir, j'ai lu un moment puis éteint la lumière, sans parvenir à trouver le sommeil. J'entendais des bruits divers, inhabituels, probablement dus à la peur, mon mari n'étant pas là. J'étais allongée sur le côté, la tête tournée vers la porte, puis je me suis retournée, cette fois face à la fenêtre, sur la gauche du lit. A ce moment-là — il devait être 22 h 30 ou 22 h 45 — j'ai vu une petite lumière rouge traverser la chambre comme un trait rouge, puis le phénomène s'effaça instantanément. J'ai pensé : ce sont certainement ces " êtres " qui se manifestent. Finalement, je me suis endormie, mais en laissant la lumière allumée, car je n'étais pas tranquille. »

Une précision : cette fenêtre, je l'ai vérifié, donne sur la campagne ; il n'y a là ni route ni chemin et, même dans la journée, personne ne s'y promène.

Comment ne pas être tenté de faire un rapprochement entre la réflexion mentale de notre ami, à 22 h 30, lors du « silence » au cours de la réunion municipale, et la petite lumière rouge aperçue par son épouse, pratiquement à la même heure, durant son insomnie ? N'était-ce pas une confirmation indirecte de sa remarque muette : « Les ET sont là ; ils m'observent, ainsi que les personnes qui m'entourent » ? A maintes

1. Un contacté de mes amis, Jean-Claude Pantel, vécut en 1970 un phénomène rigoureusement identique, dans un bus, à Lyon, en bavardant avec une autre personne.

reprises, seul ou en compagnie de sa femme, **Pi Mu Sigma** assistera à d'autres phénomènes paranormaux mais verra aussi des sphères colorées dans le ciel. Par deux fois, une sonnerie de téléphone retentit dans l'appartement, venant de nulle part et évidemment pas de l'appareil qui, décroché, n'interrompt pas cette agaçante sonnerie ! Le 15 août 1983, enfin, les manifestations prirent une autre tournure.

Le soir après le dîner, Pi Mu Sigma se rendit à pied chez ses parents ; il en revint vers 22 h 10 et suivit un moment un programme à la télévision en compagnie de sa femme et de sa fille Véronique (quatorze ans). Il fut alors « poussé » à sortir, à contourner sa maison : dans le ciel étoilé, juste au-dessus de la forêt (distante de six cents mètres), une sorte de triple phare jaune orangé, fixe, clignotait. Pi Mu Sigma éprouva de bizarres frissons dans tout le corps. Il nota l'heure : 22 h 30 [1] et appela sa femme, sa fille, qui accoururent, constatant la présence de ces trois phares accolés, immobiles, pas très haut, peut-être à une vingtaine de mètres au-dessus des arbres.

Véronique, à la demande de son père, alla rapidement chercher une torche électrique. Aux signaux de celle-ci, « l'objet » s'éteignit, pour se rallumer au bout de quinze secondes. Ce manège, signal-réponse, se poursuivit pendant une dizaine de minutes. En provenance de Genève, un avion régulier survola la région et aussitôt, l'objet cessa ses clignotements. Plus rien n'était visible ; malgré cela, Pi Mu Sigma demeurait persuadé qu' « ils » étaient là. Vers 22 h 50, laissant sa famille sur le pas de la porte, il se dirigea vers la forêt, ayant convenu de signaler son cheminement en éclairant la torche toutes les trois minutes.

« En marchant en direction de la forêt, dans le noir,

---

1. On aura noté que, pour ce témoin, nombre de manifestations se produisent vers cette heure-là.

je n'étais pas très rassuré, avoue-t-il. Je sentais leur présence, de plus en plus perceptible au fur et à mesure de mon approche. Des frissons me parcouraient le corps, mais je n'oubliais pas de faire des signaux à ma femme et à ma fille. Je gravis la pente d'un mamelon tandis qu'une drôle de sensation, indéfinissable, s'emparait de moi. Soudain, je me trouvai en face d'une énorme demi-sphère de lumière jaune orangé, d'une vingtaine de mètres à sa base et d'une dizaine de mètres de hauteur. La lumière ainsi diffusée émanait d'un point central, plus rouge, au voisinage du sol. Extraordinaire ! Plus je m'en approchais et plus son intensité lumineuse augmentait ; je ressentais quelque chose, comme un courant électrique de basse fréquence, me traverser le corps. Le phénomène s'accompagnait d'un bruit sourd, comparable à celui d'un transformateur. La lumière semblait animée de vibrations, de tremblotements rapides. C'était incroyable et beau à la fois ; j'étais persuadé qu' " ils " étaient là et m'attendaient.

» Sans paniquer, je me mis à reculer et ne vis plus rien. Je me remis à avancer et, de nouveau, le phénomène m'apparut. Je m'avançai encore un peu et butai soudain contre un obstacle invisible. Je tentai une expérience, me reculai, marchai vers la droite et m'avançai une nouvelle fois, pour constater que je ne pouvais pas aller plus avant. Je refis quatre ou cinq fois le même manège ; chaque fois, l'obstacle invisible m'interdisait de m'approcher davantage, dressé toujours à la même distance de la source lumineuse. J'ai braqué sur la lueur le faisceau de ma torche électrique, lequel s'arrêtait net sur l'obstacle invisible, ne le traversait pas.

» De temps à autre, la demi-sphère lumineuse orangée virait presque au rouge ; j'avais alors l'impression que la " chose " allait se matérialiser. Je revins en courant vers ma femme et, avant de retourner vers cette lueur, je lui criai d'alerter un ami, Léon M..., pour qu'il vienne et puisse à son tour observer, témoigner de ce qu'il aurait vu. Le phénomène lumineux s'éteignit mais je sentais toujours " leur " présence et ce curieux frémissement permanent dans mon corps. Vingt-cinq minutes s'écoulèrent et brusquement, je sentis que plus rien ne se passerait ; le " frisson " qui jusque-là ne m'avait pas quitté cessa tout à fait... et Léon arriva cinq minutes plus tard. Malheureusement, tout était terminé ! Nous avons examiné le sol, à l'emplacement du phénomène, sans y découvrir la moindre trace. »

Pi Mu Sigma a la conviction qu'il fera un jour une Rencontre du Troisième Type, une rencontre « physique » assortie d'un dialogue, comme ce fut le cas pour nombre de contactés. Cette conviction pourrait fort bien résulter d'un conditionnement, d'une mise sous contrôle...

Avant de clore — provisoirement — le dossier Pi Mu Sigma, arrêtons-nous sur une anomalie des plus singulières, que l'intéressé décrit ainsi : « ... Je me suis reculé et ne vis plus rien. Je me remis à avancer et, de nouveau, le phénomène m'apparut. »

Avec divers chercheurs de l'IMSA (dont Daniel Huguet, Jean-Louis Forest — décédé depuis — et Bernard Delarue), j'ai enquêté sur un cas troublant, dans le Gard, où nous nous sommes rendus à plusieurs reprises chez la famille X...

Un jeune couple sans histoires, avec un fils de treize ans que nous appellerons Eric. Sans histoires ? Pas tout à fait : depuis deux ans (nous sommes en automne 1981), Eric photographie... des « choses » qu'il est seul à voir. De ces « choses-là », il a réalisé plus de deux cents clichés, plusieurs films vidéo et enregistrements sonores. Eric, en notre présence, prend son Polaroïd que nous examinons au préalable et nous l'escortons, en début d'après-midi, sur le chemin devant la maison de campagne de ses parents ; nous le suivons à une dizaine de pas.

Soudain, il fait un geste pour nous stopper : « il » est là. « Il », c'est une sorte de sphère orangée avec une « boule » en son centre, qu'Eric est seul à voir. Mais l'objet mystérieux n'est pas là — physiquement — dans la nature ; il apparaît dans une espèce de parallélogramme « sans toit », d'une noirceur totale, dans lequel Eric, en se penchant un peu, introduit sa tête, l'œil rivé à l'oculaire de l'appareil. Il prend un cliché, se recule, sortant de cette zone noire pour marcher vers nous tandis que l'épreuve photographique émerge peu à peu de l'appareil photo. L'objet correspond à la description qu'il nous en a faite. Nous rééditons l'expérience et je demande à Eric de nous prévenir lorsqu'il aura atteint la zone noire abritant l'OVNI (car pour l'adolescent, il s'agit bien d'un véhicule extraterrestre).

— Ça y est ! Le truc est là ! nous annonce-t-il, l'appareil collé à son visage, prêt à appuyer sur le déclencheur. Qu'est-ce que je fais ?

— Rien, pour l'instant, lui dis-je. Nous allons marcher lentement pour nous approcher de toi. S'il se passe quelque chose, préviens-nous.

Nous faisons exactement neuf pas et Eric s'écrie :

— Je ne vois plus rien ; plus de noir, plus d'objet orangé.

Nous nous reculons, il fait quelques pas en avant et de nouveau se retrouve dans la zone noire, prenant alors « normalement » un cliché. Cette expérience, nous la renouvellerons plusieurs fois, sans parvenir à déceler un truquage. Le 3 novembre 1981, Eric et sa famille renouvellent l'expérience en présence d'un huissier, maître P..., commis par les soins de l'IMSA. A notre requête, l'huissier a acheté lui-même les films et en a équipé son appareil photographique personnel, qu'il confie à Eric. Maître P... fait un essai avec mon magnétophone, vérifie que la bande est vierge et le confie également à l'adolescent. Celui-ci se dirige à huit ou neuf mètres, sur la gauche du jardin et s'arrête en atteignant la « zone noire », dos tourné. Voici un extrait du procès verbal dressé par Maître P... :

« Les opérations ont débuté à 15 h 15 et se sont déroulées dans l'ordre suivant [...].

» *Expérimentation au magnétophone :* Premier essai avec le jeune [ici, le prénom de l'adolescent que je remplacerai par Eric], l'appareil fonctionne normalement et enregistre les bruits externes (véhicules, poules à proximité). Après plusieurs essais, le jeune Eric se trouve seul avec le magnétophone ; à l'écoute, des bruits bizarres s'étant fait entendre, le jeune Eric a été invité par M. Guieu à vider ses poches ; de ces dernières, il est extrait une lampe miniature et un petit objet en forme de grille en matière plastique ; s'il en était ainsi, le frottement de l'ongle sur cette dernière pourrait expliquer les bruits entendus [1].

» *Expérimentation aux appareils photo :* Les diverses séries de vues prises au Polaroïd, tant par le jeune Eric que par le soussigné, demeureront annexées aux présentes ; elles sont au nombre de quatre et n'appellent aucune remarque particulière. Les tests ont ensuite porté sur des vues avec des appareils de type classique. Ces derniers, manipulés par le jeune Eric, se sont bloqués (le jeune Eric hors de portée de vue).

» Après avoir tiré une vue [...] avec mon appareil personnel Canon AE 1 avec moteur d'entraînement, le jeune Eric a opéré seul et hors de portée de vue. Il est revenu quelques instants après en déclarant que l'appareil était bloqué [plusieurs fois, ce genre d'incident s'était renouvelé, lors des expériences antérieures, JG]. Il est fait ici observer que cet appareil a été remis entre

---

1. Non. Vérification faite, le bruit obtenu n'était pas comparable.

les mains du photographe de R..., André B..., qui a procédé dans le noir au réembobinage de la pellicule.

» Après développement, il s'avère que, postérieurement à la photo prise par mes soins, la gélatine n'a pas été impressionnée et qu'un arrachement s'est produit au début du film, ce qui impliquerait une tentative de réembobinage sans débrayer le moteur et non un bloquage au cours d'une prise de vue.

» *Expérimentation au vidéoscope :* Le film pris par le jeune Eric a été visionné ensuite sur le récepteur de télévision des époux X... [les parents d'Eric, JG]. Son déroulement a laissé apparaître une courte zone négative avec perte de l'image. »

Les clichés pris sous contrôle d'huissier sont moins nets que lors des expériences précédentes, mais l'on y relève tout de même de curieuses anomalies que ne pourrait expliquer, par exemple, l'extrémité des doigts d'Eric présentés au bord inférieur de l'objectif de l'appareil. Les bruits « bizarres » enregistrés sur le magnétophone sont également moins nets qu'auparavant. Mais nous nous demandons comment — si truquage il y a — Eric a pu, d'une main prendre la photo, de l'autre actionner le magnétophone... tout en grattant de l'ongle sur la petite grille en matière plastique ! D'autant que, lui ayant justement demandé de gratter ladite grille avec son ongle, le bruit obtenu — dérisoire — n'aurait pu être comparé avec le bruit « mécanique », net, sorte de cliquetis, enregistré préalablement à plusieurs reprises.

Les parents d'Eric, à cette époque, me dirent être en correspondance avec Jean-Claude Bourret décidé, selon eux, à écrire un livre sur ce cas et à leur verser la moitié des droits d'auteur. Je leur conseillai chaudement d'accepter une offre aussi généreuse... qui sombra dans la brume de l'oubli. Ils ont également confié une série de photos au GEPAN... et attendent toujours le résultat des examens !

Eric est-il un sujet psi, capable d'impressionner un film à la manière de l'Américain Ted Serios qui, lui, pour obtenir de bons clichés, sous contrôle scientifique rigoureux, doit au préalable s' « imbiber » copieusement de bière ? A-t-il accès à un vortex, un sas communiquant avec un univers parallèle où des engins nimbés d'une lueur orangée se laissent complaisamment photographier (sans netteté) et ce uniquement par lui ?

A un degré moindre, c'est aussi l'hypothèse que l'on peut formuler à propos de Pi Mu Sigma lorsqu'il me déclara : « Face à l'énorme demi-sphère orangée, je me mis à reculer et ne vis plus rien. Je me remis à avancer et, de nouveau, le phénomène m'apparut. »

6

2 Mu Bêta et ses contacts en série.

Cette enquête de l'IMSA débuta le vendredi 4 février 1983 à Pau (Pyrénées-Atlantiques), chez Franck Duval, président régional d'IMSA-COR Atlantique à cette époque. L'affaire présentait certains points communs, fort troublants, avec celle de Franck Fontaine. A maintes reprises, durant l'année 1983 et début 1984, nous allions être amenés à interroger ce contacté, son épouse Lucienne et un couple de leurs amis, Paul et Monique, qui vécurent peu ou prou les mêmes péripéties. Ce sont là des prénoms fictifs. En outre, le lieu du contact initial ne sera pas mentionné. Les notes, les cassettes enregistrées s'accumulèrent, totalisant plus de quinze heures d'interviews dont une régression mémorielle sous hypnose pratiquée par Daniel Huguet. Régis, un hypnotiseur ami de Franck Duval, pratiqua également une séance d'hypnose lors de la première réunion tenue à Pau.

Voici les éléments (résumés) de notre longue enquête, interrogatoires sous hypnose et récits à l'état d'éveil confondus. En cette affaire comme en beaucoup d'autres, il ne faudra point perdre de vue que le contacté est presque toujours *manipulé*, suggestionné ; à ses souvenirs réels peuvent être greffés des « souvenirs induits » par les ET. Ces souvenirs factices s'imbriquent parfois dans les propres fantasmes du sujet. Néanmoins, le cas « 2 Mu Bêta » recèle suffisamment d'éléments troublants (dont un particulièrement extraordinaire et *vérifié*) pour avoir eu au départ un substrat authentique.

L'action débute quelque part en Gironde, à la mi-octobre 1978. Agé de dix-neuf ans, Marcel est fiancé à Lucienne (seize ans), pensionnaire d'un lycée, à deux cents kilomètres de la ville où réside Marcel. Elle passe les week-ends chez ses parents et y reçoit son fiancé. Celui-ci ne possède pas le permis de conduire mais emprunte la 2 CV de sa sœur ; pour rejoindre Lucienne, il suit toujours les mêmes petites routes afin d'éviter les gendarmes. Au plan scolaire, Marcel n'a pas dépassé la cinquième ; sa culture est des plus réduites. Il ne lit pratiquement pas et s'intéresse surtout à la musique rock. Vers 22 heures, ce soir-là, il quitte sa fiancée et prend le chemin du retour, triste à l'idée de ne pas la revoir avant la fin de la semaine. La conduite l'accapare assez peu : il connaît parfaitement l'itinéraire. Près du village de B..., avant d'atteindre un virage, il éprouve une sensation bizarre, l'incapacité de faire un mouvement *volontaire*. Tout est normal pourtant et, quoique surpris par ce phénomène, il ne s'affole point mais se pose des questions : *Qui oriente convenablement le volant pour amorcer le virage ? Qui rétrograde lors de la descente ?*

Les roues commencèrent à mordre sur le talus d'une voie perpendiculaire boueuse, car il avait plu, et la voiture s'engagea sur le chemin parallèle au cimetière... Un cimetière et la nuit de surcroît, une situation que Marcel, d'ordinaire, n'aurait que très modérément appréciée. La vieille 2 CV pourrait-elle poursuivre sur cette boue argileuse ? Une vraie gadoue ! Et cette côte fort raide, à présent, serait-elle en mesure de la gravir ? Peu probable... Et pourtant, elle y parvint sans même patiner.

Sur un peu plus de un kilomètre de montées et de descentes à travers la forêt, la Citroën fit merveille, se jouant de la boue, des fondrières, au point qu'on aurait pu croire qu'elle ne touchait pas le sol[1]. Et de fait, il ne ressentait aucun cahot! Au sommet d'une côte, à l'horizon, une lueur dissipait les ténèbres. La 2 CV dévala la pente, grimpa l'autre versant. L'itinéraire en toboggan la rapprochait chaque fois davantage de cette lueur à l'intensité croissante. Bien que craintif de nature, Marcel, inexplicablement, ne paniquait point; il se faisait une raison, gardait simplement les mains sur le volant qu'une force « extérieure » manœuvrait avec dextérité!

Une dernière montée et, au bas de la déclivité suivante, une zone plane, plantée de tout petits pins, éclairée *a giorno* par une énorme sphère de lumière. Offrant un diamètre de quinze à vingt mètres, elle stationnait au point fixe à une dizaine de mètres du sol, sans support apparent. D'un blanc opalescent, elle illuminait le paysage sans éblouir.

La Citroën continua de rouler, puis s'arrêta *d'elle-même* en douceur sous la sphère. La portière de la voiture s'ouvrit toute seule. Toujours perplexe mais sans crainte, plutôt fasciné par cette « chose » d'une beauté irréelle, Marcel marcha sous la sphère et s'arrêta exactement à son axe, baigné par sa lueur douce, apaisante.

« J'avais l'impression de me trouver au cœur d'une ampoule électrique opalescente! »

Et c'est aussi ce que Bianca m'avait dit, au Brésil!

Peu après, un cylindre translucide, d'environ deux mètres de diamètre, descendit lentement et emprisonna le jeune homme cependant qu'un disque de lumière plus « consistante » se dessinait sous ses pieds,

---

1. Ce détail, nous l'avons vu, caractérise diverses « mises sous contrôle » d'automobilistes par les ET.

sur le sol. A travers le cylindre légèrement bleuâtre, diaphane, Marcel n'eut plus qu'une vision floue, confuse, du paysage environnant[1]. Disque et cylindre se remirent en mouvement, emportant un Marcel émerveillé, nullement affolé... parce que sous contrôle mais conscient d'être, en quelque sorte, entre de bonnes mains. A l'inverse de M. X... et de Franck Fontaine, ce téléguidage le dispensant de prendre des décisions, paradoxalement, le sécurisait !

Le disque-support stoppa au niveau du parquet d'une pièce ronde, au mur d'un blanc opaque ; le cylindre, lui, continua son ascension jusqu'au plafond, sa base ouverte passant devant les yeux du garçon. Dans cette pièce, quatre fauteuils blancs, à haut dossier capitonné, disposés en demi-cercle face à un pilier, colonne haute de 1,50 mètre, au sommet en biseau, d'un diamètre de 40 à 50 centimètres. Cette partie tronquée formait comme un écran TV sensiblement bombé, brillant mais éteint. Ce pilier occupait une position décentrée par rapport à l'axe de la pièce. Les sièges ne comportaient pas de pied, sinon un cône à la pointe dirigée vers le bas ; sous ce dernier, fixé au parquet, un cône de moindre volume, pointe en haut. Les pointes ne se touchaient pas ; néanmoins, les fauteuils paraissaient aussi stables qu'ils eussent pu l'être avec quatre pieds ordinaires !

Marcel réalisa subitement qu'il pouvait bouger, agir normalement et l'angoisse alors le gagna, d'autant qu'il sentait des présences, tout proche, qui l'observaient. Avec appréhension, il se retourna et reçut un

---

1. Pi Mu Sigma, en Suisse, décrit sous hypnose un orifice à la base de l'engin qui projette vers le sol non pas un cylindre mais un cône de lumière, rouge dans son cas. En outre, aussi bien informé (ou téléguidé) que Spielberg, Ron Howard, le réalisateur du merveilleux film *Cocoon*, nous montre des ET utilisant le même procédé pour « aspirer » le *cabin cruiser* (vedette de croisière) emportant des vieillards régénérés et candidats à l'évasion... vers un autre monde gravitant autour du soleil Antarès.

choc : il y avait là deux personnes (c'est le terme qu'il employa, à l'instar de nombreux autres contactés), deux humanoïdes qui, souriants, se tenaient devant lui.

Le premier, morphologiquement semblable à un humain, d'une taille d'environ 1,70 mètre, portait une combinaison moulante — ras de cou — d'aspect métallisé, bleuté (aucune couture apparente), qui l'enveloppait jusqu'à ses pieds. Un crâne sensiblement plus volumineux que le nôtre, entièrement chauve, qui n'altérait en rien sa beauté déroutante ; les traits fins, le visage allongé, des yeux d'un vert indéfinissable, légèrement en amande, petite bouche, la peau d'un blanc bleuté, une expression « fraternelle ». Le second personnage était plus grand (1,85/1,90 mètre), vêtu d'une tunique blanche. De longs cheveux blonds tombaient sur ses épaules. Des yeux bleus davantage bridés, un beau visage mais sans doute avec moins de finesse que le précédent ; une peau d'un blanc laiteux ou blanc cassé et non pas rosée comme celle d'un Européen. Son front, moins haut, était ceint d'un bandeau rouge orné en son milieu d'un triangle (dessiné d'un large trait noir), la pointe en haut, enfermé dans un cercle blanc.

Leur âge apparent ? Trente ans maximum. La régularité de leurs traits donnait l'impression de « sortir d'un moule », malgré leurs caractéristiques propres, tels les sourcils très fins du second marquant à peine l'arcade sourcilière.

L'être chauve, du geste, invita Marcel à les accompagner. Le jeune homme obéit et constata, comme il quittait le disque de lumière sous ses pieds, que celui-ci s'éteignait et prenait immédiatement l'apparence du parquet. En se tournant pour suivre ses cicérones, Marcel découvrit alors, derrière lui, deux autres humanoïdes analogues au « blond », portant comme lui un bandeau rouge, mais avec une chevelure châtain foncé.

131

L'un d'eux, musclé, le visage creusé, différait de ses compagnons. N'eût-ce été son regard étrange, il aurait pu passer pour un Terrien. Ses cheveux descendaient jusqu'à sa poitrine et, sur sa tunique blanche, il portait une ceinture en tissu mauve.

Tous quatre s'avancèrent vers le mur, dont une partie sembla se dématérialiser. Par cette ouverture, ils gagnèrent une seconde pièce, rectangulaire, au plafond en pente. En son milieu se trouvait une table ovale entourée de fauteuils analogues à ceux de la pièce ronde. Le plateau de la table s'apparentait à du verre recouvert d'un tain (face inférieure), car il réfléchissait l'image de Marcel et des humanoïdes qui prenaient place sur les fauteuils dont le capitonnage épousait les courbures du corps. L'être chauve à la peau légèrement bleutée sourit derechef avec sympathie et, d'une voix douce, sans accent, s'exprima en français :

— Tu ne dois pas avoir peur, Marcel... Oui, nous connaissons ton nom. Le mien est Haurrio...

Ce qui laissa Marcel indifférent, en cette nuit de la mi-octobre 1978. En effet, le nom de Haurrio n'entrerait en scène qu'avec l'affaire de Cergy-Pontoise, le 26 novembre 1979, *soit treize mois plus tard*[1]. L'on constate des variantes sur l'estimation de la taille de Haurrio : 1,70 mètre pour Marcel, 1,80/1,85 mètre pour Franck Fontaine. Ce dernier, ignorant l'expérience de 2 Mu Bêta, n'a donc pas pu « copier » sur sa description. Nous savons par ailleurs que ces êtres peuvent modifier à loisir leur apparence. Pour Marcel, les compagnons de Haurrio arborent un bandeau frontal orné d'une pyramide inscrite dans un cercle. Fontaine, lui, décrit un collier auquel est suspendu un bijou représentant une pyramide « allongée ».

1. Certes, 2 Mu Bêta ne fournit aucune preuve de ses allégations. Cependant, en raison d'un élément fantastique *(mais vérifié)* que nous exposerons plus loin, ses contacts avec Haurrio ne peuvent qu'être véridiques.

132

Haurrio expliqua que lui et ceux qui l'accompagnaient appartenaient à des mondes différents mais se considéraient comme frères.

— Nous t'avons choisi depuis longtemps[1] et connaissons tes pensées ; nous savons que tu crois en Dieu et allons te confier une mission, mais tu es libre de la refuser, de repartir dès maintenant. De même es-tu libre de nous demander d'effacer le souvenir de notre rencontre.

— Vous paraissez bien me connaître, admit Marcel. Si vous estimez que je puis accomplir cette mission, je n'ai pas à la refuser.

Avant de lui en exposer la nature, Haurrio brossa un tableau de la genèse de la Terre et de son devenir (qui ne cadre guère avec les Ecritures) ! Au début, la Terre est « vide », nue, sans végétation et ne possède pas de satellite naturel. Il n'y a probablement pas de soleil non plus, mais à cet égard, les souvenirs sont assez confus. Les représentants de diverses planètes — groupées dans une sorte de confédération interstellaire — organisent une expédition et mettent le cap sur la Terre afin de la rendre « viable ». En premier lieu, cette expédition cosmique « apporte » la Lune et la met sur orbite !

Ne nous hâtons pas de rire, comme l'eussent fait par exemple les contemporains de François Ier si un « fol » leur avait annoncé : « Un jour, des tubes crachant du feu quitteront la Terre et lanceront des boules de métal qui auront des " ailes de papillon ". Ces ailes boiront les rayons du soleil et leurs " yeux ", à cent lieues (quatre cents kilomètres) d'altitude, regarderont les pauvres mortels vaquant à leurs occupations. » Maîtresse de la gravitation, une civilisation en avance de dix mille ou cent mille ans sur la nôtre pourrait être en mesure d'accomplir des prouesses jugées délirantes aujourd'hui[2].

1. Ce que les ET ont affirmé à nombre d'autres contactés.
2. Les ET dirent pareillement à Rose C... avoir « apporté » la Lune au voisinage de la Terre.

Chaque « ethnie » de ce corps expéditionnaire scientifique s'attribue un secteur de la Terre, y implante des végétaux, des animaux, y édifie des bases et crée une nouvelle race : celle des humains qui seront pris en main, instruits par leurs « géniteurs »[1].

Lesquels, affirme Haurrio, profondément pacifiques, ne disposent d'aucune arme...

> Ce qui est aussi inconcevable que d'aller visiter les Inuits (Eskimos) du Grand Nord en short, T-shirt et sandales ! Nous relèverons d'autres invraisemblances — voulues — au fur et à mesure du récit transmis par Marcel.

Ces Terriens demeurent dans la zone d'influence de chacune des ethnies extraterrestres présidant à leur évolution. Au fil des siècles, les humains ont compris que certains outils, certaines machines, certaines « énergies » pouvaient constituer une arme, tels ces « plateaux » dégravités sur lesquels les ET circulent dans les airs. Un tel plateau (mobile individuel), lancé contre un adversaire, pourrait facilement le tuer ! Chez nos ancêtres se développe alors un ensemble de défauts ignorés de leurs maîtres : l'orgueil, le sens du profit, la jalousie, une attitude belliqueuse. Cela se traduit d'abord par des querelles entre groupes humains, mais celles-ci ne vont pas loin car nos ancêtres craignent le courroux de leurs maîtres (les « dieux », les Elohim de la Bible).

Insensiblement, les Terriens se perfectionnent — au plan technique, s'entend — et fabriquent des armes de plus en plus meurtrières, « traçantes » (laser ?), peut-être même nucléaires. Et l'on passe de la velléité aux actes.

— A quelle époque remontent cette civilisation et ce conflit ? ai-je demandé à Marcel.

— On ne peut pas le savoir ; les ET n'ont pas de calendrier, donc pas de date à nous indiquer.

1. Bianca (au Brésil) déclarera : « Ils [les ET] disent que nous leur appartenons et qu'ils nous appartiennent. »

Ceci, tout aussi invraisemblable que l'absence d'armes chez les ET, dénote une intention délibérée de mystifier Marcel. Ce dernier est cependant sincère, répétant sagement le laïus de ses « frères » de l'espace. Au gré de notre enquête, force nous est de le constater : littéralement subjugué par ses contacts, « religieusement » dévoué aux ET, 2 Mu Bêta prend toutes leurs déclarations comme parole d'Evangile et se refuse catégoriquement à les mettre en doute. (Un exemple de « cultisme » regrettable, certes, mais qui ne doit pas engendrer des amalgames généralisateurs.) Cette propension à la mystification de la part de nos visiteurs, nous la retrouvons lors du rapt de Betty et Barney Hill. Leurs ravisseurs prétendirent ne pas vieillir et ignorer ce qu'est le temps. A quelque espèce qu'ils appartiennent, nos visiteurs semblent décidément cultiver les mêmes « salades » !

Ce conflit, mettant en action des armes radiantes, voire nucléaires, présuppose des structures industrielles, des technologies de pointe intégrant le facteur temps. Le corps expéditionnaire ET aurait-il laissé les Terriens turbulents garnir leurs arsenaux d'armes aussi dévastatrices ? La réponse de Marcel ne nous éclaire guère :

— Les ET peuvent créer des choses (matérielles) seulement par la force de la pensée ; auraient-ils initié les Terriens en ce domaine ? En ce cas, les Terriens ont pu, éventuellement par ce moyen, créer des armes qui ont fait de terribles ravages, en certains endroits de la planète. Ils ont décidé alors de partir, en emportant tout ce qui aurait pu permettre aux humains de se perfectionner davantage technologiquement ; par exemple de construire des astronefs capables de porter la désolation sur d'autres mondes. Avant de décoller, ils ont laissé seulement quelques-uns de leurs représentants. A cause de cette guerre, le globe a basculé, la fonte des glaces polaires ayant entraîné un déséquilibre. Il y a eu des cataclysmes.

» Les descendants des survivants ont été "diminués" dans leur intelligence et leur mémoire. Ils sont repartis de zéro; ils n'avaient plus d'instruments [c'est-à-dire de structures industrielles, labos, matériels, évacués par les ET, JG]. Ils ont cependant trouvé des sortes de disques qui leur ont tout de même apporté un enseignement, mais ils n'ont pas pu le mettre en pratique, faute d'outils, de matériaux appropriés. Certains de ces disques ont été trouvés par les survivants dans les pyramides d'Egypte, qui servaient d'habitation aux ET.

> Ce qui, naturellement, est faux! Les pyramides égyptiennes n'ont pas plus été des habitations que des tombeaux. En revanche, il existerait sous les (grandes) pyramides des étages souterrains non encore découverts et constituant des « capsules du Temps », des caches recelant un legs technologique antédiluvien, un enseignement destiné aux générations futures[1].

— Les ET, poursuit Marcel, ont à cette époque lointaine abandonné les contacts mais ils ont gardé la Terre sous surveillance, espérant que les Terriens parviendraient à la sagesse. Leur venue, leur séjour sur notre planète n'a pas été un échec, mais une expérience parmi beaucoup d'autres. Du conflit qui en a découlé, ils se sentent un peu coupables, mais ils gardent tout de même l'espoir en l'amélioration des humains, qu'ils veulent laisser libres de choisir, d'évoluer vers l'amour, la fraternité, la spiritualité. Périodiquement, ils sont revenus, pour parfaire leur surveillance, en « empruntant » parfois des corps de Terriens, vivant, circulant librement parmi nous. *Ce qu'ils font encore de temps à autre, maintenant.*

1. C'est là d'ailleurs le thème de *La Lumière de Thot*, réédité chez Plon, n° 73 de la collection « S.F. Jimmy Guieu ». *(N.d.E.)*

— A quel moment les ET t'ont-ils parlé de Franck Fontaine ?

— L'été dernier (1982). Selon eux, Franck était un type valable sur lequel ils fondaient leur espoir, mais quelque chose, je ne sais pas, a dû mal tourner ; peut-être le comportement de Jean-Pierre Prévost, qui d'après eux dit beaucoup de choses fausses.

— Lors de ton premier contact, à quelle heure es-tu entré dans le vaisseau et à quelle heure en es-tu ressorti ?

— Il devait être minuit quand j'y suis entré et cinq heures du matin quand j'en suis ressorti. Ils avaient changé la voiture de place, remise dans le sens du retour. Je n'ai pas eu à faire de manœuvres ; j'ai démarré, cette fois tout à fait maître de ma conduite. En arrivant à la maison, ma mère m'a trouvé bizarre, comme changé. Plus tard je lui ai raconté ce qui m'était arrivé. Elle a eu du mal à admettre que tout cela puisse être vrai...

— Revenons un peu en arrière, Marcel. Sais-tu si le « rendez-vous », le contact prévu à Cergy-Pontoise pour le 15 août 1983, est confirmé ?

— Non, il n'est pas confirmé. Ils redoutent qu'une guerre, aussi meurtrière que celle qui ravagea la Terre il y a très, très longtemps, ne se reproduise. Cette guerre, ils préfèrent l'éviter... en provoquant des cataclysmes [géologiques, JG], comme ils l'ont déjà fait dans le passé. Des cataclysmes qui entraîneront le basculement de la Terre, *mais de façon contrôlée* [grâce à leur technologie, JG]... Cela se produira en 1983 ou 1984 et c'est pourquoi j'ai peint sur le camion : « Apocalypse 84 » *(hors-texte n° 7).*

Rappelons que cet entretien enregistré eut lieu à Pau le 4 février 1983 et que, sauf erreur de ma part (il m'arrive d'être distrait), nul cataclysme avec basculement du globe ne s'est produit depuis lors... Mais là non plus ne rions pas : des signes alarmants existent. Nous y reviendrons...

137

— Je sais, poursuit Marcel, que mon dernier contact aura lieu en Provence, dans les gorges du Verdon, où les ET possèdent une base dont le chef s'appelle Ismalis[1] [*hors texte n° 8, A et B*; voir également les annexes].

— A la suite de cette rencontre avec Haurrio et ses compagnons, as-tu constaté des changements significatifs chez Marcel ? demandai-je à Lucienne.

— Oui, psychologiquement, il a vraiment changé.

Marcel nous en donna un exemple :

— Ils m'ont énormément parlé de sagesse, de la nécessité d'être bon, conscient de la force de l'amour. Oui, j'ai changé : je ne suis plus allé danser, j'ai abandonné tous mes disques. La musique nous transforme, apporte des trucs pas toujours bons, comme les jeunes qui écoutent du rock, s'habillent en rockers, etc. Ils m'ont expliqué que cette musique entraînait la révolte.

Tout comme chez Franck Fontaine, le vocabulaire de Marcel est assez pauvre et je m'efforce, sans trahir sa pensée, de rectifier sa syntaxe et son style.

— « Si tu acceptes d'être comme nous, m'ont-ils dit, il est préférable que tu n'écoutes plus la musique. » Et je me rends compte qu'en suivant leur conseil, je suis vraiment très bien. J'ai laissé tomber mon boulot et travaille maintenant à mi-temps avec Paul [l'époux de Monique, second couple de contactés, JG]. En alternance, nous distribuons des journaux et travaillons dans une compagnie de location de voitures. Cela nous laisse du temps pour rencontrer des gens, pour leur parler de nos contacts. La consigne des ET est simple : « Dis ce qu'on t'a dit, dis ce que tu vois. » En espérant que les gens, grâce à nos conversations, auront une prise de conscience.

— Quelle est la fréquence de tes contacts ?

1. Marcel et Lucienne ont baptisé de ce nom leur bébé.

138

— C'est très variable. Six mois peuvent s'écouler, puis un message télépathique annonce un rendez-vous. La plupart du temps, c'est Lucienne qui reçoit le contact mental. [C'est aussi le cas de Bianca, au Brésil, JG.] On lui indique un rendez-vous et le contact a lieu. Car Lucienne est venue plusieurs fois. Depuis que nous sommes mariés, nous avons aussi emmené Ismalis, notre bébé, à bord du vaisseau, ainsi que Paul et Monique... Ah! une anecdote encore : lors du premier contact, Haurrio m'a parlé de l'astral, du dédoublement, de la possibilité de rencontrer en astral aussi des ET. [Nouvelle analogie avec Herminio et Bianca, JG.] Mon premier contact a eu lieu un dimanche soir; je venais de quitter Lucienne qui, le lendemain, devait retourner en pension, à son école. Le mardi soir, donc, quarante heures plus tard, dans le courant de la nuit, je me réveille, me retrouve debout, dans une sorte de halo lumineux qui s'arrête au niveau du cou. Et stupéfait, je constate que je suis aussi dans mon lit; c'est-à-dire que je suis à la fois couché, endormi, et debout dans la chambre, enveloppé par ce halo de lumière! Je me suis alors souvenu de ce que m'avait dit Haurrio à propos du dédoublement, des voyages en astral. Je me suis déplacé : ça marchait! Je n'ai eu qu'une idée : aller voir Lucienne, mais hélas, je ne connaissais pas son lycée. J'y suis pourtant arrivé, je ne sais comment et je l'ai vue, dans le dortoir, dormant ainsi que les autres pensionnaires. Elle était là, allongée dans son lit; je l'ai regardée et suis reparti. Le lendemain, j'ai cru que j'avais rêvé.

» Le vendredi, je vais attendre Lucienne à l'arrêt de son bus, à une cinquantaine de kilomètres de chez moi. J'étais embarrassé pour lui parler de ce rêve et, d'un autre côté, je ne voulais pas qu'il y ait de cachotterie entre nous. Je lui ai donc raconté ce rêve et là, Lucienne a eu une espèce de sursaut de stupéfaction.

— J'étais bouleversée, m'expliqua Lucienne, parce que, justement, durant la nuit du mardi, une fille, qui dormait dans le lit voisin du mien, s'est réveillée et *elle a vu, près de mon lit, une silhouette auréolée de lumière ! Une silhouette qui est repartie, tout comme Marcel venait de me le dire !*

— C'est peu après que j'ai tout avoué à Lucienne, l'énorme sphère, ma rencontre avec Haurrio et d'autres ET.

— Et toi, Lucienne, quelle a été ta réaction ?

— Je l'ai cru, sans réserve, et moins de trois mois plus tard, j'en avais la pleine confirmation. Un peu avant la Noël 1978, Marcel a eu un contact télépathique annonçant une rencontre et il m'y a emmenée. C'était dans la clairière où le premier contact avait eu lieu. Le vaisseau, la sphère lumineuse, est descendu. Le tube à son tour est descendu — le tube de lumière — amenant Haurrio qui venait nous accueillir. Nous sommes montés tous les trois et, parvenus dans la pièce ronde, Haurrio m'a dit de m'asseoir. Il est passé dans la pièce voisine avec Marcel.

— Pourquoi, Marcel, a-t-on laissé Lucienne à l'écart ?

— Pour qu'elle s'accoutume. Haurrio a préféré qu'elle ne voie pas, ce soir-là, les autres ET de grande taille qui nous attendaient dans la salle au plafond incliné. Ces êtres n'étaient pas ceux que j'avais déjà rencontrés. Ils étaient vraiment étranges et mesuraient pour le moins un mètre quatre-vingt-dix et portaient une tunique... Et ils avaient des ailes dans le dos ! De longues ailes qui passaient par des fentes dorsales de leur tunique et dont la pointe traînait par terre. C'était incroyable !

Voici plus de vingt ans, en Suisse alémanique, un ornithologue amateur photographiait des oiseaux. Vers la fin de l'après-midi, il vit apparaître dans le ciel un objet ovoïde d'environ trois mètres de diamètre, d'aspect métallique brillant qui, passant au-dessus des arbres, vint se poser au bord d'une petite rivière. Le témoin put prendre une photo et l'objet décolla, s'éloigna rapidement. Quelle ne fut pas sa stupeur de découvrir, au développement, qu'à la place de l'engin ovoïde apparaissait... un ange ! Un « ange » du style images d'Epinal, aux ailes différentes de celles que décrit 2 Mu Bêta, mais qui semble bien porter lui aussi une tunique ! (Document aimablement communiqué par la Fondation Ark'All et Totaris, groupes de recherches scientifiques pluridisciplinaires ; *hors-texte n° 9).*

» Ces ailes, poursuit Marcel, n'avaient pas de plumes mais plutôt des duvets, floconneux comme du coton hydrophile. Les ailes remontaient en arrondi au-dessus de leurs épaules et quand ils se déplaçaient — en marchant — on entendait un léger frottement de leurs ailes sur le sol. Ils étaient blonds, la peau très claire, presque blanche, avec des yeux gris-vert, mais pas en amande. Ils ne m'ont pas dit le nom de leur planète mais ils m'ont fait voir des films. Les images apparaissaient sur l'un des murs de la cabine, sans que l'appareil de projection soit visible. Ce film montrait un paysage, avec un soleil blanc dans un ciel nuageux avec des tons roses ; les rayons du soleil blanc traversaient ces nuages, éclairaient le paysage vert, avec des ruisseaux, des petites grottes. Il n'y a pas de montagnes, seulement quelques collines basses. On voyait des ET qui marchaient, d'autres qui volaient, assez haut dans le ciel, alors que les oiseaux, eux, ne volaient qu'à un mètre cinquante du sol. Leurs plumes, d'un vert dégradé, ressemblaient plutôt à du duvet, comme les ailes des humanoïdes ailés.

» Après m'avoir montré ces documents, ils m'ont parlé de Jésus, qui selon eux était toujours accompagné [sous-entendu par des ET, JG] lorsqu'il vivait sur terre. Jésus, c'était un de leurs frères, venu en mission pour donner la sagesse aux hommes. Quand

Jésus s'éloignait, c'était pour rencontrer ses frères ET. Ceux-ci " préparaient " certaines démonstrations spectaculaires [sous-entendu grâce à leur technologie, JG] et ces " miracles ", portés au crédit de Jésus, l'aidaient à convaincre les humains de suivre son enseignement d'amour et de sagesse. Mais Jésus avait tout de même des pouvoirs psi, télépathie, lévitation, etc.

» C'est de sa propre initiative que Jésus revint sur terre [choisit de se réincarner, JG] pour accomplir sa mission. Les ET n'étaient pas très chauds, en raison des dangers qu'il devrait affronter, mais devant sa détermination, ils l'aidèrent quand même. Puis, de " là-haut ", quand ils ont vu que ça tournait mal, ils l'ont laissé tomber [*sic*]. Il fallait que ces choses-là s'accomplissent, même si cette issue les désolait.

Des heures durant, Marcel exposa les « théories » des ET sur la réincarnation, sur le jugement des défunts par *eux-mêmes* dans un « couloir », antichambre des réincarnations où, selon les cas, ils restent un certain temps avant de choisir leur nouvelle enveloppe charnelle. La Terre serait une école permettant de tester ses habitants en vue de leur réincarnation ici-bas ou sur une autre planète.

Fin avril 1982, le couple Paul et Monique ainsi que Marcel et Lucienne (portant Ismalis dans ses bras) sont fidèles au rendez-vous. Haurrio les accueille, entraîne Marcel mais laisse Lucienne, le bébé et le couple dans « l'antichambre », la pièce ronde meublée de quatre fauteuils.

Sabine Mangin questionna :

— Le bébé (un an environ à l'époque) a-t-il été sage, à bord du vaisseau ?

— Habituellement, Islamis est calme, mais là, dans le vaisseau, il était plus calme encore. Il regardait autour de lui, en particulier Haurrio, et souriait. Plus tard, d'ailleurs, Haurrio l'a pris dans ses bras, l'a cajolé et là aussi Ismalis est resté tranquille...

Lors d'une visite de Marcel, Lucienne et leur bébé à mon domicile, Sabine Mangin avait accroché le portrait en pied de Haurrio, grandeur nature. A la vue de cette toile, l'enfant, dans les bras de sa mère, se mit à sourire, dévorant des yeux l'étrange humanoïde chauve, très fidèlement reproduit par l'artiste peintre. Ismalis paraissait émerveillé ; il *reconnaissait* manifestement cet être !

Paul et Monique devaient, ultérieurement, avoir d'autres contacts avec ces ET, en compagnie de Marcel. Ce dernier précisa par ailleurs que des humanoïdes, tout à fait semblables aux humains, vivaient parmi nous ; la Provence était pour eux un lieu de prédilection et c'est là qu'ils seraient les plus nombreux, en raison de leur base proche des gorges du Verdon. Celle-ci ne serait pas enfouie dans ces sites sauvages et grandioses, mais des « portes » transdimensionnelles localisées permettraient d'y accéder. Nous retrouvons là une analogie avec la « base similaire de Bourg-de-Sirod (Jura) de l'affaire Franck Fontaine.

La « base du Verdon » serait une plaque tournante desservant nombre de métropoles françaises et étrangères vers lesquelles nos visiteurs, dûment nantis de fausses identités, se rendent en mission. Je demandais à Marcel si la proximité [1] relative du plateau d'Albion (avec ses silos à missiles vecteurs de charges nucléaires) pouvait justifier la présence de la base transdimensionnelle. Il l'ignorait complètement mais avoua avoir vu, à bord du vaisseau, des agrandissements, vues aériennes de camps militaires. Je lui fis une description *très fantaisiste* du site du plateau d'Albion abritant le Groupement de missiles stratégiques et Marcel secoua la tête :

— Non, ça ne ressemblait pas à ça. Sur l'une des photos, il y avait un carré d'environ vingt mètres de

1. Environ soixante-dix kilomètres à vol d'oiseau.

côté, entouré de barbelés, avec des militaires autour. Et le « cabanon », la petite construction dont tu parles, n'était pas *à l'extérieur mais à l'intérieur des barbelés...*

> Et c'est exact ! Marcel décrivait les silos tels qu'ils sont et non pas tels que je les lui avais décrits de façon volontairement erronée. Les photos ne montraient pas la dalle circulaire recouvrant chaque silo mais bien une dalle *rectangulaire !*

— J'ai demandé à Haurrio, ajouta Marcel, si un séisme ou une trop grande chaleur ne pourraient pas constituer un danger pour ces armes (les missiles dans leurs silos). Il m'a répondu : « Ne t'inquiète pas, quel que soit le cataclysme, vos armes ne causeront aucune destruction. » Les ET m'ont également dit avoir eu un contact (officiel) aux Etats-Unis, dans une base américaine.

> Ce contact, je l'ai rendu public en 1956 dans *Black-out sur les soucoupes volantes,* suite au rapport que m'adressa à l'époque le BSRA *(Borderland Science Research Associates),* San Diego, Californie, dont j'étais le correspondant. Cinq vaisseaux se posèrent à Edwards Air Force Base (Californie) en avril 1954 et y restèrent durant quarante-huit heures ! Les techniciens de la base et trois personnalités de premier plan purent visiter ces appareils, mais 2 Mu Bêta apporte d'autres précisions, connues des spécialistes mais assurément pas du grand public.

Les « ambassadeurs » manifestèrent le désir de rencontrer le président des Etats-Unis (Dwight D. Eisenhower) et aussi d'autres chefs d'Etat[1] ; cette requête fut rejetée. Le président arriva à la base d'Edwards, accompagné d'autres personnalités de top niveau *(hors-texte n° 10).* Les visiteurs brossèrent un tableau de leur civilisation : mode de société sans classes,

1. Un tableau réaliste du peintre Roger Roux illustre cet épisode dans la cassette vidéo *OVNI-EBE : l'invasion a commencé* déjà citée.

144

monothéiste (sans Eglise), spiritualiste, prônant l'amour et la fraternité. Le président aurait rejeté l'offre des « ambassadeurs » de « changer la Terre », ses modes de vie, en un mot, de la faire s'aligner sur *l'extraterrestrial way of life*.

Dans son n° 549 du 16 décembre 1982, *Nostra* (magazine disparu) publiait sur ce contact au plus haut niveau un article d'Edward J. Robin rapportant les déclarations de lord Clancarty, président d'un groupe parlementaire, au gouvernement britannique. Lord Clancarty — brillant ufologue connu sous le pseudonyme de Brinsley Le Poer Trench[1] — a pu rencontrer un pilote d'essai, consultant technique, qui participa à ce contact le 16 avril 1954.

« Ils (les ET) ressemblent assez aux humains, avec des traits déformés par rapport aux nôtres, indiqua le parlementaire de Sa Gracieuse Majesté. Ils ont à peu près notre taille et respirent sans casques ni appareils. Ils viennent du fin fond galactique, s'expriment en anglais d'une voix grasseyante et ont confié au président qu'ils avaient été envoyés sur notre planète pour préparer l'homme à leur venue. Eisenhower eut sans doute très peur. Il leur dit que la Terre n'était pas encore prête pour un contact suivi avec une civilisation d'outre-espace et que leur présence allait semer une effroyable panique[2].

» Les Extraterrestres auraient compris ses arguments. Ils auraient accepté de reporter leur arrivée en

1. Auteur notamment du *Peuple du ciel*, éd. J'ai Lu, collection « l'Aventure mystérieuse », n° A-252.
2. Eisenhower savait surtout que les Gris, ces EBE négatifs avec lesquels le président Truman avait passé des accords, n'auraient pas apprécié cette entrée en scène publique des « Grands Blonds » ou Polariens (cf. *E.B.E. 1* et *2*). A moins qu'il ne se soit agi des Ummites, révélés par mon confrère et ami espagnol Antonio Ribera : *Le Véritable Langage des Ummo* (surtitré : « Les Extra-Terrestres sont-ils parmi nous ? »), Ed. du Rocher (1984, réédité en 1991).

masse sur notre planète, *mais en continuant à rencontrer des humains isolés, pour sensibiliser, peu à peu, les hommes à une future rencontre.* Ils auraient fait une démonstration de leurs connaissances techniques au président des Etats-Unis et aux experts qui se trouvaient avec lui. Ils auraient montré certains de leurs pouvoirs, *comme celui de se rendre invisibles* et de communiquer par télépathie. Puis ils auraient disparu comme ils étaient venus, à une vitesse prodigieuse.

» Au cours du printemps 1954, des rumeurs assez sérieuses ont couru sur cette histoire. Le *Los Angeles Times* avait même fait une enquête pour savoir où se trouvait Eisenhower le 16 avril. Officiellement, il s'était rendu chez un dentiste local. Mais on ne retrouva jamais celui-ci, d'après d'autres rapports, *le président n'a été soigné pour aucun mal de dent à cette époque.* »

Selon d'autres informations, Eisenhower aurait conclu cette entrevue à peu près en ces termes : « N'interférez pas dans nos affaires et revenez dans trente ans. » Aujourd'hui, ce délai est écoulé et le moins que l'on puisse dire est que les ET ne se sont pas privés, de par le monde, d'établir des contacts individuels visant à préparer le « choc » de leur civilisation avec la nôtre. Et il est bien certain que si, demain, un contact officiel et public s'établissait, la panique redoutée par le président Eisenhower se réduirait au minimum.

Cette remarque optimiste (en 1985) ne vaudrait que dans le cas d'une entrée en scène de ces humanoïdes pacifiques. Il en ira (irait ?) bien différemment le jour où les Gris quitteront leurs bases souterraines... Les patriotes terriens crieront alors vengeance et il ne fera pas bon, quand sonnera l'heure de la Libération, d'avoir été un traître à l'espèce humaine, de l'avoir odieusement trompée, bafouée, traitée comme du bétail livré aux Gris !...

Le public est d'ores et déjà préparé, « conditionné » (n'est-ce pas, Steven Spielberg ?), en prévision du contact avec les « bons »... Certes, il y aura bien, ici et là, quelques rationalistes ultras victimes d'une crise d'apoplexie, d'autres auxquels l'on passera une camisole de force, néanmoins, dans l'ensemble, les choses devraient se dérouler sans trop de heurt. Mais dans ce prélude qui mène au contact global, pourquoi tout ce « cinéma » de la part des ET ? Pourquoi cette manipulation de la plupart des contactés qu'ils prennent pour des demeurés ? Pourquoi leur racontent-ils d'invraisemblables histoires à connotation religieuse créant — volontairement ou non —, chez nombre d'entre eux, des vocations quasi messianiques et « cultistes » ?

Car 2 Mu Bêta n'échappe pas à ce schéma...

Marcel et Lucienne auraient été emmenés à diverses reprises sur d'autres mondes : la planète des Déesses, celle des anges (les Hommes Ailés) et d'autres encore. Avec une naïveté, une sincérité, une foi désarmantes, 2 Mu Bêta brosse en introduction un bref historique de la généalogie divine :

— Il y a d'abord le Premier de la création : Dieu. Le Second de la création est Jésus, le Troisième un Ange que nous, nous appelons l'Archange, c'est-à-dire saint Michel. Ce dernier est le chef de la planète des Anges, les humanoïdes ailés. La dirigeante de la planète des Déesses c'est Ada... la femme de Dieu.

Ah ! Voilà autre chose ! Car Dieu est marié et si vous ne le saviez pas, amis lecteurs, n'en faites point de complexes : nous l'ignorions aussi ! De même ignorions-nous que Dieu et son épouse — la très belle Ada — avaient huit enfants (la pilule n'existe pas encore, en ces temps-là, non plus que les allocations familiales !).

Jésus, dans son incarnation *actuelle*, a nom Aoli. Marcel l'a rencontré, à bord d'un vaisseau, en compagnie de Haurrio, dans le site grandiose des Baux-de-Provence. Ensuite, il aurait séjourné quelque temps dans l'une des grottes de la région, visitant ici et là certaines villes, déguisé en hippy pour observer les Terriens. Jésus/Aoli, consterné de découvrir leurs turpitudes, aurait beaucoup pleuré. Curieux qu'il ait eu besoin de descendre parmi nous pour s'en rendre compte, alors que les ET — ses frères, nos frères (du moins les bons) — disposent d'une technologie leur permettant de nous observer par télécaméra neutrinique se jouant des obstacles et de la distance, entre autres moyens d'investigation futuristes...

Jésus devrait — *aurait dû* — se manifester à un nombre toujours plus grand de mortels en 1983, au dire de Marcel puisque aussi bien, d'après ce que les ET lui ont annoncé, le commencement de la fin devait prendre effet soit à l'automne 1983, soit en 1984. Par touches successives, les ET auraient dû provoquer l'amorce des cataclysmes, le basculement *graduel* de la Terre, vers les années 1983-1984. Des légions angéliques (les humanoïdes ailés) étaient quasi sur le pied de départ au cours de notre enquête. Pathétique, Marcel nous expliquait que ces « Anges » s'élanceraient de leur monde vers le nôtre à tire-d'aile et que, bien avant qu'ils eussent atteint la Terre, les battements de leurs ailes produiraient un vacarme terrifiant, « apocalyptique », très clairement perçu lors de leur approche. Je lui fis — timidement — remarquer que les vibrations ne se transmettant point dans le vide, je comprenais mal comment, dans ces conditions, nous pourrions entendre ce « vacarme ». Nous étions assez nombreux, ce soir-là, à l'écouter et je surpris des regards réprobateurs à mon endroit : Marcel avait déjà fait des adeptes et à leurs yeux (ou mieux à leurs narines), mes propos sacrilèges devaient sentir le soufre !

Je me tus, conscient de mon abominable comportement hérétique. Marcel et je ne sais plus qui m'accusèrent même d'être un rationaliste ! Injure suprême... J'étais en fait consterné de voir à quel point ces divagations pouvaient exercer une influence pernicieuse sur des esprits d'ordinaire parfaitement raisonnables et lucides.

Un soir, Marcel m'annonça qu'il venait d'avoir un contact télépathique : Haurrio lui demandait de créer un ordre de chevalerie cosmique fondé sur l'amour, la spiritualité, la dévotion en Dieu, en Jésus et en l'Archange, chef des légions angéliques. Un ordre dont les membres devraient être cooptés. Et c'était lui, Marcel, qui en prendrait la tête... Ce message lui avait été dicté dans des termes grandiloquents et naïfs, mièvres, formant un prêchi-prêcha navrant, dans un style pitoyable jonché de « fotes d'ortografe » et à la syntaxe du plus haut comique ! Sans doute y avait-il de la friture, sur la ligne télépathique ! Redoutant de le voir divulguer une telle ineptie, je me suis mis quelque peu en colère et mes paroles dépassant (à peine !) ma pensée, j'explosai :

— Ne vois-tu donc pas, mon pauvre Marcel, que tu es manipulé jusqu'au trognon ?

Mea culpa, ces derniers mots manquaient d'élégance et n'étaient pas des plus châtiés, mais tant de naïveté, de candeur de sa part m'avaient mis hors de moi. Marcel se leva, très digne, et alla se coucher. Le lendemain, il m'annonçait un nouveau message : la consigne de créer un tel ordre avait été annulée !

Mais retournons à Pau, chez nos amis Franck et Elyane Duval et leurs enfants, outre divers amis, dans leur living encombré du matériel d'enregistrement (perches avec micros, magnétophones sur le tapis en haute laine, pieuvres de fils reliant tout cela aux prises et aux casques à écouteurs pour ne rien perdre des alarmantes déclarations de 2 Mu Bêta). Donc, à la veille du grand chambardement, le départ de ceux que les ET emmèneraient avec eux vers la Terre promise (outre-espace) se ferait depuis la Provence (sans doute des gorges du Verdon).

En cette nuit du 4 février 1983, nous étions suspendus aux lèvres du prophète annonçant la Parousie pour le mois de septembre de la même année : huit mois de sursis !

— La fin du monde, en septembre ! s'exclama Guillaume (dix ans), le fils de nos hôtes.

Je le rassurai : en maintes occasions, de prétendus prophètes avaient donné des dates précises dans le passé et nous sommes toujours là ! Souventes fois aussi — le paléomagnétisme en atteste — la Terre avait basculé sur son axe ; épouvantables cataclysmes auxquels survécurent cependant bon nombre d'êtres vivants. Le dernier en date, celui de l'Atlantide, n'échappait point à la règle.

Le lendemain matin, nous nous retrouvâmes tous pour le petit déjeuner. Tous sauf les enfants de nos amis Duval : Valérie (quinze ans), Virginie (quatorze ans) et Guillaume partis à l'école. Il devait être neuf heures du matin et tout en déjeunant, nous devisions sur l'affaire « 2 Mu Bêta » lorsque nous entendîmes siffloter, chantonner de façon guillerette. Franck Duval cilla, se précipita vers la chambre de son fils... qu'il trouva tranquillement allongé dans son lit, mains croisées derrière la nuque, les doigts de pieds en bouquet de violettes battant la mesure tandis qu'il sifflotait, décontracté, cool au possible !

— Et l'école ? Je te croyais parti !

— L'école ? Pourquoi aller à l'école si en septembre c'est la fin du monde ?

Implacable logique de l'enfance ! Nous éclatâmes de rire et Guillaume, tout en ronchonnant, dut tout de même se préparer et filer en hâte (fort en retard) vers le lycée !

Anecdote amusante, sans doute ; première « retombée » des élucubrations prophétiques de 2 Mu Bêta. Il y en eut d'autres, sous hypnose en particulier ; des vaticinations apocalyptiques, des mises en garde,

150

impressionnantes au premier degré, certes mais qui, à l'analyse, le moment d'exaltation passé, se révélèrent pleines de contradictions, d'inepties, de sentences grotesques, voire débiles, bien qu'émaillées, ici et là, de quelques propos pertinents.

Est-ce à dire que l'intégralité des messages vient de Marcel ? Qu'il en est l'auteur ? Je ne le pense pas. L'on peut inférer des « à peu près » du style que les messages reçus par lui ont été « interprétés » et probablement aussi « adaptés », d'où un prêchi-prêcha aux éléments parfois contradictoires. Que l'on ne se méprenne pas : aussi extraordinaires soient-ils, les premiers contacts de 2 Mu Bêta sont *réels*, même si ce qu'il décrit n'est que le reflet, la distorsion d'une réalité sciemment déformée par les êtres qui le manipulent[1]. L'incident suivant, sans cela, n'aurait pu avoir lieu.

Le 5 février 1983, à Pau, à l'issue de la réunion chez nos amis Duval, alors que divers participants avaient regagné leur domicile, Marcel nous confia : « Untel va avoir un contact. " Ils " me l'ont dit... » Le lendemain matin, à notre tour nous prenons la route ; la neige commence à tomber et Untel, venu apporter un dossier à Franck Duval, nous propose aimablement de nous piloter jusqu'à l'autoroute. A l'amorce de celle-ci, nous remercions Untel pour sa gentillesse et le saluons tandis qu'il s'éloigne au volant de sa voiture. La neige, maintenant, tombe dru.

Untel roule en direction du village de N..., à vitesse réduite, assailli par la tempête. Le temps est bouché et le petit chemin enneigé finit par se confondre avec la nature environnante. Et soudain, à travers les flocons,

---

1. Les deux couples n'ont peut-être pas été *physiquement* emmenés sur d'autres mondes. Les ET ont pu délibérément provoquer leur bilocation, projeter leur psychisme — sortie en astral — vers divers systèmes solaires... ou bien les suggestionner, graver des images et souvenirs factices dans leur mémoire...

sur sa droite, il distingue une masse métallique oblongue au-dessus du sol ; des silhouettes revêtues d'une sorte de combinaison grisâtre s'affairent à quelques mètres seulement d'Untel qui s'est arrêté, médusé. Il n'existe pas de camions ayant la forme discoïdale et pas davantage de chauffeurs portant des combinaisons de ce genre ! Et quatre ou cinq chauffeurs pour un camion, c'est peu courant ! Surtout des conducteurs mesurant apparemment deux mètres !

Bouleversé, Untel démarre dans la tourmente de neige et se demande si, finalement, les « niaiseries » qu'il a entendues la veille ne pourraient pas receler un fond de vérité ! Car Untel, jusque-là, ne prenait pas du tout au sérieux les « histoires d'OVNI » ! De même ignorait-il totalement que la veille, chez Franck Duval, *2 Mu Bêta nous avait dit savoir qu'il aurait un contact !*

2 Mu Bêta fait des disciples.

En 1984 ou 1985, Marcel fit la connaissance de Patrick Marsili, un jeune instituteur qui, quelque temps plus tôt, en Bretagne, avait eu la malchance de rencontrer Jean-Pierre Prévost, dont il sera question au chapitre suivant. Quand Patrick Marsili comprit enfin à quel loustic il avait affaire, il s'empressa de rompre toutes relations avec ce sieur Prévost. Dans sa revue *Spirale*, il ouvre alors ses colonnes à Marcel et celui-ci y relate ses contacts. Le prosélytisme s'amorce et les ouailles ne tarderont pas à entourer le nouvel Archange ! Car 2 Mu Bêta — prenant du galon — s'assimile doucement mais sûrement à saint Michel l'Archange ! Prévost, lui, ne s'assimilait qu'à lui-même, mais s'appuyait sur la très vieille amitié que (selon ses propres termes) Haurrio lui portait. Et d'entraîner dans son sillage nombre de « fidèles » des deux sexes, des époux se plaignant d'avoir vu s'envoler leur épouse et des femmes déplorant le départ de leur mari en croisade avec le Maître !

Il est de fait qu'au temps de Jésus, plusieurs de ses apôtres abandonnèrent leur famille pour suivre le Galiléen, mais ce dernier n'obéissait pas à de vils intérêts !

Patrick Marsili est-il pour autant devenu un escroc ? Nullement. Aujourd'hui (1992), tout à fait réaliste, cet honnête homme vend des maisons « domotiques » respectant l'environnement[1]. Et Marcel, serait-il devenu, comme Prévost, une crapule ? Que non pas ! Je suis persuadé de sa sincérité. Naïf comme il n'est pas permis de l'être, conditionné par ses premiers contacts *authentiques*, incapable d'admettre l'extraordinaire manipulation dont il est l'objet de la part de ses « contacteurs », il ira contre vents et marées, guidé par une foi aveugle, inconscient du mal involontaire que la légèreté de sa conduite/*programmation* pourrait entraîner pour ceux qui le suivront.

Pourquoi suis-je résolument persuadé de la réalité objective de ses rencontres avec « ceux d'ailleurs » ? L'heure est venue de m'en expliquer...

L'inviolable secret... violé par les ET.

Marcel nous avoua avoir visité plusieurs mondes en compagnie de Haurrio et d'autres humanoïdes. Il eut l'occasion de pénétrer dans des maisons, sortes de dômes avec un ameublement réduit, dont — presque toujours — une table avec des plats apparemment en bois contenant des fruits différents de ceux que nous

1. D'étonnantes maisons pivotantes pour suivre la course du soleil, en forme de soucoupe volante et baptisées : « Domespace ». C'est aussi la raison sociale de la firme créée par Patrick Marsili et Ivo Van Gils, 29390 Scaër (Finistère). Tél : 98.57.60.60. FAX n° 98.59.47.29.

connaissons. Y avait-il goûté ? Non. On ne l'avait pas invité à se servir. L'absence de curiosité de Marcel est décidément consternante. Placé dans une situation identique, lui fis-je remarquer, j'aurais non seulement goûté à ces fruits mais aucun scrupule ne m'aurait empêché de chiper un objet quelconque pouvant être glissé dans l'une de mes poches, fût-ce un simple cendrier ! Ah bon, « ils » ne fument pas ? Qu'à cela ne tienne ; j'aurais chipé autre chose !

La prochaine fois, lui suggérai-je, sollicite la permission d'emporter un fruit (assez gros) afin que nous puissions l'analyser. « Les ET, rétorqua-t-il, ne souhaitent pas nous donner une preuve matérielle de leur existence. Chacun doit s'interroger ; par une prise de conscience, la réalité objective de la pluralité des mondes habités apparaîtra à tous. » Je sus me montrer persuasif : personnellement, cela ne nous concernait pas. Nous n'avions pas attendu les premières RR III pour *savoir* que notre planète était placée sous la surveillance constante des Extraterrestres... bons et mauvais. Il s'agissait bien, plutôt, de déterminer les « hésitants » à basculer dans notre « clan ». L'analyse chimique d'un fruit prouvant sans conteste qu'il n'appartenait pas à notre flore aurait entraîné leur conviction.

Marcel, non sans hésitation, finit par accepter : il intercéderait dans ce sens auprès de ses « frères »... *et leur réponse fut positive !* Prochainement, Haurrio lui donnerait même *deux* fruits : l'un destiné à nos recherches, l'autre pour notre régal. Nous pourrions ainsi goûter à sa chair (paraît-il) succulente. L'anxieuse attente commençait... Quelques jours plus tard, à Paris, l'ingénieur Jacques Castex (du Comité scientifique de l'IMSA et préfacier du présent ouvrage) et moi-même dînions dans un restaurant chinois de la gare de Lyon (je retournais la nuit même vers le Midi). Nous avions choisi une table un peu à l'écart pour bavarder plus tranquillement et j'informai Jacques de l'aubaine : nous allions recevoir deux fruits mûris sous un autre soleil !

— Si Haurrio tient parole, c'est prodigieux ! Mais pourquoi n'as-tu pas demandé à 2 Mu Bêta que ces fruits soient placés dans un récipient ? Nous aurions là un artefact, un objet manufacturé dont l'analyse serait autrement significative !

Une idée géniale, dans sa simplicité (?). Il me restait à présenter à Marcel cette nouvelle requête.

Vers 9 heures, le lendemain matin, j'avais regagné mon domicile. Peu après, Marcel m'appelait, assez goguenard :

— Alors, maintenant, deux fruits ne te suffisent plus : *il te faut aussi un récipient !* Désolé, mais nos frères m'ont dit qu'ils refusaient !

J'étais positivement sidéré ! La veille au soir, Jacques Castex et moi-même étions les seuls, sur la planète Terre, à avoir devisé (à voix basse !) de ce « piège », un peu grossier, nous en étions conscients. Jacques ignorait tout de l'identité de 2 Mu Bêta et ce dernier ne connaissait pas davantage l'ami Castex. Le secret était donc inviolable...

Dans ces conditions, comment Marcel avait-il pu savoir ?

Marcel n'étant pas télépathe, peut-on raisonnablement expliquer ce mystère sans faire intervenir la « surveillance » qu'exercent les ET sur les Terriens intégrés à leurs plans, sinon programmés par leurs soins ?

Quels que soient les fantasmes, les distorsions, les élucubrations (manifestement induites) rencontrés dans le récit de 2 Mu Bêta, force nous est d'admettre qu'il a bel et bien eu des contacts avec nos « visiteurs ». Malheureusement, il est conditionné, coupé de certaines réalités, et refuse d'en convenir. *A contrario*, cette attitude résulte de son conditionnement renforcé par des démonstrations d'évidence de la part de ceux qu'il appelle ses frères de l'Espace. Ces démonstrations fussent-elles, parfois, des hologrammes !

Qu'en est-il du grand cataclysme annoncé ?

Une seule certitude : il aura lieu un jour mais ne sera pas le premier à dévaster notre planète. Je le répète : l'étude du paléomagnétisme et de la paléoclimatologie atteste *scientifiquement* que le globe a basculé plusieurs fois, modifiant l'inclinaison de son axe sur l'écliptique. Par voie de conséquence, les pôles changèrent de place et de gigantesques raz de marée balayèrent les continents, modifièrent leurs contours. Au cours des ères géologiques s'installèrent des périodes glaciaires et interglaciaires... semées de « petits âges glaciaires » moins rigoureux. Or, des signes avant-coureurs se manifestent. Dès 1954, le professeur Guyot, directeur de l'observatoire de Neuchâtel (Suisse), révélait que l'année aurait trois dixièmes de seconde de retard. Naturellement, ce ralentissement de la rotation terrestre est négligeable : cela se traduira par un allongement de trente secondes dans un siècle et de cinq minutes dans mille ans.

A la même époque (1954), le professeur Cesare Emiliani, de l'Institut de recherches nucléaires de l'université de Chicago, se fondant sur l'étude des périodes glaciaires antérieures, annonçait que dans dix mille ans, une couche de glace de trois mètres d'épaisseur pourrait recouvrir la Terre. Ouf ! soupirerez-vous, soulagé. Dix millénaires, c'est loin et nous avons le temps de « voir venir ».

Sans doute, mais ces recherches remontent à 1954, il y a donc trente-huit ans. Les travaux se sont poursuivis ; les modifications climatologiques, mieux connues, sont aussi plus inquiétantes. Le phénomène de désertification va croissant, réduisant des populations à la famine (Sahel, en Afrique ; sertão, au Brésil, etc.) ; parallèlement, l'épaisseur des calottes polaires (en déséquilibre, l'une par rapport à l'autre) augmente. Depuis trois décennies, dans l'hémisphère nord, la température moyenne de l'air a baissé de 1,5 °C. Ce refroidissement graduel est confirmé par les satellites artificiels qui, depuis une quinzaine d'années, mesurent le rayonnement infrarouge ; celui des masses océaniques indique également une baisse thermique. Et les résultats obtenus en 1954, compte tenu de la variation de certains paramètres (et de nos progrès technologiques), ne sont pas nécessairement conformes à la réalité d'aujourd'hui (1985, ne l'oublions pas. En 1992, ces estimations ont changé !).

D'autres indices, ignorés du public, posent de nouvelles interrogations. L'UAI (Union Astronomique Internationale) a pour but d'informer tous les observatoires astronomiques du monde des résultats d'observations effectuées par les astronomes ; cela vaut aussi pour les découvertes (comètes, astéroïdes, etc.). Dispatchés par l'UAI, des télex et des fax tombent chaque jour. Or, depuis une décennie environ, certaines observations concernant l'activité solaire *sont tenues secrètes !* Ces « tuyaux » proviennent de deux personnes bien informées, qui ne résident pas en France et ne se connaissent pas.

Il semblerait — j'use du conditionnel — qu'à partir de l'étude de divers paramètres liés à l'évolution de l'activité solaire, les conditions nécessaires à l'éclosion d'une nouvelle ère glaciaire sont en train de se mettre en place. En conséquence, l'ère glaciaire (ou un « petit âge glaciaire » ?) serait plus proche qu'on ne le laisse entendre. Des signes avant-coureurs qu'on ne pourrait plus cacher se manifesteraient d'ici à un demi-siècle. D'où la nécessité, pour les nations nanties, d'accroître leur aide aux pays défavorisés (de part et d'autre de l'équateur) qui, eux, ne connaîtront pas — du moins directement — le déferlement des glaces. L'on pourrait situer cette zone protégée, grosso modo, entre les tropiques du Cancer et du Capricorne.

C'est sur cette bande sub et intertropicale que devraient pouvoir être transférées les industries vitales conditionnant la sauvegarde de l'espèce humaine... *à la condition que le basculement de la Terre sur son axe ne se soit pas encore produit !*

Les « prophéties » véhiculées par les contactés ne sont donc pas toutes gratuites ni invraisemblables (quoi qu'ait pu déclarer le GEPAN en son temps), quant aux bouleversements qui menacent notre vieux globe terraqué. Néanmoins, ces cataclysmes ne sont pas nécessairement pour demain, mais il ne faut pas pour autant négliger l'avertissement. Et l'on peut supposer (ou espérer !) que les spécialistes de la géopolitique et de la géoéconomie en tiendront compte avant qu'il ne soit trop tard... (Nous savons aujourd'hui que les choses — hélas ! — se dérouleront autrement. Voir les annexes.)

7

Au cours des précédents chapitres, nous avons brièvement et à diverses reprises fait allusion à l'affaire de Cergy-Pontoise. Contrairement aux assertions des censeurs et autres dénigreurs patentés, nous avons vu aussi que bien des analogies se retrouvent dans d'autres affaires d'enlèvement. Une mise au point s'impose donc sur l'aventure de Franck Fontaine, sur ses prolongements inattendus.

Cette quête de la vérité conduira sainement à dénoncer les motivations et machinations occultes du **GEPAN** ou *Groupe d'Etude des Phénomènes Aérospatiaux Non...* C'est tout : le mot *Identifiés* ayant été lui-même censuré par cet organisme officiel français (cautionné par le CNES : Centre National d'Etudes Spatiales, Toulouse, aujourd'hui dissous mais remplacé par le SEPRA) ; nous aborderons et dénoncerons aussi le comportement de certains groupuscules ufologiques. Il y a là, en effet, toute une faune qui grouille et magouille gaillardement, s'entre-déchire (ou parfois s'acoquine pour calomnier ceux qui leur ont déplu). Et leurs plus « éminents » représentants, à défaut de faire œuvre utile, bavent leur fiel et polémiquent. Leur comportement fait irrésistiblement songer à ce bon La Fontaine qui, dans *le Serpent et la Lime*, écrivait : « Ceci s'adresse à vous, esprits de

159

dernier ordre, qui n'étant bons à rien, cherchez surtout à mordre. »

Le cas Franck Fontaine.

Rappelons succinctement les faits : Cergy-Pontoise (Val-d'Oise, à l'ouest de Paris), lundi 26 novembre 1979, 4 h 30 du matin. Trois jeunes forains chargent leur vieux break avec des vêtements qu'ils vont vendre au marché. Franck Fontaine est au volant, pied sur l'accélérateur (le démarreur est « mort » et il ne faut pas caler), tandis que ses amis Jean-Pierre Prévost et Salomon N'Diaye font le va-et-vient, du second étage de l'immeuble à leur voiture, pour y entasser la marchandise. Ils aperçoivent dans le ciel une sorte de fuseau lumineux qui file lentement vers la plaine du Vexin et le poste de transformation de courant de l'EDF bordé par un champ de choux. Franck démarre, s'engage sur le boulevard de l'Oise cependant que ses amis, au second étage de leur demeure, jettent un coup d'œil par la fenêtre. Incrédules, ils voient le break stoppé sur le boulevard : une sorte de sphère de lumière diffuse l'enveloppe. Ils descendent précipitamment, s'arrêtent une seconde, ébahis : de la sphère s'étire à présent un cylindre lumineux qui, à son tour, absorbe la sphère et s'éloigne rapidement dans le ciel. Franck a disparu !

Sept jours plus tard (cinq, en fait, nous le verrons dans les annexes), le 3 décembre 1979, au même endroit, à la même heure, Franck Fontaine réapparaît dans un halo lumineux. Le seul souvenir ramené de son enlèvement sera celui de deux petites boules de lumière... qui parlent — il les assimile à des « personnes » —, qui s'entretiennent avec lui dans une pièce mystérieuse, peut-être à bord d'un vaisseau ou d'une base extraterrestre, il n'en sait rien. Responsables de son kidnapping, les « Intelligences du Dehors » l'ont conditionné pour qu'il refuse tout interrogatoire sous hypnose (il finira par accepter cette épreuve deux ans plus tard, nous y reviendrons). Au surplus, ses deux amis ne croient pas du tout à ce procédé qu'ils qualifient de truc de music-hall. Le lendemain de la réapparition de Franck, l'hypnotiseur Daniel Huguet et moi-même enquêtons chez ces jeunes gens, à Cergy-Pontoise.

Grâce à des démonstrations probantes, Daniel Huguet finit par convaincre Jean-Pierre Prévost de se laisser hypnotiser *(hors-texte n° 11).* Nous réalisons alors que si Franck, de par son rapt, est ce qu'il est convenu d'appeler un contacté, Prévost, en revanche, est un contacté psi. Son « correspondant télépathe » est une entité qui, ultérieurement, déclarera se nommer Haurrio. Or, durant la disparition de Franck, ce nom surgit plusieurs fois dans les rêves de Prévost sans qu'il puisse comprendre ce qu'il représente[1]. C'est seulement après avoir écouté les bribes de souvenirs de Franck et le « message » transmis par les « boules parlantes[2] » qu'il « pigera » : Haurrio est un Extraterrestre ! Lequel annonce un contact avec les Terriens le 15 août à Cergy-Pontoise ; son message met en garde les humains, qui doivent gagner en sagesse, supprimer les guerres, la violence, passer de la notion d'Avoir à la société de l'Etre (singulière analogie avec le message des « Grands Blonds » délivré à Eisenhower en 1954). Dans la négative, si le contact du 15 août 1980 est un échec, une seconde date est avancée : le 15 août 1983, où les ET viendront prendre en charge, enlever pour les

1. Rappelons qu'au Canada, M. X... eut lui aussi des « rêves » où il se voyait étendu sur une table, examiné par des humanoïdes. Procédé d'induction psi émanant des ET qui manipulent à leur aise ceux qu'ils ont enlevés et parfois « programmés ».
2. Dans les années 50, aux Etats-Unis, Orfeo Angelucci fut pareillement confronté à des « boules parlantes ». Et les pourfendeurs de Franck Fontaine ne l'ont pas pourfendu (rétrospectivement) pour autant !

sauver les Terriens dignes de l'être (nous retrouvons là des similitudes avec les « messages » de 2 Mu Bêta). Passé le cap fatidique du 15 août 1983, un mécanisme irréversible s'enclenchera qui conduira l'humanité au chaos ; ce terme pouvant aussi bien désigner un cataclysme géologique qu'une brutale modification climatique préludant à une ère glaciaire, comme nous l'avons vu au chapitre précédent.

Telles sont les grandes lignes de l'affaire Franck Fontaine relatée en avril 1980 dans *Contacts OVNI Cergy-Pontoise (op. cit.)*. A la page 223, je faisais les réserves d'usage, par souci d'objectivité (ce que mes détracteurs passèrent sous silence) : « Ces consignes (celles du message de Haurrio) sont-elles pernicieuses, dangereuses, qui nous incitent à progresser avec plus de sagesse, à avancer vers le Bien et l'Amour ? Est-il malsain que nous nous préparions psychiquement à recevoir la vérité — quelle qu'elle soit — et à assister ou participer à un contact, *si contact il y a ? Le 15 août à Cergy-Pontoise ou ailleurs, à un moment ou un autre ? Car il y a — ou aura — aussi le cap (fatidique peut-être ?) de 1983.* »

Jean-Pierre Prévost devait par la suite jouer un rôle totalement négatif, allant jusqu'à prétendre qu'il s'agissait d'un canular ! Nous examinerons ce retournement de veste et verrons à quels intérêts il obéissait.

Une singulière oblitération de mémoire.

Un soir de l'été 1979, le docteur Alpha (dont il fut question in *Contacts OVNI Cergy-Pontoise*, à propos du cas fantastique de Gamma Delta) m'appela pour me signaler que ce contacté avait reçu un message, les ET lui annonçant pour le 26 novembre un « événement qui aurait un retentissement considérable », sans autre précision. Je notai l'information... et *l'oubliai complète-*

ment ! Lorsque mon ouvrage parut, le docteur Alpha me téléphona, fort étonné :

— Pourquoi n'as-tu pas fait état, dans ton bouquin, de la « prédiction » de notre ami Gamma Delta ? Ne penses-tu pas que l'enlèvement de Franck Fontaine, à l'aube du 26 novembre, correspond — de par son retentissement mondial — à ce que les ET avaient « prédit » ?

Immédiatement, le souvenir de cet entretien téléphonique de l'été 1979 me revint en mémoire et j'en fus médusé et furieux à la fois. Effacé pour un temps, ce souvenir ne figurait donc pas dans mon ouvrage. Un simple oubli paraît peu probable, eu égard au caractère « prophétique » de l'information. Alors ? Un « signe » attribuable à ces « Intelligences du Dehors » qui... s'amusent parfois à nos dépens ?

La coalition des « anti ».

Tant de mensonges, de calomnies, de jalousie, de critiques a priori ont accompagné (et même précédé !) la parution de cette enquête qu'il serait fastidieux de les énumérer mais facile de les réfuter. « Grillés » de vitesse par votre serviteur pour publier l'ouvrage (cosigné avec les trois protagonistes), les groupuscules ufologiques crièrent à l'imposture, à la combine commerciale : le livre nous aurait rapporté des millions de francs (lourds, s'entend !). Ce qui, malheureusement[1], est faux. Des traductions seraient venues grossir le pactole. Il n'y en eut aucune ! Un film, enfin, allait nous rendre milliardaires... Il ne fut pas réalisé *pour l'excellente raison que j'en ai refusé le scénario.* L'adaptation dénaturait complètement les faits et, à la fin, l'on

1. Je le déplore en effet car, comme le disait Jean-Pierre Chabrol le 30 décembre 1982 sur France-Inter : « Pour mépriser l'argent, il faut être riche ou con ! »

voyait un astronome sceptique (sympathisant du journaliste menant l'enquête) enlevé par un OVNI. Un refus surprenant pour des « combinards » si âpres au gain...

A longueur de journée, en conférences ou à la télévision, Jean-Claude Bourret tonnait contre ce « canular », parlait d'inculpations *imminentes!* prenant encore une fois ses désirs pour des réalités. (Déjà, les 17 et 22 novembre 1977, dans l'émission TV *Aujourd'hui madame* à laquelle je participais aux côtés de Guy Tarade, A. D. Grad, Pierre Kolher [astrophysicien] et Jean-Claude Bourret, les courbettes obséquieuses de ce dernier nous avaient indignés. Maniant la brosse avec élégance à propos du GEPAN [il continue avec le SEPRA!], il déclara à peu près ceci : « L'ère de l'amateurisme est révolue ; les chercheurs privés, aujourd'hui, doivent céder la place aux hommes de science qui, eux, sont seuls aptes à étudier les OVNI en s'appuyant sur une méthodologie rigoureuse. » Je ne fus pas le seul à bondir à ces déclarations scandaleuses. En effet, voici plus de trois (quatre, en 1992) décennies que les ufologues s'efforcent de convaincre la communauté scientifique du formidable intérêt représenté par nos « visiteurs » et depuis 1947, hormis une minorité d'authentiques savants, ces messieurs à la triste figure de la sacro-sainte orthodoxie scientifique leur opposent le plus parfait dédain assorti de sarcasmes !

Je ne pus m'empêcher de faire remarquer à Jean-Claude Bourret que si, aujourd'hui (novembre 1977, pour cette émission), certains scientifiques et le GEPAN se décident enfin à « prendre le train en marche », nous, les « amateurs » *qui fîmes démarrer ce train*, n'admettrions en aucune manière d'en être débarqués ! Et je n'hésitais pas à ajouter :

— A défaut de pouvoir signifier au GEPAN la mise en garde des Chevaliers Templiers aux Plantagenêts d'Angleterre : « Vous régnerez tant que vous serez

164

justes », je crois devoir prévenir cet organisme officiel que seule l'élimination *physique* des ufologues (sous-entendu les « vieux de la vieille », si décriés !) pourrait interdire à ces derniers de dénoncer, le cas échéant, de nouvelles manœuvres de conspiration du silence.

Sourire (jaune) de J.-C. Bourret et (on l'imagine aisément) grincements de dents chez les « Gépanistes » qui avaient dédaigné l'invitation du producteur de l'émission. Ces paroles (non pas prophétiques mais logiques, sachant ce que nous savions de *toutes* les commissions officielles antérieures) ne me furent pas pardonnées et le GEPAN prit (ou crut pouvoir prendre) sa revanche en essayant de démolir l'affaire Franck Fontaine, Jimmy Guieu et l'IMSA ! Une victoire à la Pyrrhus dont il ne profita que peu de temps car, nous allons le voir, il ne tarda pas à dégringoler de son piedestal. Si ces messieurs avaient lu Shakespeare, ils auraient su que « la ruse la mieux ourdie peut nuire à son auteur » ! Je renvoie mes adversaires au Tartuffe de Molière : « Contre la médisance il n'est point de rempart ! A tous les sots caquets n'ayons donc nul égard... »

Franck Fontaine sous hypnose.

Faisons un bref retour en arrière, en relisant cet extrait de *Contacts OVNI Cergy-Pontoise* :

P. 67 : « Nous (Daniel Huguet et moi-même) percevons clairement chez Franck une sorte d'inhibition qui l'empêche d'aller au bout de ses confidences. »

Effectivement, dès le départ, Franck avait refusé de se soumettre à une séance d'hypnose ; ce blocage transparaît au gré de l'entretien.

P. 126 : Franck Fontaine : « La première chose qui m'ait été dite [par les « boules parlantes »] c'est que, mis à part la pièce où je me trouvais, tous les autres détails matériels me seraient ôtés de l'esprit. »

165

C'est très exactement ce que les humanoïdes déclarèrent à Betty et Barney Hill, le 19 septembre 1961 aux Etats-Unis, lors de leur enlèvement (cf. *Le Voyage interrompu, op. cit.*). A plusieurs reprises, Daniel Huguet et moi-même, au cours des deux années qui suivirent, avons tenté de convaincre Franck Fontaine d'accepter de se plier à l'épreuve de l'hypnose, en vain. Ce fut finalement Gérard Ehret [1], alors président d'IMSA-COR Est (et guérisseur charismatique aux étonnants pouvoirs, j'ai pu le vérifier), qui parvint à décider Franck à se soumettre à cette épreuve.

Le 19 avril 1982, Gérard Ehret, accompagné de son épouse Paulette, amenait donc chez moi un Franck Fontaine affligé d'un rhume « carabiné », secoué parfois par de violentes quintes de toux. Le jour même, en présence de Gérard et Paulette Ehret, de Sabine Mangin, D. Huguet plongeait Franck dans une transe hypnotique profonde que ne devait point perturber l'orage agrémenté de coups de tonnerre qui s'abattait sur Aix-en-Provence cette nuit-là.

Daniel Huguet fit régresser le sujet jusqu'à la nuit du 25 au 26 novembre 1979, sur le boulevard de l'Oise, à Cergy ; il revécut la dramatique expérience : une boule de lumière enveloppe le break, etc., comme cela fut relaté dans l'ouvrage déjà cité. Le micro du magnétophone très près des lèvres de Franck qui répondait aux questions souvent par un murmure, deux séances se déroulèrent, la seconde destinée à contrôler la première en vue de déceler d'éventuelles différences ou contradictions. Les deux concordaient ; même si certains termes variaient, l'on demeurait dans le domaine des synonymes.

1. L'un des personnages réels (avec l'hypnotiseur Daniel Huguet, le géomancien-analyste Alain Le Kern et l'artiste peintre Monique Augeix) que l'on retrouve dans la collection « Les Chevaliers de Lumière » aux Ed. Fleuve Noir.

La pauvreté du vocabulaire du sujet ne lui permet guère de nuances et il est parfois difficile de cerner ce qu'il tente de nous expliquer. Il ne faut pas oublier non plus le caractère tout à fait nouveau et fantastique de l'aventure qu'il a vécue, sans référence aucune à un quelconque acquit mémoriel pouvant lui permettre des comparaisons. Nous allons résumer ce que Franck Fontaine déclara sous hypnose. A deux reprises, un « incident » inattendu allait d'ailleurs nous confirmer et l'état de transe profonde et la réalité *non simulée* d'une régression au 26 novembre 1979.

Franck Fontaine : Je ne suis plus là (dans la voiture) ; mon corps est parti... La boule m'a pris, elle s'en va avec le « brouillard » (le halo lumineux qui enveloppe le break). Je suis dans l'air ; je ne me « vois » pas, mais je sais que je suis dans l'air...

Daniel Huguet : Tu es comme dans un rêve et *tu peux* te voir. Dis-nous ce que tu observes.

Franck Fontaine : Je ne peux pas y aller (sous-entendu : hors de la sphère. Daniel le « ramène » au moment où il est encore dans la voiture enveloppée par la « boule brumeuse », alors que ce « brouillard » envahit le véhicule).

Franck Fontaine : Je n'entends rien. La boule part (il est semble-t-il dans la boule qui l'emporte vers le ciel, très haut). La boule rétrécit (passant de trois mètres de diamètre environ à quelques décimètres). Elle diminue et moi avec. Je ne vois plus rien ; je ne sais pas où je suis.

Daniel Huguet lui recommande de garder présente en mémoire la pendule imaginaire qui marque le temps à partir de 4 h 30, heure de son enlèvement, ceci afin d'obtenir un *timing* de l'opération. Mais les aiguilles ne bougent pas, le temps s'est arrêté. Interrogé plusieurs fois à ce propos, Franck répondra invariablement que les aiguilles de la pendule sont figées[1]. Les questions se succèdent : Franck se voit dans une sorte de néant où apparaît une petite boule lumineuse, qui fait du bruit, une espèce de sifflement, de vibration aiguë...

A ce moment-là de son récit, Franck est secoué par une violente quinte de toux et se réveille. Il nous voit, Daniel et moi, penchés sur lui et a un instinctif mouvement de recul, nous dévisage avec effarement *et semble ne pas nous reconnaître*. Après un bref instant d'étonnement, nous comprenons la raison de cette réaction inquiète : en pleine régression hypnotique, Franck était bel et bien projeté en cette nuit du 25 au 26 novembre 1979, soit deux ans et cinq mois plus tôt. Or, à cette époque, *il ne nous connaissait ni l'un ni l'autre !*

Découvrir ainsi deux inconnus penchés sur lui expliquait parfaitement son réflexe *et prouvait qu'il ne simulait pas, qu'il était réellement « retourné » à cette période dramatique de son existence.*

Daniel Huguet le rendormit et la séance put reprendre.

Franck Fontaine : La boule est repartie... Je pars (étonnement), mais je n'arrive pas à me suivre. Il y a un mur ; je ne le vois pas mais je sais qu'il y a un mur ; je ne peux pas le franchir (Daniel lui a suggéré de « traverser » ce mur).

Franck Fontaine : Je ne peux pas... C'est mon double qui est parti... Mon corps peut passer mais mon esprit reste dans la sphère ; il ne peut pas traverser le mur ; « il » (son esprit) est resté derrière le mur. Le corps passe normalement, mais le reste (l'esprit) est incapable de franchir le mur ; ce mur est partout ; je suis

1. A son retour, le 3 décembre 1979, Franck croyait avoir perdu connaissance durant un quart d'heure. Les « étrangers » l'avaient conditionné, suggestionné pour perdre la notion de temps. Or, c'est bien ce qui apparaît au cours de cette séance d'hypnose : la « pendule » est arrêtée ! M. X... aussi perdit la notion du temps : sa voiture entre dans le « nuage » et il a l'impression d'en ressortir aussitôt.

passé (en corps physique) mais je ne passe pas (l'esprit ne « suit » pas). J'ai franchi le mur mais il y a quelque chose qui ne suit pas.

> Nous avons ici la confirmation d'un blocage, comme nous le pensions dès le début, induit par les « Intelligences du Dehors » qui ont de la sorte « verrouillé » son esprit, « muselé » les souvenirs que ces êtres ne souhaitaient pas voir extirpés de son psychisme.

Daniel Huguet : Décris-nous ce mur, touche-le...

Franck Fontaine : Le mur est froid, transparent, mais je ne vois pas derrière. C'est le noir, le silence. (Léger étonnement.) Je traverse le mur ! Une boule vient me voir... Elle m'enveloppe... je disparais... Je suis en l'air, dans la boule ; je me vois dormir dans la boule... J'ai l'impression de flotter dans un tunnel transparent... Une autre boule arrive... Je suis debout et je vois les étoiles... En bas, je vois des immeubles. La boule s'arrête par terre (sur le sol) et elle disparaît... Je me réveille ; je suis dans le champ de choux (il est 4 h 30, la pendule est toujours arrêtée). Je me demande ce que je fais là, par terre. La voiture a disparu. On me l'a piquée !... Je vais chez Jean-Pierre... Ça ne répond pas... Je sonne chez Salomon...

Franck revit son retour, décrit l'étonnement puis la joie de Salomon de le retrouver, etc. La seconde séance d'hypnose sera également interrompue par une quinte de toux : même réaction devant les « inconnus » que nous sommes pour Franck à l'époque des faits. Si ces deux séances d'hypnose ne nous ont pas apporté de révélations « sensationnelles », elles nous ont au moins permis de vérifier l'existence « subodorée » d'un blocage, d'un conditionnement psychique interdisant à Franck de nous relater tout ce qu'il avait vécu et vu durant son séjour dans cet engin. Cela confirmerait donc bien l'interdit, l'inhibition découlant de cette phrase : ... *mis à part la pièce où je me trouvais, tous les autres détails matériels me seraient ôtés de l'esprit.*

Au surplus, la fixité des aiguilles de la pendule durant l'expérience (« compression » illusoire du temps) renforce l'authenticité de la régression sous hypnose. En effet, lorsque Fontaine reparaîtra au bout de sept (?) jours, il aura l'impression d'avoir perdu connaissance pendant seulement un court moment et aura bien du mal à admettre qu'une semaine, en vérité, s'était écoulée. Ce verrouillage est-il définitif ou pourra-t-on plus tard le faire sauter ? Un tel résultat a été obtenu aux Etats-Unis par le docteur Simon. Au prix de longues séances d'hypnose, ce praticien est parvenu à puiser dans le psychisme de Betty et Barney Hill les souvenirs de leur capture, de leur séjour à bord d'un vaisseau où des ET les avaient conduits.

Chez Franck Fontaine, le caractère profond de la transe établi, la réalité de la régression démontrée par les deux incidents des quintes de toux, confortent la thèse du rapt. S'il s'était agi d'un canular, le laps de temps écoulé depuis le 26 novembre 1979 (plus de deux ans) *aurait amplement suffi au « coupable » pour imaginer les détails et tout un scénario destiné à combler les lacunes.* Ce ne fut pas le cas. Nous fournirons d'ailleurs plus loin un élément — purement technique, cette fois — lequel renforcera de magistrale façon ce qui précède.

Quid de Franck Fontaine aujourd'hui ? (N.B. : en 1985).

Les années ont passé. Monique, la mère de Franck Fontaine, périt dans un accident de voiture, tuée par un chauffard en novembre 1981. Franck travailla çà et là, aidé financièrement par un ami généreux. Les fréquentations du jeune homme n'étaient pas des meilleures et un jour, il fut impliqué dans un cambriolage (bijoux) ; Fontaine s'était accusé pour couvrir les auteurs véritables du cambriolage, deux mineurs. Il fut relâché.

Le 30 juillet 1982, nouvelle incartade, beaucoup plus sérieuse cette fois. Franck Fontaine et un certain Jean-Charles Hucher, vingt-cinq ans, furent interpellés à La Baule alors que, circulant à moto (conduite par Franck), Hucher venait de dérober le sac à main d'une passante. Circonstance aggravante, l'on découvrit sur eux de la drogue. Les deux jeunes gens furent incarcérés à la maison d'arrêt de Saint-Nazaire ; atteint d'artérite, Fontaine fut relâché à la mi-décembre 1982. Il avait, au départ, affirmé ignorer l'intention de son passager de commettre ce vol à l'arraché ; le coupable confirma d'ailleurs ses dénégations ; l'accusation de complicité ne fut pas retenue. Quoi qu'il en soit, l'on conviendra que cette conduite ait lourdement contribué à jeter la suspicion sur l'affaire de Cergy-Pontoise, partant, à conforter la version gépanesque d'un canular complaisamment claironnée par Jean-Claude Bourret.

Les méfaits de Jean-Pierre Prévost.

Last but not least, à cette « sale histoire » vient se greffer le « cas Prévost » qui s'étale sur deux périodes ; cas méprisable s'il en fut !

Première période : au printemps 1980, Prévost laissa tomber ses deux amis, fit cavalier seul, s'installa à Toulon pour créer une petite maison d'édition. Il publia d'abord une revue — *Le Grand Contact* — puis un livre reprenant ce titre, dans lequel il gommait purement et simplement Franck et Salomon, flétrissant mon ouvrage *Contacts OVNI Cergy-Pontoise*... Et ce en dépit du fait que, dans ce même livre, la « Lettre aux lecteurs » cosignée par lui et ses ex-amis, *rendait*

171

hommage à l'IMSA, à ses chercheurs et les remerciait chaleureusement.

Pendant un court laps de temps, Franck et Salomon, conciliants, oubliant ce « gommage », le rejoignirent à Toulon, firent avec lui quelques conférences, puis le trio éclata de nouveau, définitivement. Débarrassé de ces « gêneurs » dont la « médiocrité » ternissait son éclat, Jean-Pierre Prévost parvint à convaincre un petit nombre de jeunes gens (et très temporairement l'écrivain Roger-Luc Mary) de l'aider à propager la bonne parole, à savoir le message de Haurrio... bientôt revu, et corrigé par ses soins ! Effectivement, de conférence en conférence, le message initial s'allongeait, Prévost prétendant avoir des contacts réguliers avec cet être venu d'ailleurs. Pour mieux étayer sa position privilégiée et tirer ainsi la couverture à lui, il soutint avoir connu Haurrio bien avant l'enlèvement de Franck !

On pouvait lui accorder crédit : n'avait-il pas été initié au Tibet ? (Il devait s'y rendre le soir, en cachette et revenir aux aurores, car un tel séjour en territoire alors interdit par les Chinois devait lui poser des problèmes.) Les lamas ne lui avaient-ils pas enseigné l'art de redresser les bosses des carrosseries de voiture en s'intégrant à la matière pour en modifier la structure moléculaire[1] ? Fumant comme un pompier, il prétendait être immunisé : les lamas (pas les carrossiers, ignares en ce domaine) lui avaient appris comment neutraliser la toxicité de la nicotine ! L'expression familière « en boucher un coin » est insuffisante ; ces « révélations » en bouchèrent plusieurs à ceux qu'il honorait de ses confidences !

L'imprimerie, la maison d'édition varoise, les confé-

---

1. R.-L. Mary, qui à cet effet lui avait confié sa vieille Simca bosselée, dut constater après l'opération « magique » que les bosses étaient toujours là : les frontières du Tibet s'ouvrant au tourisme, il aurait peut-être une possibilité de recours, mais à quel lama s'adresser ?

rences périclitèrent. Les fournisseurs et les prêteurs — nombreux — en furent de leur poche. Le groupe de jeunes gens pleins de bonne volonté venus aider Prévost (abandonnant pour certains leur emploi) se retrouva quasi à la rue... et coresponsable de dettes non négligeables (plus de 40 millions de centimes), cependant que le gourou de Cergy émigrait prudemment en Bretagne. Cela après s'être fait confier toutes les économies d'une charmante et trop confiante vieille dame : Blanche Scounopoulos, à laquelle il avait promis de publier son manuscrit. L'infortunée déposa plainte, en pure perte. L'escroc ne fut pas poursuivi. Il est vrai que, vue de Toulon, la Bretagne, c'est presque aussi loin que le Tibet !

Lors d'une réunion des victimes de Jean-Pierre Prévost, nous avons méthodiquement enregistré sur bandes et vidéocassettes le récit de leur navrante mésaventure. Leurs témoignages sont édifiants. Ces malheureux se souviendront longtemps du bourbier dans lequel leur bonne foi et leurs aspirations idéalistes les ont précipités. Il va de soi qu'en cas de besoin, ces témoignages accablants détenus par l'IMSA seraient produits en justice si celle-ci devait être amenée à nous les réclamer.

Seconde période : après son équipée varoise, Jean-Pierre Prévost déguerpit donc en Bretagne, prend l'étiquette « écolo » et participe aux émissions d'une radio locale : Radio Korrigan. L'instituteur Patrick Marsili collabore à sa revue *Contact*. Grugé à son tour, il s'écartera de cet individu et, ultérieurement, fréquentera un temps 2 Mu Bêta. Pour Prévost, c'est la peau de chagrin : son « audience » décline. C'est intolérable : il faut faire quelque chose.

Il le fit...

En juin 1983, il accueillit Emile Bouchon, président d'AURIAU (pas l'Extraterrestre !), sigle désignant la très éphémère « Association pour l'Union de la

Recherche Internationale Aérospatiale et Ufologique ».
Muni d'un magnétophone, Emile Bouchon venait
l'interviewer, à l'approche du 15 août 1983. Il en eut
pour son argent !

Le Parisien libéré du 7 juillet 1983 consacra un article
(signé Didier Lemaire) aux « révélations » de Jean-
Pierre Prévost. Laissons à ce dernier la parole :

« J'affirme que l'affaire de Cergy est bidon du début
à la fin. J'en suis le seul responsable. C'est moi qui ai
tout organisé, tout monté. Je peux le prouver[1]. Franck
Fontaine a passé les huit jours de sa " disparition "
dans l'appartement d'un ami à Pontoise. C'est moi qui
l'y ai conduit et c'est moi qui l'ai ramené. Comment
peut-on imaginer des Extraterrestres venant enlever
un guignol[2] ? Grâce à cette affabulation, *j'avais un
public* [c'est moi qui souligne, JG]. C'était une manière
de rassembler les gens pour leur faire passer *mon* [c'est
moi qui souligne, JG] message [...] Sachant que les
gens se désintéressent des religions traditionnelles et
qu'il leur faut un support, j'ai pensé aux Extraterrestres. »

Le journaliste conclut en ces termes :

« Ce que ne dit pas Jean-Pierre Prévost, c'est qu'il a
prudemment attendu plus de quatre ans avant de
parler. Au-delà de trois ans, en effet, il y a prescription
en ce qui concerne " l'outrage à magistrat ". »

Peu après la parution de cet article, je reçus la visite
d'Emile Bouchon qui me remit le repiquage de l'interview citée plus haut. En écoutant cet enregistrement,
on constate rapidement que le verbiage de Prévost,

1. Il n'en a rien fait, mais cette affirmation gratuite a amplement
suffi aux médias et aux groupuscules ufologiques « anti » pour
claironner de plus belle : « Tout est bidon ! » Notamment le micro-
groupe « Control » animé par Michel Piccin, furieusement hostile à
l'IMSA. Présenté comme le *nec plus ultra de l'ufologie*, « Control »
mourut de sa belle mort après avoir très peu vécu mais beaucoup
sévi...
2. Touchante amabilité envers Fontaine qui fut son ami !

intarissable, est bien celui d'un bonimenteur de foire. Pendant un quart d'heure, il se gargarise de paroles, vomit sur les ufologues en général et moi-même en particulier, volubile, rigolard, gouailleur. Et presque sans transition, après ce persiflage, il déclare sur un ton léger que l'affaire était « bidon » !

Ce démenti — visant une fois de plus à faire parler de lui : n'a-t-il pas « son » message à « faire passer » ? — me paraît aussi recevable que son « initiation » au Tibet, chez les lamas débosseleurs de carrosseries !

Le 2 août 1983, j'adressai une mise au point au *Parisien libéré*, résumant ce qui précède et précisant :

« De nombreuses enquêtes d'organismes privés, tels que l'IMSA, de par le monde, nous ont conduits à constater un fait déroutant : les cas de contacts avec des " Intelligences du Dehors ", parmi les plus fantastiques, recèlent souvent en eux les germes de leur propre autodestruction [...] Il semble que les ET, orchestrateurs de ces contacts, font en sorte de manipuler les contactés afin qu'ils commettent des erreurs, parfois des actions critiquables, jetant ainsi le discrédit sur leur aventure. Le but des ET est que l'on parle d'eux — de façon positive ou négative — mais que l'on en parle de plus en plus afin qu'insensiblement, la notion même des Extraterrestres entre dans les mœurs et s'ancre dans le psychisme des humains. C'est là une habile (mais irritante) mise en scène visant à nous préparer à un contact " global ", même au prix de contacts individuels antérieurs jalonnés d'absurdités, d'invraisemblances.

» Le message de Haurrio véhiculé par le trio de Cergy-Pontoise annonçait un contact public le 15 août 1980 à Cergy ou ailleurs ; si ce contact n'avait pas lieu, il serait reporté au 15 août 1983 [...] Malgré l'aveu de canular du sieur Prévost, de très nombreuses personnes m'ont téléphoné, nullement convaincues de ses déclarations et résolues à se rendre à Cergy le 15 août 1983.

» Par le truchement des présidents régionaux d'IMSA-COR France, nous avons informé nos membres sur ce point : *nous ne donnons aucune consigne de rassemblement à Cergy, persuadés qu'il ne se passera rien de perceptible ce jour-là...* même si nos " visiteurs " observent le secteur à bord de leurs vaisseaux en état d'invisibilité. Cette aptitude technique fera s'esclaffer les scientistes, tout comme s'esclaffèrent leurs homologues du passé devant les talents de " ventriloque " de Thomas Edison ou les " rêves délirants " des frères Wright aux USA, superbes imbéciles prétendant avoir mis au point un " plus lourd que l'air capable de voler " ! [...] Nous attirons tout particulièrement l'attention des médias, de la presse, sur les dangers du black-out officiel et de l'autocensure que s'imposent parfois les rédactions des journaux. On monte en épingle les cas d'observation réputés anodins, ou telle ou telle mauvaise interprétation de la part des témoins et l'on passe sous silence les événements spectaculaires... »

Ces extraits démontrent sans erreur possible que l'article était clair et ne pouvait prêter à confusion. Or, *Le Parisien libéré* du 10 août écrivait notamment : « Il paraît même que " Harrio " [*sic*], cette créature venue du dehors, aurait prévu de revenir le 15 août 1983 à Cergy [...] Et Jimmy Guieu, président fondateur de l'INSA [*sic*] *d'affirmer qu'après tout, il n'est pas impossible qu' " Harrio " [re-sic !] soit au rendez-vous.* » Car « si Jean-Pierre Prévost s'est rétracté, c'est parce que les contacts avec les " Intelligences (du Dehors ", oublié au passage !) recèlent le plus souvent en eux les germes de leur propre autodestruction ». « Traduisez : Prévost s'est rétracté " pour tromper l'ennemi " et le rendez-vous fixé au 15 août aura bien lieu. »

Outré par la façon dont mon texte avait été traficoté

au point de me faire dire exactement le contraire de ce que j'avais écrit, je téléphonais à la rédaction et obtins un M. André Bloch qui me promit de publier un rectificatif *avant le 15 août.* Ce fut seulement le 17 qu'un article parut, annonçant qu'il ne s'était rien passé à Cergy et précisant (un peu tardivement) : « Pas de surprise pour Jimmy Guieu, président-fondateur de l'IMSA (Institut Mondial des Sciences Avancées), qui n'avait donné aucune consigne de rassemblement. Nous sommes persuadés qu'il ne se passera rien le 15 août, avait affirmé M. Guieu, même si nos " visiteurs " observent le secteur à bord de leurs vaisseaux en état d'invisibilité. »

Voilà bien une façon assez surprenante de traiter l'information.

Celui par qui le scandale arrive...

Le « scandale » est bien imputable aux « révélations » de Prévost, mais c'est Emile Bouchon qui les diffusa, reprises dans *Le Parisien libéré.* Connaissant l'individu, Emile Bouchon aurait été bien inspiré de faire montre de prudence, d'attirer l'attention des auditeurs et des journalistes sur le changement de comportement dudit Prévost après la sortie de mon ouvrage. Ses « aveux » fort tardifs se devaient donc d'être pris avec une méfiance extrême.

Le 15 août 1983 à Cergy-Pontoise.

Le staff de l'IMSA fut d'accord : il était exclu que nous participions au rassemblement attendu. Si l'on nous y avait vus, nul doute que les journalistes auraient signalé notre présence et conclu, par extension, que l'IMSA « présidait » à cette attente des ET...

dont nous avions la certitude qu'ils ne « débarque-
raient » pas !

Nous avons cependant mis à profit ce rassemblement
pour nous réunir — discrètement ! — chez notre ami
Philippe Fitousi, à Cergy-Pontoise, envahissant son
appartement transformé pour vingt-quatre heures en
centre de briefing permanent. Six récepteurs radio nous
fournissaient les informations horaires sur six stations
différentes. Un « opérateur » par station notait les
éléments intéressants, les commentaires, généralement
ironiques. Un poste CB en « fixe » nous relayait constamment avec le *push-pull* (voiture, codification cibiste)
d'un itinérant.

A la station fixe, chez l'ami Fitousi, se trouvaient donc
réunis divers membres d'IMSA-COR de la région parisienne. Nous avons eu la joie de retrouver Salomon
N'Diaye, qui passa la journée avec nous et se montra
particulièrement indigné des prétendues révélations de
Jean-Pierre Prévost. « Ce que nous avons vécu, nous
déclara-t-il, la disparition de Franck dans une sphère de
lumière, son retour après huit jours, exactement
comme tu le relates dans ton livre, nous l'avons
réellement vécu ! Ce ne sont pas les divagations mensongères de Jean-Pierre qui effaceront cet épisode de
notre vie. Son soi-disant copain chez qui il insinue avoir
caché Franck n'existe que dans son imagination. »

Nous reçûmes aussi Emile Bouchon. A ce moment, la
TV diffusait en direct la visite du pape à Lourdes, le son
mis en sourdine pour permettre à nos « opérateurs » de
suivre les informations radio sur diverses stations et de
dialoguer périodiquement avec la CB mobile.

Quelqu'un parmi nous, devant le petit écran montrant le pape dans l'immense foule de Lourdes, rappela
l'attentat dont il avait été victime à Rome. Un fou
criminel ne risquait-il pas de rééditer le drame précédent ?

Emile Bouchon eut alors cette remarque aberrante :

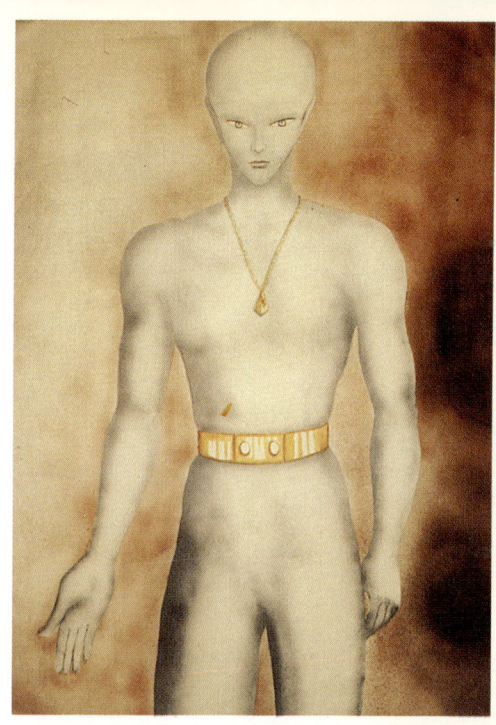

io de Janeiro, 1980, Herminio et Bianca, deux célè-
res contactés brésiliens, fréquemment enlevés à bord
un vaisseau extraterrestre. Herminio désigne le por-
ait de Karran, l'humanoïde rencontré lors de leurs
lèvements.

Haurrio, cet humanoïde popularisé par l'affaire de
Cergy-Pontoise, eut divers contacts, antérieurs, avec
d'autres Terriens. Tableau fidèlement exécuté par le
peintre Sabine Mangin lors de l'enquête. (Ph. J.
Guieu.)

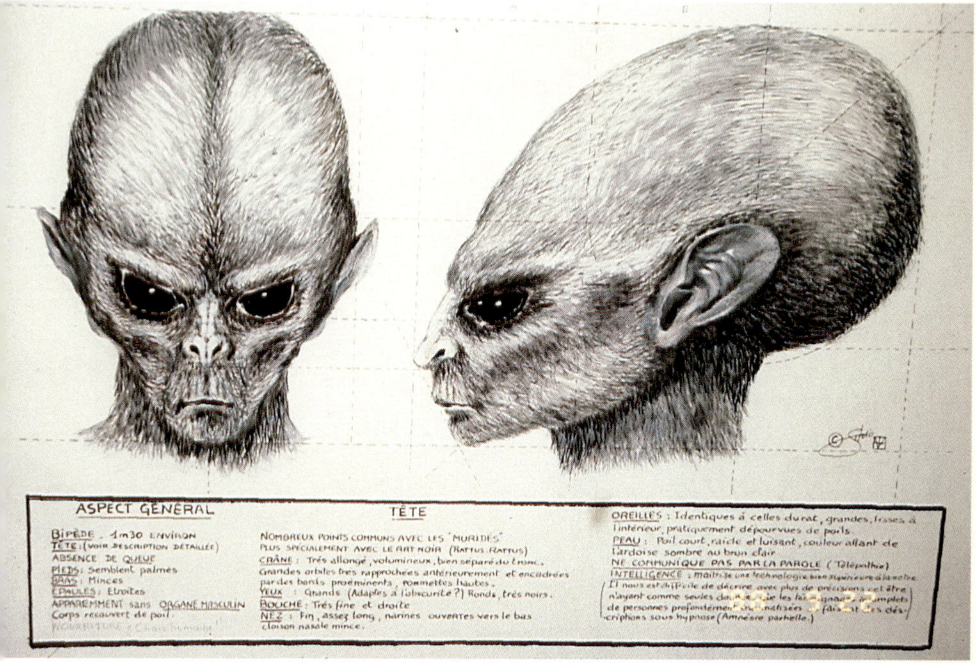

ASPECT GÉNÉRAL	TÊTE	

BIPÈDE : 1 m 30 ENVIRON.
TÊTE : (VOIR DESCRIPTION DÉTAILLÉE)
ABSENCE DE QUEUE
PIEDS : Semblent palmés
BRAS : Minces
ÉPAULES : Étroites
APPAREMMENT sans ORGANE MASCULIN
Corps recouvert de poil
COUVERTURE : Chair humaine

NOMBREUX POINTS COMMUNS AVEC LES "MURIDÉS"
PLUS SPÉCIALEMENT AVEC LE RAT NOIR (Rattus Rattus)
CRÂNE : Très allongé, volumineux, bien séparé du tronc.
Grandes arêtes très rapprochées antérieurement et encadrées
par des bords proéminents, pommettes hautes.
YEUX : Grands (Adaptés à l'obscurité ?) Ronds, très noirs.
BOUCHE : Très fine et droite
NEZ : Fin, assez long, narines ouvertes vers le bas
cloison nasale mince.

OREILLES : Identiques à celles du rat, grandes, fossés à
l'intérieur, pratiquement dépourvues de poils.
PEAU : Poil court, raide et luisant, couleur allant de
l'ardoise sombre au brun clair.
NE COMMUNIQUE PAS PAR LA PAROLE (Télépathie)
INTELLIGENCE : Maîtrise une technologie bien supérieure à la nôtre
Il nous est difficile de décrire avec plus de précisions cet être
n'ayant comme seules données les fragments, incomplets
de personnes profondément choquées ... fais ... es descriptions sous hypnose (Amnésie partielle.)

BE velu, portrait-robot réalisé par Silvio Usaï d'après la description de Luli Oswald, enlevée au Brésil par
s créatures «inamicales».

Le vaisseau du lac Titicaca (plan général et agrandissement) photographié le 18 avril 1980 par un magistrat français, ancien bâtonnier.

L'étrange « voyageur » du métro de Montréal (avril 1976) dessiné par le témoin Linda H... Cet « homme » à la démarche saccadée, aux paupières d'un gris métallisé (que les voyageurs puis les gens de la rue ne semblaient pas voir), regardait son entourage, la circulation automobile, avec une sorte d'incrédulité effarée !

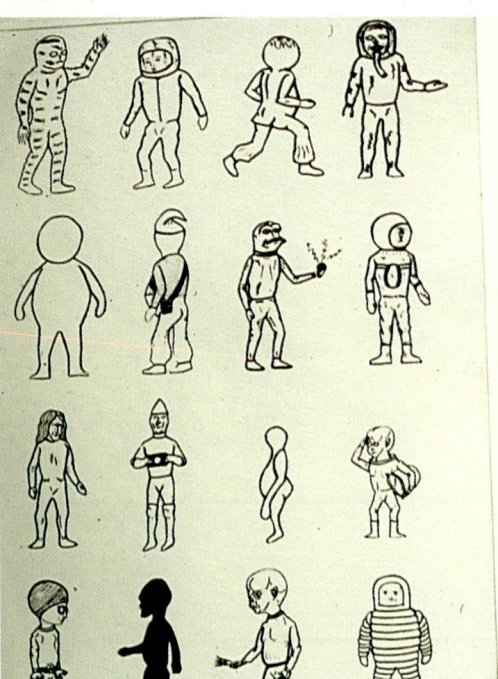

Le mystérieux trou de Begnins (Suisse) : une nuit, 100 mètres cubes de terre disparurent de ce champ qui ne porte aucune trace de véhicule excavateur ! (Ph. Helmut Schaffer et Guy Thébault.)

Les deux couples contactés et le véhicule de 2 Mu Bêta. Noter l'inscription « Apocalypse 1984 ». (Ph. J. Guieu.)

A. 2 Mu Bêta sur l'aire plane de Châteauneuf-lès-Moustiers où eut lieu l'une des nombreuses rencontres av Haurrio. (Ph. J. Guieu.) *B.* Grandioses et sauvages, les gorges du Verdon où les ET rencontrés par 2 M Bêta posséderaient une base.

Dans les années 70, en Suisse alémanique, un ovoïde de métal se posa près d'une rivière : un ornitholog amateur put le photographier. Au développement, c'est une créature anthropomorphe ailée qui apparut (Cliché aimablement communiqué par Totaris et la Fondation Ark'All.)

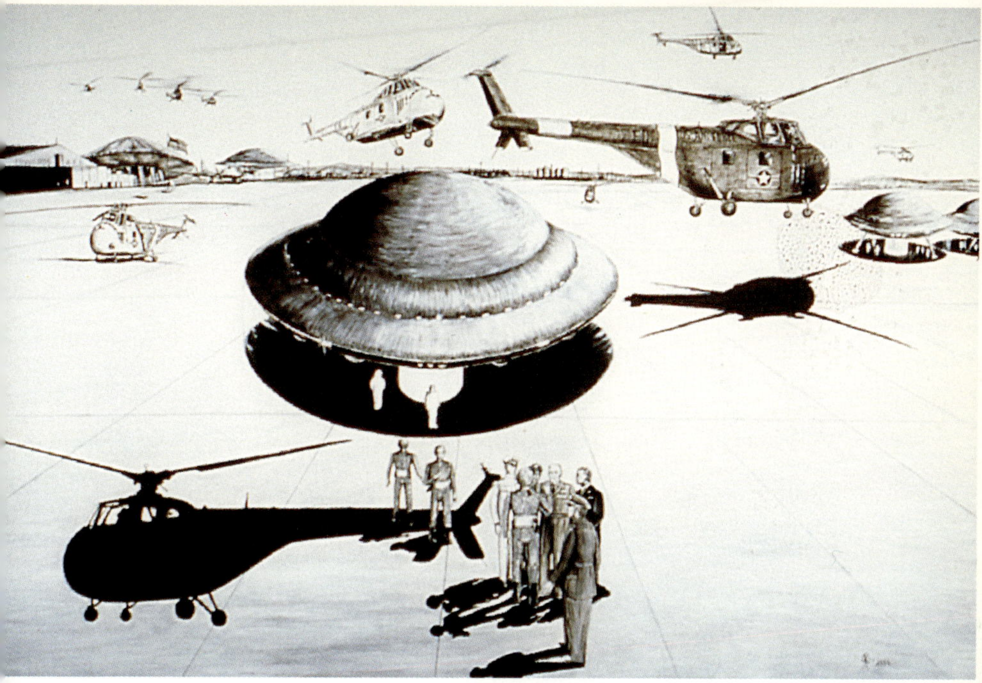

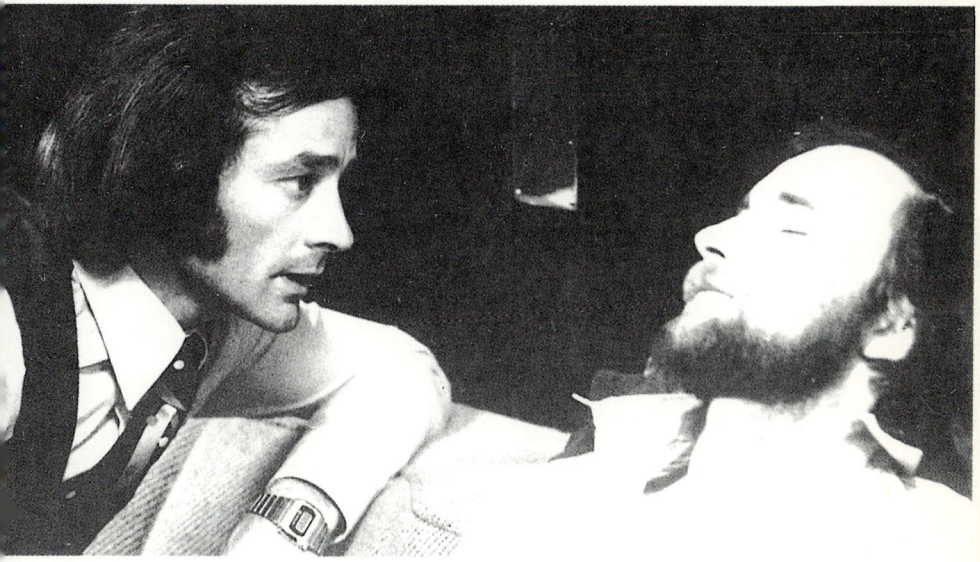

Mi-avril 1954, Edwards Air Force Base (Californie, USA). Le président Eisenhower et d'autres personnalités rencontrent des Extraterrestres ayant notre apparence ; une mission pacifique venue offrir son aide aux Terriens... qui repartit avec le conseil de revenir dans trente ans ! (Tableau et poster réalistes de Roger Roux.)

Daniel Huguet, l'un des hypnotiseurs de l'IMSA, hypnotisant Jean-Pierre Prévost, devenu un bien triste sire après l'affaire de Cergy-Pontoise.

A. et *B*. Fin septembre/début octobre 1979, M. Christian Spinart photographie cet étrange objet au télescope. Visible durant plusieurs jours, sa forme variait d'une nuit à l'autre. (Enquête CEOSE/René Voarino.)

Agrandissement de l'un des aspects de l'engin précédent : dimension estimée à 8 000 mètres !

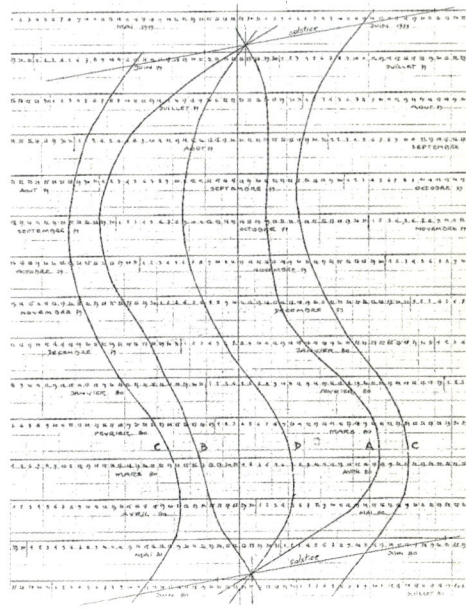

L'ingénieur Alexandre Laugier et la première version de son détecteur d'OVNI, opérationnel dans un rayon de 900 kilomètres. (Ph. J. Guieu.)

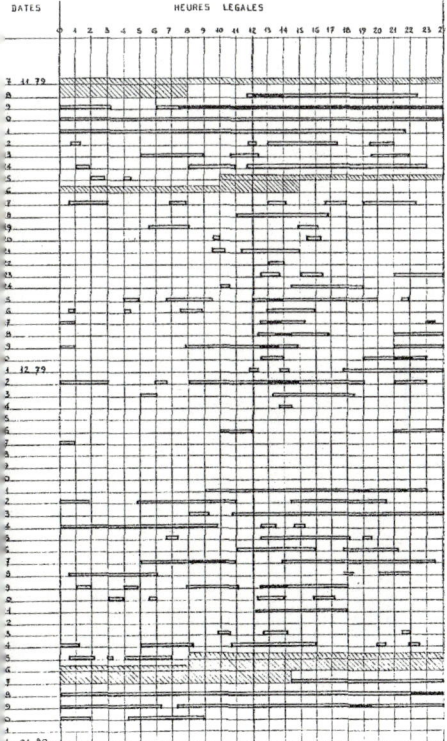

Graphique détecteur A. Laugier établi uniquement en fonction des jours : la courbe « B », effectivement, recoupe les résultats précédents et désigne là aussi le 26 novembre 1979.

Graphique en fonction des jours et heures obtenu à partir des relevés du détecteur A. Laugier. L'Effet α (présence perturbatrice) apparaît nettement de 4 heures à 4 h 30 le matin du 26 novembre 1979... coïncidant avec l'enlèvement de Franck Fontaine à Cergy-Pontoise !

РИШЕЛЬЦЫ ?...

...МИР САВРАН — ПРОФЕССИОНАЛЬНЫЙ
...ЖУРНАЛИСТ, РАБОТАЕТ В ЧЕРНОБЫЛЕ
...ГОДА, БЫВШИЙ ПРИПЯТЧАНИН. УФОЛОГИЕЙ
...ГДА НЕ УВЛЕКАЛСЯ И В НЛО НЕ ВЕРИЛ...
...НЕ ОБНАРУЖИЛ ЕГО НА СВОЕМ НЕГАТИВЕ.
...ФОТОМАТЕРИАЛОВ ИСКЛЮЧАЕТ ПОЛНОСТЬЮ.

вное право на снимок принадлежит ете «Эхо Чернобыля».

СЕНСАЦИЯ РОЖДА- ЛАСЬ ТАК

Владимир был на станции утром после пожара, снимал много, но остался недоволен своими снимками. Решил снова вернуться к месту аварии. 16 октября он лазил среди обгоревшего желе- зобетона под завнсшей арматурой и балками.

А на следующий день мы рассматривали в редакции привезенные им фотографии. И эту...

Действительно, что-то висит в небе. Это очень похоже на НЛО, какими их чаще всего описывают очевидцы: эллипсоид, на поминающий детский волчок, в середине — светлый круг... Одним словом, «летающая тарел- ка»...

OVNI sur Tchernobyl. (Extrait d'un magazine soviétique.)

RTHCOASTER

Recommended Price for Newsagents Only - 20c Vol.3 No.5

...vertising: 21 9628 Fax: 21 8062   Registered as a publication by Australia Post NAC 892...

World Takeover Imminent

One World Economic Order "Satanic Movement"

A world government by 1992 and a depression, far worse than that of the 1930's, starting "as earl... as Christmas, if not before" were predicted by political activist Mr Jeremy Lee in Lismore on Monda... night. Mr Lee, who claims that his movement has the support of 2/3 of the electorate, addressed a... audience of 60 people at Lismore High School.

The one world government would be established in 3 stages, delineated at the "communist conference of 1936". The first stage is the socialisation of economics of all nations, the second, the establishment of regional unions, and the third, the amalgamation of the regions.

A "satanic movement, whether you call it Illuminist, Zionist or New Age" is the "power behind the power", Mr Lee claimed.

Mr Lee's outline for the establishment of a one world economic order traces back to the planning of the 1917 Russian Revolution, which "actually took place in the United States".

The agent of this movement in Australia is a government committed to structures such as the Closer Economic Relations (CER) agreement with New Zealand, and motivated by a humanist, unchristian and undemocratic philosophy. The CER agreement mirrors the establishment of the larger trading blocs such as the EEC, and the trilateralist concept of a trading bloc composed of the United States, Japan and Europe, (of which George Bush is an adherent), and falls within the guidelines of the "1936 Communist Conference".

LATTER END OF REVELATION

All these things, says Mr Lee, leave no onion

but to 'realise that the movement to a one world economic order is well under way. The time is indeed critical. When questioned later in the evening, Mr Lee said that he believed we were "right at the latter end of Revelation".

Weaving a complicated mesh of events and processes which most of us would not have the perception to interconnect, Mr Lee slipped gently from topic to topic, constructing a truly alarming picture. The audience was led by his softly spoken, gentle oratory, from the Russian revolutionary days, through the international gold market, with its Russian, South African and European banking connections, to the Cuban involvement in Angola, and the global Soviet Empire, stretching "from Managua to Hanoi".

He led us through the Pacific, via the Russian base at Cam Ran Bay, and we learned that the Soviet union is responsible for all unrest in the area, from the Phillipines through Papua New Guinea to the Pacific Island States such as Vanuatu. The Pacific Island States are currently being

Continued Page 3

Jeremy Lee in Lismore

Funkwits And Friends To

« Prise du pouvoir imminente par le "Nouvel Ordre Mondial" » (cf. *North Coaster*, Australie - mars 1989).

— Vous y étiez ? Quelle preuve avez-vous que l'attentat de Rome était bien réel ?

Nous n'avons pas compris la raison de cette réaction... déraisonnable et nous sommes demandé pourquoi Emile Bouchon n'avait pas accueilli avec le même scepticisme les « aveux » de Jean-Pierre Prévost... Qu'a-t-il gagné, Emile Bouchon, à propager ces nouveaux mensonges de Prévost ?

Depuis le matin (certains arrivèrent même la veille au soir), la foule grandissait sur le terrain, près du poste de transformation du courant et de l'ex-champ de choux, à Cergy. Un rassemblement estimé à près de mille personnes, alors que les médias — Jean-Claude Bourret en tête — annonçaient seulement quelques centaines de « curieux » ou de « farfelus » ! Ainsi que nous nous y étions attendus, les Extraterrestres ne débarquèrent point et, passé 22 ou 23 heures, la majeure partie des personnes rassemblées là (plusieurs venues de Belgique, de Hollande, de Suisse, du Luxembourg) s'en alla, avec un sentiment de déception que l'on imagine sans peine. Vers 23 h 30, nous nous sommes séparés, avons pris congé de Philippe Fitousi. Sur le terrain ne restaient plus que cent ou deux cents personnes, les irréductibles, ceux qui voulaient encore espérer, malgré les sarcasmes et l'ironie de certains commentateurs.

Mea culpa! Ces irréductibles ont eu raison et leur patience fut récompensée. Il n'y eut point d'atterrissage de vaisseaux, certes, mais ceux-ci firent tout de même la démonstration de leur présence.

Parmi ces témoins figuraient M. J.-J. L..., son épouse et leur fils, venus des Ardennes. J.-J. L..., le 19 août 1983, m'adressa une longue lettre dactylographiée, accompagnée d'un rapport rédigé dans un style agréable, pondéré, tout à l'opposé d'un « m'as-tu-vu » cherchant à se faire valoir.

Ce rapport, en voici de larges extraits :

« ... J'étais présent à Cergy-Pontoise (avec ma femme et mon fils) et, s'il ne s'est effectivement rien passé le 15 août 1983 à 21 h 00 (heure locale) *il y a eu quelque chose d'étrange à 21 h 00 (heure solaire), c'est-à-dire à 23 h 00, heure locale.* Bien entendu, la presse, la radio et la télévision, qui n'ont pas manqué de tourner la chose au ridicule, n'étaient plus là à 23 h 00, et même s'ils étaient restés, je ne pense pas qu'une information objective s'en serait suivie [1] [...] Je n'ai communiqué ce compte rendu ni fait de déclaration à aucun autre organisme (officiel ou non), ni même à la gendarmerie [...] Cependant, je vous laisse libre de publier ce compte rendu si vous le jugez utile. [...] L'ambiance était vraiment calme malgré le fond de nervosité, ou plutôt de gravité que tout le monde semblait ressentir. Une chose m'a cependant fort étonné : c'est que malgré les cinq cents à mille personnes qui pouvaient être là, il n'y a pas eu un seul moment de chahut, pas de plaisanterie (si ce n'est à la radio). [...] J'ai également remarqué qu'un avion (couleur sombre) a tourné tout l'après-midi dans le ciel au-dessus de nous, mais en décrivant de très grands cercles débordant largement l'endroit où nous étions. Je suis incapable de préciser s'il s'agissait d'un avion militaire ou civil, mais on aurait dit un avion de reconnaissance.

» [...] 23 h 00 (heure locale), 21 h 00 (heure solaire). [...] Je regardais (avec d'autres) en direction de la centrale EDF, c'est-à-dire approximativement vers l'ouest (là où le soleil s'était couché) quand j'ai vu, en même temps ou presque que tous ceux qui étaient là, un point lumineux qui, a priori, aurait pu être pris pour une étoile, car il était à peine plus brillant et à peine plus gros qu'une étoile. Mais là où je n'ai plus compris, *c'est lorsque cette " étoile " a fait mouvement d'ouest vers l'est* (approximativement car je n'avais pas

---

1. Je partage pleinement l'avis de J.-J. L...!

de boussole) à une vitesse nettement plus rapide que le Concorde ou les autres avions que j'avais pu apercevoir auparavant [c'est-à-dire durant la journée et la soirée, JG]. Elle a traversé le ciel, mais je suis incapable d'apprécier la hauteur à laquelle elle se trouvait.

» Cependant, ce qui a attiré l'attention de tous, ça n'est pas tellement la vitesse à laquelle cette " étoile " (filante ou non !) se déplaçait, mais la manière dont elle se déplaçait : tout en suivant une direction qui (d'après moi) allait d'ouest en est, elle se déplaçait presque selon la théorie du mouvement brownien : *un déplacement désordonné, un peu en zigzag,* STOPPANT PARFOIS *pour repartir de plus belle, mais toujours en suivant le même axe, puis disparaissant dans le ciel.*

» Les gens parlaient un peu plus à nouveau, mais l'ambiance était toujours très calme, même au niveau des divers commentaires. Quelques instants plus tard, le même phénomène s'est reproduit ; on aurait pu croire qu'un avion (volant nettement plus vite que le Concorde) aurait accroché à sa queue un cerf-volant lumineux et qu'on ne voyait que ce cerf-volant, sous la forme du point lumineux décrit plus haut. Mais si cela était, je conçois mal un avion stoppant net en plein vol, amorçant une marche arrière, repartant en avant instantanément et volant en zigzag et, qui plus est, sans feu de position ! Le vol était saccadé et lorsque le point lumineux stoppait (toujours un très court instant), il repartait en reprenant sa vitesse initiale instantanément, sans qu'on ait l'impression d'une accélération.

» D'autres phénomènes identiques sont apparus ensuite [...] Les personnes qui étaient encore présentes (il y en avait probablement deux cents à trois cents si ce n'est plus) ont vu exactement la même chose. Personnellement, j'ai compté environ une dizaine de ces points lumineux. Le ciel (à partir d'environ 23 heures [heure locale] a été quadrillé par une dizaine de ces points lumineux se déplaçant à grande vitesse, par saccades et en zigzag (un peu, parfois, comme on fait de la godille en ski) mais pratiquement toujours en suivant un axe donné (ouest-est ou nord-sud).

» [...] Enfin, un autre point lumineux (en plus des autres) est apparu dans la direction de la centrale EDF (soit à peu près à l'ouest) et semblait descendre vers le sol, toujours par saccades et en zigzaguant, mais *il s'est stabilisé* à peu près à mi-distance entre l'horizon et une étoile (celle-là réelle) que je n'ai pas su identifier. Mais, contrairement à l'étoile, le point lumineux ne restait pas immobile longtemps ; on avait l'impression qu'à intervalles réguliers, il lui fallait bouger ; il décrivait de petits cercles, toujours en mouvement saccadé, puis se stabilisait pour recommencer ensuite.

» A plusieurs reprises, au cours de ces observations, je me suis mis à fixer les étoiles pour voir si, au bout d'un certain temps, je n'avais pas l'impression de les voir bouger de la même façon (la fatigue des yeux, peut-être ?). Je n'ai cependant jamais réussi à faire en sorte qu'une étoile finisse par décrire de petits cercles en mouvements saccadés, quel que soit le temps d'observation ; tout au plus, je finissais par apercevoir un léger flou lorsque les yeux commençaient à me piquer, mais cela disparaissait dès que je clignais des yeux[1]. A un moment donné, à la verticale de l'endroit où nous étions et haut dans le ciel, j'ai vu un point lumineux qui semblait descendre vers nous (avec toujours ces mêmes mouvements saccadés en zigzag) mais, chose curieuse, au fur et à mesure qu'il se rapprochait, je ne le voyais pas grossir et j'avais pourtant bien l'impression de le voir se rapprocher.

---

1. Cet « exercice » que s'imposa le témoin prouve son objectivité, sa probité intellectuelle, son désir d'éliminer toute possibilité de mauvaise interprétation de ce phénomène. Un comportement bien éloigné de celui d'un exalté !

» J'ai pu suivre ces phénomènes jusqu'à minuit, heure à laquelle j'ai pris le chemin du retour. Mon épouse et moi serions restés volontiers encore un bon moment, mais mon fils (huit ans et demi) était fatigué et aussi peu rassuré par ce qu'il voyait, malgré les paroles apaisantes de nos voisins immédiats et de nous-mêmes. Nous ignorons donc — au moment où j'écris ce compte rendu (mardi 16 août 1983 en soirée) — si après minuit (heure locale), le 15 août 1983, il y a eu d'autres événements, car il est bien entendu que je ne relate ici que ce que j'ai pu observer moi-même et non pas ce que j'ai pu entendre raconter autour de moi. En conclusion, je ne prétends absolument pas avoir vu des " soucoupes volantes ", des " Extraterrestres ", ou toutes autres choses d'appellation purement journalistique, mais simplement ce que j'ai décrit plus avant du mieux que je le pouvais, car je ne suis ni écrivain ni journaliste ! [...] »

La description de ce phénomène est suffisamment claire pour qu'on puisse écarter d'entrée l'hypothèse « étoiles filantes » que ne manqueront pas d'avancer les rationalistes... oubliant volontiers que la course de ces minuscules météorites est uniforme. Pas plus qu'un boulet de canon, une météorite ne peut stopper, décrire un cercle, repartir, zigzaguer, avancer par saccades. En revanche, ces figures, ces mouvements erratiques ne sont pas rares chez les « soucoupes volantes » et il n'est pas du tout déraisonnable de penser que nos visiteurs, à défaut d'atterrir, ont voulu cette nuit-là nous offrir une démonstration de leur présence. Ce qui hélas ne remplace pas le « débarquement » annoncé !

ET : un comportement très étrange.

Répétons-le (et de nombreux exemples dans ce livre le confirment), les ET, lors des contacts avec les humains, ne se privent pas de leur « faire du cinéma », de mêler le vrai au faux, de leur promettre de revenir... Promesse rarement tenue. Nous cherchons à comprendre ce comportement déroutant. Un test ou un jeu (cruel) peut-être ? Une mise en condition en prévision d'un contact futur *généralisé,* cette fois ? Quitte à lasser ceux qui ont foi en ces visiteurs, mais qui n'en continueront pas moins à parler d'eux, à se faire leurs propagandistes, partant à jouer leur jeu sans le savoir. Ainsi entretiendront-ils la certitude de leur existence, par ailleurs avérée à la faveur d'innombrables observations de leurs vaisseaux, fondamentalement différents de tous ceux que nous possédons.

Un formidable conditionnement préludant à un événement intéressant la Terre entière ? Absurde ?... Voire ! Aussi absurde que les « rumeurs » qui circulaient en France, en 1939, sur la présence d'une « Cinquième Colonne » ennemie, ce dont souvent l'on se moquait alors qu'elle était partout et préparait l'invasion nazie !

Le contexte a changé ; nous ne sommes pas menacés par une invasion cosmique (c'est ce que l'on croyait jusqu'en 1988 ! Voir les annexes), mais des entités « extérieures » se manifestent et prouvent surabondamment qu'elles s'intéressent à nous...

Mensonges et vérités autour de Franck Fontaine.

A son propos et suite aux déclarations fantaisistes de Jean-Pierre Prévost, Franck Fontaine m'appela peu après et je l'interrogeai sur les « aveux » de Prévost. Avec sa verve habituelle, il me répondit à peu près ceci :

— Il est fou, ce mec ! Je n'arrive pas à comprendre ce qu'il attend d'un tel bobard. Ça ne lui suffit pas, toutes les emmerdes que nous avons eues en disant la vérité ;

maintenant, il débloque complètement en prétendant avoir tout inventé ! Parole, en trahissant comme il le fait le message d'Haurrio, il va un jour ou l'autre déguster. Tant de braves types ont espéré, cru en ce message et maintenant, ils doivent être paumés, découragés. C'est dégueulasse ! Il n'avait pas le droit de faire ça.

Je retrouvais chez Franck la même indignation que chez Salomon, le même écœurement devant ce nouveau mensonge, la même peine de savoir un si grand nombre de personnes attristées, déroutées par une telle dose de cynisme, voire d'inconscience.

Haurrio « déborde » l'affaire de Cergy-Pontoise.

Premier cas

La revue *LDLN (Lumières dans la nuit)* n° 206 de juin-juillet 1981 (reproduisant une déclaration faite au groupe CERPI qui oublia de la dater) rapporte une observation faite le mardi 30 septembre 1980 à Clazay (Deux-Sèvres) entre 16 h 15 et 16 h 30. Ce jour-là, Mme X... (qui ne s'intéressait absolument pas à la SF ou aux OVNI) observa pendant cinq minutes, à faible distance, un objet lumineux ovale : diamètre 1,40 mètre sur 0,50 mètre de haut, lequel émettait un fuseau de lumière orange « qui en sortait et revenait comme un piston ». L'engin tournait lentement autour du puits de la cour de l'école. Mme X... entendit alors une voix retentir comme un écho, prononçant le mot « ORIO » (orthographe phonétique). Angoissée jusque-là, elle se sentit alors « décrispée » mais éprouva une sensation d'engourdissement et eut mal à la tête.

Encore sous le choc, elle rentra chez elle pour constater, à 17 h 30, que les ampoules électriques étaient grillées et qu'il y avait une panne de courant. Celui-ci revint vers 18 heures et fut de nouveau coupé à 23 heures.

Vers 20 heures, Mme X... constata, extrêmement surprise, qu'un vieux réveil, complètement hors d'usage et se trouvant parmi les jouets des enfants, s'était remis à fonctionner normalement. A 23 heures, sitôt le courant électrique rétabli, le réveil arrêta son tic-tac définitivement...

Cette dame qui ne s'intéressait, je le rappelle, ni à la SF ni aux OVNI ne peut donc passer pour une fanatique du phénomène. Soulignons aussi la composante « psi » induite dans le psychisme du témoin par l'engin : le réveil hors d'usage se remet à fonctionner. L'on connaît d'innombrables exemples analogues provoqués par les pouvoirs supra-normaux d'Uri Geller.

Deuxième cas
LDLN n° 231-232, septembre-octobre 1983.
Le 26 décembre 1960, vers 2 heures du matin, dans la forêt de Canteleu (Seine-Maritime), M. X... et son frère roulent à bicyclette. A quelques mètres de la route, ils aperçoivent un objet rond ou ovale, métallique, très brillant, couleur aluminium. Le frère s'enfuit, paniqué, mais M. X... observe l'engin doté de quatre pieds posés dans la neige. Une sorte de bras articulé équipé d'une lumière émergeait de l'appareil. Le faisceau lumineux se dirigea sur le visage du témoin qui fut alors paralysé. Cette lumière bleu-violet (diamètre environ quinze centimètres) lui envoyait un « fluide » qui le parcourut de la tête aux pieds, mais il put observer une trappe s'ouvrir devant le petit vaisseau et laissant filtrer un jet de lumière vive vers l'extérieur. Une ombre indistincte pénétra dans l'habitacle et le module s'éleva, provoqua un tourbillon de neige. L'engin s'étant éloigné, le témoin recouvra l'usage de ses membres et rentra chez lui. Le lendemain, avec son père et son épouse, il découvrit à l'endroit de l'atterrissage que le sol était carbonisé sur un diamètre de quatre mètres ; on distinguait quatre trous de trente

centimètres de profondeur sur quarante centimètres de diamètre.

En 1982 *(soit vingt-deux ans plus tard)*, L. Jean et J.-L. Leridant, de *LDLN*, reprennent l'enquête et demandent par téléphone au témoin de retourner sur les lieux. Ce qu'il fit en compagnie de son épouse, laquelle déclare *(inquiète de le voir incapable d'approcher)* : « Il est revenu tout pâle, blanc comme un linge ; j'ai bien vu qu'il s'était passé quelque chose. » Laissons l'enquêteur L. Jean et J.-L. Leridant décrire leurs investigations :

« Nous avons accompagné M. X... qui marquait une certaine anxiété à y retourner, mais s'est prêté gentiment à l'expérience, pour nous prouver sa bonne volonté. Il s'est approché de l'endroit de l'atterrissage, marchant entre nous. Soudain, ses jambes ont brusquement fléchi et se sont mises à trembler ; ses mains, devant lui, poussaient une " vitre " invisible ; son visage a marqué quelques secondes une expression de douleur vive et il a commencé à pleurer. A aucun moment il n'a pu franchir cette " vitre ", selon ses propres termes. Il nous a dit sentir à nouveau le même fluide que lorsque le " gyrophare " était braqué sur lui le 26 décembre 1960 *et voir au sol, à l'endroit de l'atterrissage, un triangle éclairé d'une lampe orange à chaque angle (que nous ne voyions pas nous-mêmes, bien sûr)*.

» Trois fois, M. X... est venu avec nous. Lors de la dernière, il a accepté, à notre demande, de venir sur les lieux et de tenter l'expérience en compagnie d'un médecin de notre choix. M. X... n'a pu approcher davantage. Ce médecin a tenté de le faire entrer dans ce fameux " triangle " par plusieurs endroits différents : même problème à chaque fois, ces trois lumières vues aux angles et cette " vitre " interdisant de revenir à cet endroit.

» [...] Lors de notre dernière entrevue, en compagnie

du médecin, M. X... nous a révélé qu'il avait reçu dans sa tête, en pensant à cette aventure (il ne sait pas de quelle manière), des chiffres qu'il interprète sans certitude comme étant une date. Selon lui, cela serait la date éventuelle d'une prochaine rencontre avec des êtres venus d'ailleurs. *Cette date est le 15 août 1983* [c'est moi qui souligne, JG]. Faut-il faire une relation avec la même date déjà annoncée par d'autres personnes ? [...] Précisons que M. X... nous affirme ne jamais avoir lu de livres sur la question et ne connaître en rien les articles de journaux relatifs aux OVNI. » Le « blocage » de M. X... semble résulter d'une suggestion post-hypnotique reçue lors de sa « rencontre » avec cette ombre et cet engin, vingt-deux années plus tôt. Un blocage analogue (suivi de cécité temporaire entre autres réactions physiques) fut constaté chez Antoine Severin à l'île de la Réunion, le 14 février 1975, après l'observation d'un atterrissage et de trois occupants du vaisseau.

Troisième cas

Dans *LDLN* n° 209 de novembre 1981, page 27, Fernand Lagarde (après une allusion au cas de Clazay cité plus haut) écrit : « Je ne pense pas non plus avoir signalé deux rêves prémonitoires, dont le déroulement est analogue, par deux personnes différentes et éloignées ne se connaissant pas, à propos du rendez-vous du 15 août 1980 à Cergy. Peut-être l'affaire de Cergy-Pontoise, certainement critiquable, recèle-t-elle des aspects souterrains qui nous échappent ? *L'apparence cache parfois la réalité* [c'est moi qui souligne, JG]. »

Enfin, *Le Progrès de Lyon* du 19 mars 1974 (donc plus de cinq ans avant cette affaire) relatait de très nombreuses observations d'OVNI durant la dernière décade de février 1974, dans la région de Sirod (Jura)... proche du fameux tunnel de Bourg-de-Sirod, zone transdimensionnelle d'une base ET « fréquentée » par Haurrio et les siens !

Affaire critiquable — mais surtout *critiquée!* — qui accumule une telle série de « coïncidences », d'invariants, avec connotations psi, comme nous l'avons vu, que les critiques essentielles sont surtout engendrées par la conduite malhonnête de Jean-Pierre Prévost...

8

On ne peut mettre un point final au cas de Cergy-Pontoise, dénaturé à plaisir, sans incriminer le GEPAN. Cet organisme officiel, dangereusement négatif, fit flèche de tout bois pour tenter de démolir l'enlèvement de Franck Fontaine... en fustigeant au passage l'IMSA et moi-même qui, avant quiconque, avions eu le tort de voir clair dans son jeu... Bien évidemment, l'analyse objective qui suit s'applique de facto, également, au SEPRA, le successeur de cet organisme.

Le GEPAN et ses méthodes : machiavélisme, intox & Co.

On pourrait, de façon lapidaire, résumer ainsi les buts inavoués de cette institution : laisser entendre qu'il y a bien « quelque chose », savoir un phénomène OVNI et le crier bien fort par le truchement des médias, Jean-Claude Bourret se chargeant d'encenser ce groupe d'études étatisé devant lequel les ufologues « amateurs » devaient désormais s'effacer avec moult courbettes respectueuses. Second volet de ce processus machiavélique : publier des « Notes techniques » destinées à *banaliser* les observations, à les ramener à des ballons-sondes, à la planète Vénus, tout en appelant à

190

la rescousse des psychologues « aux ordres » pour « démontrer » que les témoins (en particulier les plus gênants) relèvent, à la limite, de la psychopathologie ! Je n'exagère point : les textes gépanesques sont là et nous allons ensemble les décortiquer.

L'onéreuse et sinistre farce du comité Condon aux Etats-Unis n'avait pas d'autre raison d'être. La communauté scientifique rationaliste a avalé sans sourciller ces couleuvres ; et Dieu sait si elles étaient nombreuses dans l'indigeste et monumental rapport du docteur Condon (coopté par la mafia criminelle du MJ 12). Le but officieux était atteint : éloigner les scientifiques de ce sujet vilipendé, présenté comme un ramassis de divagations propre à porter gravement préjudice à tout savant « sérieux » qui se risquerait inconsidérément à manifester de l'intérêt à l'endroit des LGM (*Little Green Men* ou petits hommes verts... dont nous savons aujourd'hui qu'ils sont gris) !

Coût de l'opération *debunking* (« déboulonner », amoindrir) : un demi-million de dollars ! Le GEPAN ne nie point l'existence des OVNI. Sa position est plus subtile, qui reconnaît l'existence d'un « phénomène »... ramené la plupart du temps à des causes sociopsychologiques confortées par ses psychologues ! La simple probité intellectuelle exige d'ouvrir les yeux de ceux qui se sont laissé abuser par cette dialectique : en tout premier lieu nombre de groupuscules ufologiques. Les véritables ufologues, eux, n'ont jamais été dupes.

Abordons l'analyse succincte de la « Note technique n° 6 » intitulée : « A propos d'une disparition, enquête GEPAN 79/07 », consacrée au cas de Franck Fontaine. Il serait utile de disséquer plus minutieusement encore cette indigeste et assommante enquête officielle, mais un tel examen méthodique sortirait du cadre de cet ouvrage. Utile et édifiant car cela montrerait à quel point cet organisme fut payé — par nous, contribuables — pour noyer le poisson et discréditer *à tout prix* l'affaire de Cergy-Pontoise et, *à travers elle, la réalité des OVNI en tant qu'engins bien réels venus d'ailleurs !*

Le GEPAN a cru devoir changer les noms et lieux et ceux des protagonistes. Franck Fontaine devient *Nestor*, Salomon N'Diaye = *Albert*, Jean-Pierre Prévost = *Ernest*, Daniel Huguet = *Gaston*, l'IMSA = *GU 1* ; enfin, par la grâce du GEPAN, je devins *Ignace* (« c'est un petit petit nom charmant », comme le chantait jadis Fernandel !).

Qu'il y ait en cette affaire des contradictions sur des détails mineurs (cependant montés en épingle par le GEPAN), c'est exact ; mais ces détails-là, contrairement à ce qu'on voudrait nous faire admettre, ne changent rien au fond. Dans le digest qui va suivre, je souligne par des italiques ou des capitales certains mots ou phrases à méditer.

Voici le premier paragraphe de l'introduction (p. 2) :

« Les événements dont nous allons parler ont eu un grand retentissement auprès des médias. Tout effort de *banalisation* des données semblera vain, les différents protagonistes n'ayant jamais cherché la discrétion, bien au contraire. Nous garderons cependant, dans ce cas, LES PRINCIPES DE BANALISATION QUE NOUS AVONS PRIS POUR RÈGLE. »

> Autrement dit, grossissons les contradictions et autres éléments manipulables quand cela fait notre affaire et, pour le reste, allons-y gaiement de la banalisation ! « Démythifions » et tentons de réduire à néant le « mythe » OVNI ! Cette orientation réductionniste, je l'avais pressentie et dénoncée dès le début in *Nostra* n° 356 (31 janvier 1979) puis in *Contacts OVNI Cergy-Pontoise*, à propos de la réunion des ufologues invités du GEPAN le 12 septembre 1979 à Toulouse... Ce que cet organisme complice de la conjuration du silence ne m'a jamais pardonné !

Sa « Note technique n° 6 » nous rappelle :

« Toute science se délimite par le choix de ses

observables (au nombre de quatre concernant les OVNI) : les témoins, les témoignages, l'environnement physique, l'environnement psychosocial. Faute d'observation, lisons-nous page 7 de la deuxième partie, il n'y a pas de démarche scientifique possible et celle d'Ignace [J. Guieu] et du GU 1 [l'IMSA] à coup sûr, n'a aucun rapport avec la science sous quelque forme que ce soit. Les convictions de ces personnes échappent à toute négation possible par des observables quels qu'ils soient et ne peuvent donc plus être confirmés par eux. ON RETROUVE LÀ UNE DÉMARCHE DE CROYANCE CLASSIQUE CHEZ CERTAINES SECTES RELIGIEUSES. »

Voilà bien de l'intox à l'état pur ! Nous assimiler à une secte afin de jeter plus facilement le discrédit sur nous ! Mais l'intox ne s'arrête pas là ; il faut la consolider par des « faits » de nature à persuader le lecteur que le GEPAN, si « vertueux », veille sur la santé morale des populations ! Voyons plus loin, page 42 :

« La conclusion du GEPAN ne peut donc être que la constatation du manque total d'intérêt [*sic*] du cas pour une étude scientifique des aspects physiques des phénomènes aérospatiaux non identifiés. Toutefois, ceci n'exclut pas que ce cas puisse être du plus grand intérêt pour l'étude d'autres aspects de ces phénomènes (aspects psychologiques, psychosociologiques, etc.) *qui ne font pas partie des centres d'intérêt prioritaire au GEPAN.* »

Ils n'en font pas partie, *mais ce sont des psychologues qui instruisent les affaires des contactés !* Et ces psychologues, habiles à manier une dialectique savamment orientée aussi bien que l'amalgame, vont jouer le rôle de fossoyeur de ces cas ! En effet, la troisième partie de la « Note », signée Dominique Audrerie, *psychologue attaché à cet organisme*, est intitulée : « Fabulations, Délires et Thèmes ufologiques. » Après le texte qui va suivre, sans doute se demandera-t-on si le mot « délire » se rapporte aux garçons de Cergy ou, tout au contraire, au contenu de cette troisième partie ! Qu'on en juge avec cet extrait :

« [...] C'est le modèle intégrant la dimension de l'Inconscient qui nous semble permettre les développements les plus fructueux. Car aborder ici la question de savoir pourquoi tel sujet éprouve le besoin de produire un discours *perçu, de l'extérieur, comme une fabulation ou un délire*[1], semble nécessiter le recours à un modèle théorique capable de rendre compte, dans sa dynamique propre, de la genèse du fonctionnement mental du sujet. [Ouf ! Reprenez votre respiration ! JG.] C'est pourquoi, les pages qui suivent [rassurez-vous, j'ai fait des coupes sombres, JG] s'inscrivent *dans le champ d'une psychopathologie d'inspiration psychanalytique freudienne* (conception de Bergeret) [...] *Fabulation et délire seront pris ici au sens de symptôme renvoyant à une défense du sujet contre un trop grand conflit interne insupportable pour lui. Le critère de différenciation entre normal et pathologique coïncide avec le degré de souffrance psychique éprouvé par le sujet, en état de désadaptation (due à un trop grand conflit interne), par rapport à sa structure profonde* [...] Selon Bergeret, le Moi de l'organisation-limite passe au tout début de l'enfance par une évolution normale, identique à celle du névrosé. *Mais l'auteur formule l'hypothèse d'un traumatisme précoce qui aboutirait à une désorganisation du Moi.* Par exemple, ce traumatisme pourrait être une tentative de séduction sexuelle quelconque d'un adulte envers l'enfant. D'où une évolution figée qui empêcha l'accession de l'Œdipe et aboutit à un état d'immaturité affective, de dépendance très forte à l'autre. L'angoisse est dite ici de " perte d'objet " (l'objet d'amour) et de dépression. »

Ce galimatias alambico-tarabiscoté hautement

---

1. Du moins perçu comme tel par le GEPAN et ses psychologues, s'entend. Nuance !

« scientifique » troubla fort les chercheurs de l'IMSA, béotiens s'il en fut ! Nous avons donc entrepris une enquête pour en savoir davantage sur l'enfance de Franck Fontaine. Au début, notre approche psychanalytique (faut ce qu'il faut !) fut négative : nul n'avait cherché à le violer dans les toutes premières années de sa vie (plus tard non plus, d'ailleurs). Puis, inspiré par une idée aussi géniale et lumineuse que la prose précédente, j'ai interrogé Monique, la mère de Franck, pour savoir si, bébé, il n'aurait pas subi un autre type de traumatisme. Et là, elle s'est effondrée, m'avouant, entre deux sanglots, lui avoir un jour arraché sa sucette qu'il laissait trop souvent tomber à son gré. Horreur ! O mère indigne ! La voilà, la coupable et l'on comprend dès lors que Franck, devenu grand, victime de cet épouvantable traumatisme de « perte d'objet d'amour », ait vu des OVNI et des Extraterrestres ! Certes, l'on m'objectera que des animaux, les chiens surtout, ont, par leurs aboiements et la truffe levée, attiré l'attention de leur maître sur la présence d'un OVNI dans le ciel.

Objection oiseuse, Votre Honneur ! Oserait-on dire que les chiens, lorsqu'ils étaient des chiots, n'ont pas subi eux aussi des traumatismes ? Ne leur a-t-on jamais arraché avec sauvagerie une pantoufle avec laquelle ils jouaient très innocemment ? N'est-ce pas là un traumatisme d'enfance (canine) avec perte d'objet ?

Voici d'autres extraits édifiants du rapport du psychologue gépaniste :

« Dans son délire, le sujet peut affirmer entendre des voix qui lui dictent sa conduite[1], se sentir surveillé et menacé par des personnages monstrueux ou diaboliques, *ou être en possession, par des moyens*

1. L'un de mes amis, électronicien, « entendait des voix », lui aussi. Des voix idiotes énonçant des données techniques débiles, qu'il suivit à la lettre, comme un imbécile. Ce « délirant » réalisa

magiques, d'un fabuleux savoir qu'il doit répandre autour de lui, aidé par des créatures divines, qui le programment. »

A l'évidence, par ces insinuations spécieuses et d'un rare machiavélisme, l'on tend à démontrer le caractère « imaginaire » sinon névrotique du récit de Franck *(et à travers lui, de ceux de tous les contactés)* et des messages dictés par l'entité Haurrio (assimilée à une « créature divine », donc mythique) !

Mais poursuivons :

« Fermement convaincu des thèmes qu'il développe, assenant à son entourage toutes les certitudes qui l'habitent, le délirant risque d'être d'autant plus agressif si son interlocuteur s'oppose trop vigoureusement à ses récits, à ses interprétations. Ces récits peuvent être nourris d'une grande richesse imaginative plus qu'interprétative *et développer des thèmes de bouleversement cosmologique sans référence à la logique formelle et rationnelle du discours*, d'où, pour l'observateur, la possibilité de relever la coexistence de contradictions internes dans les récits exprimés. »

C'est parfaitement vrai pour un *délirant* victime de psychoses, de schizophrénie, d'organisation pathologique de la personnalité et ce malheureux relève bien alors de la psychiatrie. Mais insinuer ainsi que les contactés sont des fous, des délirants, c'est volontairement maquiller la vérité, tromper le public et ignorer tout le « cinéma » (souvent « délirant », mais c'est chose voulue par les ET) que nos visiteurs imposent aux témoins. Qu'il y ait des contradictions, des absur-

---

dès lors nombre d'inventions (toutes axées sur la sécurité de l'homme dans ses activités multiples) qu'il fit breveter et exploita avec succès ! J'attends de la psychologie officielle l'explication de ce « délire », dont je fis le thème d'un roman : *La Voix qui venait d'ailleurs*, chez Vaugirard, n° 60 de la collection « S.F. Jimmy Guieu ».

dités dans le discours des contactés, nous l'avons enregistré bien avant le GEPAN : cela ne doit pas être imputé aux contactés mais aux contacteurs, passés maîtres dans l'art de brouiller les cartes (voir la fantastique affaire « 2 Mu Bêta »).

A la page 12 de son rapport, le psychologue Audrerie indique : « Chaque fois, les éléments susceptibles d'être vérifiés *sont rares* ou totalement inexistants : conditions d'observation, absence de trace quand il y a mention de rencontres rapprochées. »

J'ai souligné « sont rares » car, en bon français, cela signifie en fait qu'il y a bien des cas où les éléments ont pu être vérifiés !

En matière de traces, le GEPAN fut servi, avec celles laissées par un engin à Trans-en-Provence, le 8 janvier 1983 ; M. Renato Nicolaï, le témoin, l'a fort bien décrit (Cf. *IMSA-Contact*, n° 6, de mai 1981). La gendarmerie effectua des prélèvements végétaux. Dans un rapport de 200 pages, le professeur Bounias (Institut national de la recherche agronomique) relève un grand nombre d'anomalies quantitativement importantes des « équipements pigmentaires » des plantes prélevées[1]. Extraits de la « Note technique 81/01 » du GEPAN : « [...] l'absence de la preuve n'étant pas, là non plus, la preuve de l'absence, ceci ne suffit pas à certifier la véracité du témoignage [...] Toutefois, les connaissances actuelles sur les traumatismes que peuvent subir les végétaux restent trop parcellaires pour que l'on puisse fournir dès à présent une interprétation précise et unique *à ce remarquable faisceau de résultats*. [C'est moi qui souligne, JG.] Force est au moins de constater qu'il y a là une nouvelle confirmation d'un événement de grande ampleur intervenu à cet endroit.

1. Dans la vidéocassette *OVNI-EBE : l'invasion a commencé* (n° 1 de la série documentaire « Les Portes du Futur », présentée par Jimmy Guieu) figure l'interview du professeur Bounias (auteur d'une étude scientifique démontrant la réalité des perturbations tout à fait anormales subies par les plantes là où l'engin s'était posé). A l'évidence, les travaux de ce savant calme et pondéré entraînèrent, en son temps, la chute du GEPAN.

Reste à savoir si cela correspond bien à la description fournie par le témoin. »

Dans cette « Note technique 81/01 », le GEPAN use à longueur de page d'un raisonnement fumeux, embarrassé, d'une mauvaise foi tellement évidente que c'en est comique et digne d'un film de Laurel et Hardy !

Et de conclure par ces lignes (p. 66 de la « Note technique 81/01 ») :

« Ainsi, une enquête comme celle que nous venons de présenter pose plus de questions qu'elle n'apporte de réponses, mais cette fois-ci, les questions semblent être bien posées et, à ce titre, cette enquête du GEPAN est plus enrichissante que toutes celles faites jusqu'à présent » (ponctuation corrigée !).

Je m'inscris en faux contre les derniers mots de cette « Note technique 81/01 ». Je puis affirmer que le GEPAN, naguère, tenait pour authentiques *trois cas de RR III avec prise de contact entre des entités extraterrestres et les témoins. L'un de ces cas comporte des messages reçus annonçant trente « prévisions » dont vingt-huit ont été vérifiées !*

Alain Esterlé (alors responsable du GEPAN) et Audrerie ont personnellement enquêté sur ce dernier cas. Ce n'est point du témoin (fort discret) que je tiens l'information, mais d'une autre source... toulousaine. Naturellement, ce cas exceptionnel et bien documenté n'a fait l'objet d'aucune « Note technique », laquelle n'aurait pas manqué de contredire toutes les allégations contraires diffusées par cet organisme.

La presse s'est fait l'écho de la « Note technique nº 6 » (affaire Cergy-Pontoise) en tirant, les 6 et 7 juin 1981 : « Le rapport scientifique est formel : une fabulation. » Et pour finir : « Les données actuelles ne permettent pas de conclure à la manifestation d'intelligence extraterrestre. »

Il est regrettable que les journalistes n'aient point analysé minutieusement, comme nous l'avons fait, cette diarrhée technique. Ses amalgames, son caractère réductionniste leur seraient alors apparus, éclairant d'un jour nouveau — pour eux — les « méthodes » de cet organisme...

Enfin, soulignons ces mots ou phrases qui reviennent souvent sous la plume gépanesque : « psychopathologie d'inspiration psychanalytique freudienne » (et l'on sait ce que l'on doit penser de Freud et de nombre de ses théories obsessionnelles tournant autour de la bagatelle ! JG), « processus d'identification héroïque, valorisante », « angoisse de persécution », « fuite devant la réalité » (et là, le GEPAN n'est-il pas le vivant exemple d'une « fuite devant la réalité » objective des OVNI ?), « revalorisation du moi » ; j'en passe et des meilleures.

Tout cela pour nous intoxiquer, pour tenter de nous démontrer que les témoins de RR III, les contactés et les « enlevés » sont des cas psychopathologiques. Des déviants, des délirants... comme il y en a tant dans les goulags du Paradis Rouge où il ne fait pas bon ne pas penser comme on pense au Kremlin ! (Ecrit avant la perestroïka.)

Pour en finir avec la fameuse/fumeuse « Note technique n° 6 », voici la conclusion du psychologue Audrerie : « Les exemples cités permettent ainsi d'approcher la dimension mythique du problème OVNI. »

En d'autres termes, tout se réduit à un « mythe », à une « croyance », donc à du vent ! En cela, le GEPAN était bien le digne continuateur des « commissions soucoupes » américaines, supprimées les unes après les autres non sans avoir publié un communiqué final indiquant que les OVNI relèvent du canular, de la foudre en boule, du gaz des marais (de quoi se marrer, vraiment !) ou d'une mauvaise interprétation de phénomènes naturels, parmi lesquels la Lune et Vénus ont bon dos ! Appelé à la rescousse, l'ineffable docteur Menzel prénommé Donald, professeur d'astrophysique, engagé par l'US Air Force en raison de ses hautes compétences, écrivit un ouvrage : *Flying Saucers*[1] avec, sur la jaquette : « *A great astronomer explains the facts* », « Un grand astronome explique les faits ». Et d'agrémenter sa ponte de nombreuses photos... de nuages et autres phénomènes météorologiques, pour conclure que les soucoupes volantes résultent des « inversions de températures » jouant un peu le rôle de miroirs réfléchissant, dans le ciel, des phares de voitures ! (Nous savons aujourd'hui — 1992 — que Menzel et le docteur Condon étaient en fait au service du MJ 12, lui-même au service des Gris !) Il y a mieux. Un psychiatre (américain, je crois ; j'en ai oublié le nom et de toute manière, sa théorie ne lui vaudra pas de passer à la postérité) a même affirmé, sans rire, que les soucoupes volantes sont des symboles sexuels féminins ! Les cigares volants représentant, j'imagine, les attributs du pôle opposé. Voilà qui aurait ravi Sigmund Freud, tracassé par la « chose », s'il en fut !

Désinformation, quand tu nous tiens !

Mal connue du public dans ses prolongements, triturée, dénaturée, galvaudée, l'affaire Franck Fontaine est donc devenue la tarte à la crème des « anti » pour discréditer — notamment — les contactés. Des groupes ufologiques en ont fait leur bouc émissaire, jouant les purs, les vertueux indignés, décrétant une fois pour toutes qu'elle devait rejoindre les oubliettes des mystifications.

C'est leur droit et tout le monde peut se tromper. Mais relevons d'autres vilenies.

Aux Etats-Unis, le *Free Information Act* (loi sur la liberté de l'information) a été virtuellement abrogé par le président Reagan sous la pression de la CIA *qui*

1. Havard University Press, Cambridge, 1953.

contrôle étroitement tout ce qui concerne les UFO. (Et pour cause : la CIA, via la NSA — *National Security Agency* — est sous la dépendance du MJ 12.) A partir d'une loi existante (1969) mais floue, l'on concocterait outre-Atlantique une loi (ou une extension de la précédente) parfaitement inique, assimilant les contactés à des sortes de « contagieux » en puissance devant être placés en quarantaine... sans limitation de durée ni possibilité de faire appel !

Si tout cela est vrai, on est en droit de se demander si, chez nous, l'on ne s'inspirera pas un jour de cette orientation scandaleuse pour instaurer un black-out sévère sur les OVNI[1] et sur les contactés *directs.* J'entends par là ceux qui ont réellement dialogué avec des ET, ou pénétré dans leurs vaisseaux ; et il y en a beaucoup plus qu'on ne le pense. Devant cette menace éventuelle, les contactés n'auraient qu'un seul recours pour leur sécurité : s'adresser aux groupes d'études privés qui, dès le début, ont dénoncé le rôle d'étouffoir joué par le GEPAN devenu SEPRA. Ils sont peu nombreux, mais c'est là justement leur critère de lucidité, d'honnêteté et de courage.

Le premier de ces ufologues clairvoyants fut René Voarino, président du CEOF (qui fit connaître l'observation télescopique — et les photographies — d'un vaisseau géant ; *hors-texte n° 12 et 13*). Parmi les groupes ufologiques sérieux et œuvrant dans la voie de la vérité, signalons notamment Tau Ceti, le SERPPE, la SLUB, le CNRE « La Licorne ». (Consulter la bibliographie in fine.)

Plus que jamais, les « meneurs » ufologues-négatifs devraient cesser de semer la zizanie, d'élever obstinément des critiques, d'oublier enfin leurs querelles ;

---

1. Cette censure est déjà appliquée en France. La preuve en sera fournie au dernier chapitre.

l'heure est venue de faire front, de se serrer les coudes, de cesser de se tromper de cible !

Le détecteur de l'ingénieur Alexandre Laugier.

Ingénieur des Arts et Métiers, inventeur du réfractomètre qui porte son nom, Alexandre Laugier, intrigué par les innombrables témoignages relatant les incursions de nos visiteurs, procéda du raisonnement suivant [1] :

« Dans la plupart des cas, les phénomènes OVNI n'ont été observés que visuellement et, malgré des témoignages dignes de foi, les caractéristiques de ces phénomènes n'ont jamais pu être analysées avec la rigueur scientifique souhaitée, ce qui a créé un doute sur leur existence. *Si ces phénomènes existent, on doit pouvoir les mesurer.* A partir de cette réflexion, j'ai cherché et mis au point des appareils susceptibles de détecter l'existence indiscutable de ces phénomènes. Lorsque des organismes scientifiques consacrent du temps et des moyens pour chercher à capter des signaux radio qui pourraient être émis par des civilisations extraterrestres, ne serait-il pas plutôt souhaitable *de vérifier si des sondes d'exploration, auxquelles nous donnerions le nom d'OVNI, n'ont pas déjà été envoyées sur notre planète par d'autres civilisations ?*

» *Début 1977 :* [...] J'essaie donc toutes les grandeurs physiques pouvant être perturbées par ce phénomène, en m'inspirant des déclarations faites par les témoins d'observations OVNI.

» *Mai 1978 :* Des résultats particulièrement intéressants m'autorisent à solliciter une aide auprès des

1. Extraits d'un livret à la diffusion restreinte (10 mars 1982 : *Détection du phénomène OVNI en France*), repris ici avec l'aimable autorisation de l'ingénieur A. Laugier. J'ai cru devoir souligner par des italiques certains passages de cette étude.

pouvoirs publics afin d'établir un réseau national de détection[1].

» *Décembre 1978 :* N'ayant pu obtenir l'aide souhaitée, je mets en place et à mes frais un réseau de cinq stations réparties sur toute la France.

» *Novembre 1979 :* Progressant dans cette recherche, j'arrive à mettre au point un capteur qui couvre apparemment un rayon de neuf cents kilomètres environ. Aussi, j'abandonne mon réseau national très contraignant, qui par faute de moyens ne disposait pas de système de télémesure, mais seulement d'enregistreurs sur papier [poids initial de l'appareil : environ deux cents kilos, JG]. Je concentre alors mes études et mon temps sur deux stations facilement déplaçables (quatre-vingt-dix kilos environ) se trouvant dans le Vaucluse, assez près de mon laboratoire pour être visitées tous les jours si nécessaire. »

Alexandre Laugier reste — on le conçoit ! — fort discret sur la nature de son détecteur et sur les paramètres qu'il permet d'explorer, mais l'important n'est-il pas que « ça marche » ? Et pour marcher, ça marche ! J'ai pu le constater maintes fois dans son labo *(hors-texte n° 14).*

Précision : en raison du manque de moyens, ces appareils ne fonctionnent pas en continu ; de plus, placés dans la nature, soumis aux intempéries, ils sont parfois mis hors service. Malgré ce, durant de longues périodes, à chaque « entrée » d'un OVNI dans le champ détecteur de neuf cents kilomètres de rayon, *ils enregistrent une perturbation significative baptisée Effet* α *(Effet Alpha)* par notre ami, qui poursuit dans son livret :

---

1. Toutes les tentatives d'Alexandre Laugier pour obtenir l'aide des autorités et du GEPAN se soldèrent par un échec. Les réponses peuvent se résumer ainsi : « Donnez-nous vos appareils, l'ensemble de vos travaux et, en échange, nous vous offrirons une bonne poignée de main. » Sans commentaire !

« De mes stations de détection, je retire chaque semaine une bande de papier de quinze mètres environ, comportant plusieurs pistes d'enregistrements graphiques. Après dépouillement et traduction de ces courbes, je peux établir des planches (en fonction de l'heure) [...] indiquant la présence d'un certain phénomène détecté, que j'appelle pour l'instant " Effet α " [...] (Les planches ainsi obtenues ont pour unité en abscisse le jour et, en ordonnée, le total des heures de présence du phénomène détecté dans la journée.)

» Les graphiques, établis également sur plusieurs années de détection, font ressortir une figure caractéristique du phénomène [...]. Après calculs et recoupements, j'ai mis en évidence des cycles significatifs. Des tracés font apparaître une fonction de 13 cycles variables et distincts revenant tous les 365 jours. Je tiens à informer les services spécialisés qui voudraient exploiter mes résultats que, dans le but de préserver mes travaux de recherches, j'ai *volontairement* simplifié et légèrement erroné ces graphiques ; cependant, ces erreurs délibérées se répercutent très peu dans le calcul de probabilité et corrélation étudié [...].

» Le seul document utilisé comme base d'étude pour la corrélation avec mes détections est une partie du listing du GEPAN, mise à ma disposition en mars 1980. Mais, hélas ! celui-ci n'indique pas le jour et l'heure des observations, le *GEPAN se refusant à fournir des informations complémentaires*[1], exceptées quelques-unes qui m'ont été données lors de ma visite à Toulouse. J'ai dû, avec l'aide d'amis et de revues spécialisées, retrouver les renseignements manquants pour une grande partie des observations mentionnées sur ce listing. Pour plus de garantie dans l'étude des corrélations, je ne prends en considération que les observations ayant

1. Qu'en pensent les naïfs ufologues qui, gobant les belles promesses de coopération du GEPAN, se sont imaginés pouvoir accéder aux informations qu'il détenait ?

été reconnues par chacun des experts du GEPAN comme phénomènes non identifiés, avec des documents cohérents, complets et détaillés. En étudiant la corrélation avec les heures de détection [...], je remarque par expérience qu'en ajoutant aux intervalles de temps de présence du phénomène une heure d'avance et une heure de retard, cette nouvelle période de temps ainsi définie *rassemble environ 35 % d'observations OVNI de plus que la moyenne du hasard le prévoit*. Il y a donc une bonne corrélation entre les observations et ma détection [...]. Bien que les phénomènes ne soient pas naturels, les cycles caractéristiques de l'Effet α existent mais, ne possédant pas des stations de détections dispersées autour du globe, je ne peux suivre la trajectoire de ces phénomènes [...].

» *Conclusion de mes cinq années d'études*[1] :

» — l'effet enregistré par mes appareils de détection est l'une des perturbations causées par la présence des phénomènes OVNI *et ces phénomènes sont authentiques* PUISQU'ILS SONT MESURABLES ;

» — les OVNI ne sont pas naturels ; ils obéissent cependant à des lois astronomiques pour suivre des cycles périodiques bien définis ;

» — la détection de l'Effet α permet de distinguer deux *phénomènes* OVNI obéissant à une certaine routine ;

» — les observations OVNI dites " Rencontres rapprochées " ne se plient pas à cette logique. »

Dans un texte que me communiqua Alex Laugier le 7 novembre 1980, il était précisé :

« De la poursuite de l'étude que j'ai divulguée sur la

---

1. Rappelons que ce texte fut rédigé par Alexandre Laugier en mars 1982. Depuis lors, ses recherches ont progressé. Malheureusement, découragé par l'attitude du GEPAN et des autorités supérieures, Alex a, par la suite, tout abandonné et même démonté ses installations. Sur ce point particulier, le MJ 12 et ses complices ont (provisoirement) gagné...

détection du phénomène OVNI en France pour l'année 1979, et avec les seuls moyens personnels dont je dispose, c'est à ce jour l'étude du cycle complexe de la présence du phénomène OVNI détecté qui me préoccupe. Tous les paramètres — sauf un — de cette détection *me laissent supposer qu'une masse perturbatrice approche cycliquement de la Terre treize fois par an ; et que les positions de la Terre dans le plan de l'écliptique, aux solstices d'été et d'hiver, sont des positions privilégiées par l'orbite de cette masse perturbatrice. »*

Hypothèse interprétative.

L'ami Laugier est d'une prudence méritoire et pour aller plus loin, force nous est de lire entre les lignes... et d'interpréter ses silences volontaires.

Il faut distinguer l'Effet α du phénomène OVNI, le premier pouvant être un phénomène *naturel* utilisé en tant que leurre par les ET, un écran de camouflage. Prenons un exemple : entre l'orbite de Mars et celle de Jupiter existe une myriade de corps célestes d'assez faibles dimensions appelée « couronne d'astéroïdes ». Imaginons un astronef stoppé au sein de ces astéroïdes afin de s'y camoufler. Un balayage radar ne permettrait pas de le distinguer des corps environnants. Son blip-écho serait identique à celui de ces « débris » planétaires orbitant entre Mars et Jupiter.

Il pourrait y avoir là une analogie entre les deux types de phénomènes enregistrés par Alexandre Laugier, sans préjuger de la nature (encore inconnue) du phénomène *naturel* inclus dans l'Effet α. Partons du postulat « classique » selon lequel les ET seraient originaires d'autres systèmes solaires (négligeons ici l'hypothèse Univers Parallèles). Mus par une énergie gravito-magnétique (antigravitation), leurs vaisseaux

206

ne sillonneraient pas l'espace « normal » : à des vitesses infraluminiques, cela exigerait des temps de voyage fabuleusement longs.

Les tachyons sont des particules animées de vitesses supraluminiques (très supérieures à celle de la lumière). La physique tachyonique[1] fait intervenir la notion d'hyper ou sub-espace chère aux auteurs de Science-Fiction. En empruntant ces « couloirs » hors du continuum espace-temps « galiléen » (notre espace tridimensionnel familier), ces vaisseaux se déplaceraient à des vitesses « transcéiques » (le « c » de ce néologisme désignant la vitesse luminique) ; donc, à une vitesse incommensurablement plus élevée que celle de la lumière. Ils évolueraient hors de notre continuum et, pour y « entrer » de nouveau afin de gagner notre planète, leur point d'émergence — je l'imagine volontiers — serait le siège d'un phénomène de « distorsion » ébranlant l'interface commun aux deux continuum(s). Crever ce mur « transdimensionnel » (le « mur luminique » ?) s'accompagnerait donc, comme le franchissement du « mur du son » ou du « mur thermique », d'effets spécifiques avec émission de « signaux » particuliers.

C'est peut-être la « frange » de ce type de distorsion spatio-temporelle qu'enregistre le détecteur d'Alexandre Laugier. Et c'est aussi cette anomalie incontournable (partant, détectable) que les ET camouflent derrière l'Effet α dont la « source » naturelle n'est point encore identifiée... non plus que les visiteurs nocturnes du laboratoire de mon ami Laugier ! En effet, à trois reprises, ce dernier a constaté que ses appareils, instruments et documents avaient été « tripotés » mais rien n'avait été pris. La troisième visite (mi-avril 1989,

1. Cf. les remarquables travaux du professeur Régis Dutheil et A. Rachman in *Extrait du Bulletin de la Société Royale des Sciences de Liège*, 1978. Voir également son récent ouvrage paru chez Sand : *L'Homme super-lumineux*. Etonnant !

soit trois semaines après que Laugier se fut rendu à Toulouse pour rencontrer — bien inutilement — les gens du GEPAN) fut plus insolite. Dans les tiroirs du bureau où traînaient quelques billets de banque et pièces de monnaie, ceux-ci avaient été prélevés et déposés, par ordre de valeur, sur le bureau : les billets de 50 francs (il y en avait trois) l'un sur l'autre, les pièces de 10 francs l'une sur l'autre et ainsi de suite jusqu'aux piécettes de 10 ou 5 centimes ! Une volonté de démontrer que l'argent n'intéressait pas les visiteurs portant des chaussures correspondant à la pointure 37 ; ils avaient en effet laissé quelques traces sur le toit, près de la fenêtre (d'un premier étage) munie de solides barreaux... *Espacés de dix-huit centimètres.* Indéniablement, les *Megatronchus Vulgaris*, ou scientistes communs à grosse tête, ne sauraient être soupçonnés ! Non plus que les Gris, d'ailleurs, qui sur ce point-là sont bien pourvus ! Des adultes ayant un crâne de dix-huit centimètres de diamètre, cela existe et selon le vieil adage, « si la tête passe, le reste passe aussi » ; il n'en demeure pas moins que ces visiteurs à petite tête sont tout de même bizarres...

L'étrange masse perturbatrice.

Le prudent vocabulaire d'Alexandre Laugier ne désignerait-il pas, en fait de « masse perturbatrice », un vaisseau mère de proportions colossales ? Peut-être cette « Lune Blanche », un planétoïde apparenté à un cristal géant qui, selon certains astronomes peu loquaces, approcherait de notre système solaire ? Un engin porte-OVNI qui, périodiquement, se rapprocherait de la Terre pour larguer des disques de reconnaissance ? *Hypothèse fort concevable que tendrait à confirmer* l'enquête suivante, conduite par René Voarino, président du CEOF, et son équipe.

Voici les faits.

Le témoin, M. Christian Spinart, technicien de haut niveau exerçant ses activités à la fois en France et aux Etats-Unis, est aussi un astronome amateur fort compétent. Fin septembre/début octobre 1979, dans le Midi, par très beau temps, ciel dégagé, à la tombée du jour, M. Spinart remarque à 5° ou 10° au-dessus de l'horizon ouest une « étoile » anormalement brillante (magnitude apparente comparable à celle de Sirius, mais moins lumineuse que Jupiter). Intrigué, le témoin braque son télescope Célestron et, stupéfait, découvre non pas une étoile mais un objet oblong ou peut-être deux objets l'un à côté de l'autre. Une observation prolongée lui permet de conclure à la présence d'un seul objet ayant une forme inusitée *(hors-texte n° 12, A et B)*, animé d'un très lent mouvement d'oscillation sur lui-même. Le soleil se réfléchit sur la partie arrière de l'objet ; celui-ci est lisse, comme transparent ou translucide. Il donne une impression d'étrangeté irréelle, presque « magique, féerique », commentera l'épouse du technicien. Ce dernier téléphone à l'un de ses confrères, astronome amateur comme lui qui, bientôt, grâce à son instrument, pourra décrire fidèlement le même objet. Le Célestron de Christian Spinart est équipé d'un appareil photographique Olympus 24 × 36 à film couleur 200 ASA. D'autres clichés, noir et blanc, sur film 400 ASA cette fois, seront également obtenus.

Trois nuits durant, les deux astronomes amateurs observeront le même objet, dont l'aspect variera quelque peu d'un jour à l'autre, comme on peut le voir sur les clichés ; il passera graduellement de 10° à 15° au-dessus de l'horizon puis disparaîtra pendant trois jours. Il reparaîtra ensuite à 15° ou 20° et demeurera visible encore trois nuits consécutives. Par la suite, il ne sera jamais plus observé, ayant vraisemblablement quitté notre zone planétaire. Christian Spinart et son confrère se livrèrent à divers calculs sur la position de cet engin affectant l'aspect d'un bloc allongé de cristal pur, consistant, très géométrique et bleuté *(hors-texte n° 13)*. Si ce vaisseau s'était trouvé à cent kilomètres d'altitude, il aurait mesuré cent vingt mètres de long. Mais les deux observateurs estimèrent plus probable de lui assigner une distance de trente-six mille kilomètres — orbite géostationnaire — et une longueur moyenne de huit mille mètres ! Vous avez bien lu : huit kilomètres !

Une base spatiale, selon toute vraisemblance, qui, pendant un peu plus d'une semaine, observa tranquillement notre globe avant de repartir vers un autre monde... Un singulier « objet » qui ressemblait assez à la « masse perturbatrice » mise en évidence par les détecteurs d'Alexandre Laugier !

Un indice de poids.

C'est bien après la parution de *Contacts OVNI Cergy-Pontoise* que je devais prendre connaissance des recherches de l'ingénieur Laugier. Aussi, dès notre première entrevue, je l'interrogeais sur l'éventuelle détection de l'Effet α durant le mois de novembre 1979.

— Je n'ai pas attendu ta question pour vérifier, sourit-il en prélevant dans ses énormes piles de bandes la portion qui m'intéressait. Regarde également ces planches qui traduisent de façon plus compréhensible les graphiques...

Clair, net et sans bavure, à la date du 26 novembre 1979, l'Effet α s'étale de 4 h à 4 h 30 du matin ! *Soit l'heure exacte de la disparition de Franck Fontaine ! (Hors-texte n° 15 et 16.)*

Cela portait un autre coup fatal aux allégations mensongères du GEPAN, et des inconditionnels qui l'ont suivi. Telle sera ma conclusion sur l'affaire de

Cergy-Pontoise, ce qui n'empêchera évidemment pas les irréductibles de rester sur leur position ! Ni les larbins du MJ 12 de continuer leur rôle de désinformateurs en insinuant que ce cas est un canular, qu'on en a la preuve (que ne la brandit-on pas, alors ?), que les autorités ne nous cachent rien, qu'il n'y a pas de complot... Patience, quand les FTL (Forces Terriennes Libres, cf. *E.B.E. 1* et *2*) sortiront du domaine romanesque pour faire une entrée fracassante dans notre société corrompue, ces zélés serviteurs ne trouveront même pas refuge dans les terriers de leurs maîtres...

Intimidation et menaces made in USA.

Un correspondant québécois m'a adressé des coupures de presse, malheureusement non datées publiées les années précédentes dans *Le Journal de Montréal*. Je reproduis donc ces articles tels quels, dans un ordre peut-être arbitraire, mais l'intérêt de leur contenu n'en sera pas pour autant diminué.

1er article : « *ET est-il prisonnier ?* » — Washington (Reuter).

« Des créatures extraterrestres sont retenues prisonnières par les forces aériennes américaines, affirme un groupe de citoyens " contre le secret concernant les objets volants non identifiés ". Devant un tribunal tout ce qu'il y a de terrestre, les plaignants ont demandé à l'US Air Force de " relâcher la ou les créatures extraterrestres qu'elle détient actuellement ", a annoncé hier le Pentagone. M. Vernon Orr, secrétaire de l'Aviation, a soixante jours pour répondre à cette demande. Selon le groupe des amis des OVNI, des êtres vivants venus " d'ailleurs " pourraient être actuellement en détention aux Etats-Unis, empêchés ainsi de jouir de " leur droit au voyage ".

Les alliés des petits hommes verts s'en sont pris au Pentagone, à l'armée américaine, au ministre de la Justice, à la CIA et à d'autres organismes officiels. Ils ne connaissent pas l'endroit où les extraterrestres seraient incarcérés mais certains d'entre eux parlent de la base aérienne " Wright Patterson " à Dayton, dans l'Ohio. »

Les Américains ne sont pas seuls en cause. Demeurant en Union soviétique, un correspondant particulier généralement bien informé a signalé à mon confrère et ami Maurice Chatelain qu'en août 1985, les Russes ont retrouvé en Sibérie un vaisseau ET endommagé à la suite d'un crash. Il abritait une quinzaine de cadavres et neuf survivants. Il s'agissait de créatures humanoïdes de la taille d'un enfant de sept ou huit ans, ne possédant pas de sexe (caractéristique d'une variété de Gris, cf. *E.B.E. 2*), pas de bouche, à l'épiderme rosé couvert de petites écailles reptiliennes. Ces êtres sont à la fois télépathes et doués d'autres pouvoirs psi. Exemple : quand l'un des hommes détachés auprès d'eux les quitte, l'un ou l'autre des ET regarde la porte du lieu où ils sont hébergés et celle-ci s'ouvre immédiatement. Ils ne cherchent pas à s'enfuir et les Soviétiques pensent qu'un autre vaisseau viendra un jour les récupérer.

2e article : « *Restes d'extraterrestres* » — Phoenix, Arizona (AFP).

« Deux cadavres d'extraterrestres à la peau argentée, mesurant environ un mètre vingt et portant des combinaisons métallisées, qui semblaient soudées à leurs corps sous l'effet de la chaleur, auraient été récupérés par les autorités américaines après la chute de deux OVNI. C'est ce qu'affirme l'organisation *Ground Saucer Watch* — Observation au sol des soucoupes — basée à Phoenix, dans l'Arizona, qui cite le témoignage de deux officiers à la retraite de l'aviation américaine. Ayant réussi à briser les secrets des services de renseignements américains en invoquant une loi américaine sur la liberté de l'information devant la justice, l'organisation affirme détenir 1 000 pages de documents de la CIA établissant que cette dernière a surveillé depuis 1949 les manifestations d'OVNI. Selon William Spaulding, responsable de *Ground Saucer Watch*, ces documents contiennent plusieurs descriptions détaillées de rencontres entre l'aviation américaine et des soucoupes volantes. Ils indiqueraient notamment que deux chasseurs-bombardiers américains Phantom F4 ont poursuivi deux OVNI en Iran en 1976. L'action en justice de *Ground Saucer Watch* n'est pas terminée. William Spaulding veut obtenir cinquante-sept objets, selon lui en possession de la CIA, qui prouvent l'existence des soucoupes volantes. »

Ici s'insère un article (daté, lui) paru le 19 mars 1982 dans *Le Journal de Montréal* : « *Les informations SECRÈTES sur les OVNI protégées par la Cour Suprême.* »

« Washington (AFP 8/3/1982) — La National Security Agency, le service le plus secret des Etats-Unis, ne sera pas tenue de publier les informations secrètes qu'elle possède sur les OVNI, a déclaré hier la Cour Suprême des Etats-Unis. Cette décision de la plus haute instance judiciaire du pays confirme un jugement similaire rendu par une cour fédérale il y a quelques mois. Elle met un terme à une empoignade juridique engagée en 1979 entre l'organisation " Citoyens contre la mise au secret des OVNI ", militant en faveur de la publication de toutes les informations à ce sujet, et la NASA, qui n'entendait pas publier les siennes.

» Après avoir essuyé un refus de cette agence, l'organisation avait fait appel à la justice en invoquant la loi sur la liberté de l'information, votée en 1968, et autorisant les citoyens à se procurer certains documents administratifs auprès du gouvernement. Le juge fédéral chargé de l'affaire avait invoqué de son côté la loi sur la sécurité nationale des Etats-Unis pour refuser d'accéder à la demande des " Citoyens contre la mise au secret des OVNI ". »

Le couperet de la censure est donc tombé, ruinant les efforts déployés par William Spaulding pour tenter d'obtenir des révélations de la CIA. Officiellement, la loi sur la liberté de l'information est toujours en vigueur... mais elle est à volonté rendue caduque en application d'une autre loi : celle sur la sécurité nationale des Etats-Unis ! Les hallucinations, les gaz des marais, les délires (GEPAN/SEPRA *dixit*) demeurent couverts par le secret d'Etat ! Qui l'eût cru ? Et qui oserait prétendre aujourd'hui que ce communiqué de la *National Security Agency* ne reconnaît pas ainsi, ipso facto, *la réalité irréfutable des OVNI et leur origine non terrestre ?* Ce qui entraîne ipso facto la réalité du MJ 12 et de ses crimes, directs ou indirects, à l'échelle planétaire.

Coucou... fais-moi peur !

Mais voici le troisième article (non daté) qui confirme sans erreur possible ce qui précède et débouche sur l'intimidation et les menaces.

« *La NASA met les enfants en garde contre les " ET " !* »

« On a parlé et reparlé du film *ET*, mais voilà que la NASA vient de faire des déclarations visant à prévenir les enfants que si des " ET " nous visitaient un jour, ils pourraient bien ne pas être aussi gentils et charmants que l'amusant personnage que l'on retrouve dans le film de Steven Spielberg.

» " Il peut être très dangereux, pour un petit garçon comme Elliot, d'approcher un extraterrestre et de le toucher. [Voir le cas du gamin Gerald Anderson, dans les annexes d'*E.B.E. 2*.] L'étranger peut être porteur de germes[1] et peut très bien être dangereux, contrairement à ET ", a déclaré le Dr Brian Clifford, un physicien attaché à la NASA. De plus, aux Etats-Unis, si la situation que l'on trouve dans le film *ET* avait réellement été vécue, *le petit garçon Elliot aurait été passible d'une amende de 5 000 $ et d'un an de prison.* La NASA et le Congrès américain sont très stricts sur le sujet *et quiconque ne rapporte pas une expérience du genre se fait tomber sur le dos par la NASA.*

» " Héros ? Quiconque a vu le film *ET* et qui considère ET comme héros est entièrement dans l'erreur, car ce n'est que de la fiction *et les gens peuvent être portés à penser que les extraterrestres sont des êtres inoffensifs. C'est très mauvais car si jamais une situation du genre devait se produire, si un jeune garçon se trouvait face à face avec un étranger de l'espace, il pourrait courir de graves dangers* ", révélait l'expert.

» Les gens de la NASA déclaraient lors de cette même conférence de presse que les gens pouvaient être assurés que si un vaisseau spatial atterrissait sur le continent américain[2], les gens de l'armée seraient assurément les premiers à se rendre sur les lieux, afin de prévenir toute attaque ou contamination. » (Citation respectant les répétitions ou les lourdeurs de cette phrase.)

Faire appel à l'armée ? Soit. Cela n'implique pas nécessairement des intentions agressives. Mais si le témoin estime qu'il vaudrait peut-être mieux établir

1. Il aura fallu près de quarante ans aux Etats-Unis pour « envisager » que des « étrangers de l'espace » pourraient être porteurs de germes ! Quelle hypocrisie ! Jusque-là, pourtant, ces « étrangers » *officiellement* n'existaient pas... Il y en aurait donc de « méchants » ? En ce cas, pourquoi ne pas en informer le public et confirmer enfin « l'horrible vérité » (cf. les annexes d'*E.B.E. 1*) ?
2. Comme si les ET s'étaient privés de le faire des centaines de fois depuis 1947, sur le territoire américain, et des milliers ou dizaines de milliers de fois sur le reste de la planète ! (Note de l'édition originale, 1986).

un contact amical avec « l'étranger », il pourra toujours prévenir l'IMSA et le CEOF. Notre intervention sera moins spectaculaire que celle de l'armée (nous avons peu de tanks, d'hélicos ou de bazookas) mais nous viendrons bardés d'appareils photo et de caméras. Une galéjade à la manière de Pagnol ? A peine une exagération à partir d'un « futurible » tout à fait possible et qu'il importe, là aussi, de méditer... Dans l'éventualité où *vous* seriez, demain, confronté à une situation analogue !

Mais d'ici là, peut-être, quelque chose aura bougé du côté du Céleste Empire qui pourrait bien remettre en cause la façade faussement innocente édifiée par l'Occident, depuis 1947, pour masquer la réalité des OVNI...

Les Extraterrestres en Chine.

Mars 1983 devra être marqué d'une pierre blanche, avec la parution d'un ouvrage qui fera date dans l'histoire de l'ufologie : *La Chine et les Extraterrestres*, de Shi Bo, avec une remarquable préface d'Aimé Michel, paru au Mercure de France. Cet ufologue chinois nous fournit la preuve que son pays, depuis les temps les plus reculés, est comme tous les autres l'objet d'une surveillance attentive de la part des « Aliens ». Les RR III n'y sont pas rares, non plus que l'embarquement de certains Terriens à bord de vaisseaux discoïdaux. L'un de ces « kidnappés » temporaires parle d'êtres « couverts sur tout le corps de courts poils gris dont la peau ressemblait à celle d'une souris ». L'on pense immédiatement alors à l'affaire brésilienne de Ponta Negra, à la terrible expérience vécue par Luli Oswald et F... G... Shi Bo (comme la majorité des ufologues de l'ancien continent à l'époque) ignorait tout de ce cas ; il me l'a confirmé lors de notre rencontre à Paris en mai 1990... au cours de laquelle je l'ai mis en garde contre le SEPRA, qu'en toute ignorance il avait tendance à placer sur un piédestal !

Prochainement, l'ami Shi Bo publiera un nouvel ouvrage ayant pour titre : *L'Empire du Milieu troublé par les OVNI*. Un ouvrage où il nous révélera d'autres contacts, d'autres événements extraordinaires passés sous silence par nos médias.

La « manne » tombée du ciel.

Ne quittons pas l'Extrême-Orient sans faire une brève incursion au Japon, avec cette étrange dépêche de l'UPI (United Press International, mars-avril — ? — 1985), parue sous le titre : « Les Japonais cherchent un OVNI qui distribua du pain en Afrique. »

« Khartoum — L'aide alimentaire destinée aux victimes de la famine, en Afrique, est acheminée par différents moyens : animaux, camions, hélicoptères, avions. Toutefois, une équipe japonaise s'est rendue au Soudan pour mener une enquête sur un autre moyen : la *soucoupe volante*.

» L'équipe composée de neuf hommes avec à sa tête Kuzu-Kawai, un ingénieur japonais, s'est rendue au Soudan à la recherche d'un groupe de réfugiés éthiopiens qui — selon les affirmations des Japonais — reçut des aliments au moyen d'un Objet Volant Non Identifié lorsque, la nuit de Noël, il se dirigeait vers la frontière du Soudan. Le bureau de Khartoum du HCR (Haut-Commissariat des Nations unies pour les réfugiés) collabora avec l'équipe. Celle-ci fait partie d'un groupe spécial d'investigation sur les OVNI qui a son siège à Tokyo. Il s'agit d'un groupe de chercheurs professionnels voués à l'étude des OVNI.

» La mission, baptisée " Fleur de Cerisier ", conduisit l'équipe en Ethiopie à la recherche des réfugiés qui — au dire des Japonais — eurent une " Rencontre du Premier Type[1] " dans le désert. Les Japonais chargèrent les jeeps qu'ils avaient louées et partirent en toute hâte en direction des villages de Kassala et Gadaref. Ils donnèrent plus de 100 000 $ au HCR et à d'autres organisations similaires en échange du permis nécessaire et de leur collaboration dans la recherche des réfugiés, abrités dans les camps du HCR à l'orient du Soudan.

» A Khartoum, un porte-parole a dit avoir fourni aux Japonais toutes les informations possibles ainsi que les permis leur permettant d'interviewer les réfugiés. L'équipe est en possession de quittances spéciales remises par le HCR de Tokyo, qui collabora activement avec le bureau local. " Il nous sera difficile de trouver ces personnes — dit le porte-parole du groupe, Koji Kiruma, un étudiant de Tokyo — toutefois, nous devons aller les chercher dans les camps de réfugiés. Nous ne savons pas où les trouver, mais nous devons essayer. " Selon les Japonais, cinq mille réfugiés étaient sur le point de mourir de faim lorsqu'un OVNI apparut dans la nuit, ouvrit ses soutes et fit descendre du pain vers eux. Kimura dit que l'information reçue au Japon sur cet événement, survenu la veille de Noël, précisait que cette opération ne pouvait être effectuée ni par des hélicoptères, ni par d'autres moyens aériens communs. Il ne fut pas question d'un largage quelconque d'aliments — dit Kimura — mais, d'après notre source d'information, le pain descendit en flottant, au défi des lois de la gravitation. »

D'autre part, le journal italien *Il Secolo XXI* du 21 avril 1985 écrit :

« Genève — Selon ce qui a été confirmé par le porte-parole d'un organisme international travaillant à

1. Plus vraisemblablement du Troisième Type.

Genève pour l'aide aux pays du tiers monde, des dizaines de familles éthiopiennes, exténuées par la faim, jurent qu'elles ont été restaurées à plusieurs reprises par l'équipage d'une soucoupe volante qui atterrit à quelques mètres d'eux. La soucoupe volante serait apparue le mois passé dans les cieux du Soudan oriental, au-dessus des territoires où sont concentrés une grande partie des réfugiés éthiopiens qui ont abandonné leur propre pays à la recherche de nourriture et de terre à cultiver. »

Il y aurait donc bien eu plusieurs interventions d'ET pour ravitailler ces malheureux, la première à la veille de la Noël 1984 et les autres en mars 1985. Si ces informations devaient être vérifiées, confirmées, nous assisterions là à une orientation nouvelle des activités de nos visiteurs passant ainsi à « l'action » sur le terrain. Au tout début de cet ouvrage (alors que ces informations ne m'étaient pas encore parvenues), je considérais la « Phase V » (actuelle, mais amorcée une dizaine d'années plus tôt), comme une étape de transition. Est-ce le prélude à d'autres « interférences » de plus en plus évidentes avec notre société malade de la faim, de l'égoïsme et de la violence[1] ?

Doit-on considérer la « miraculeuse » intervention salvatrice d'un vaisseau pour nourrir les réfugiés éthiopiens, *la veille de la Noël*, comme un symbole d'espérance ? Comme un signe annonciateur d'un renouveau d'amour et de paix au seuil de l'Ere du Verseau ? Et si, vraiment, l'exemple vient « d'en haut », qu'attendent donc les hommes pour comprendre qu'ils sont frères, sans distinction de pigmentation, de religion ou d'option politique ? Cette prise de

1. De telles interventions ne peuvent qu'être étrangères aux EBE négatifs surnommés les Gris. Sans doute sont-elles l'œuvre des « Grands Blonds », les « Polariens » des Stances de Dzyan révélés par Héléna Petrovna Blavatski, dans son œuvre monumentale *La Doctrine secrète* (éd. Adyar, Paris).

conscience, hélas, risque d'exiger un certain temps ! Au surplus, les « interférences » des ET — si c'est bien de cela dont il s'agit — doivent être modulées en fonction des circonstances et conformément au contexte du moment.

De la « manne » pour affamés... et la trique pour les tyrans...

Les ET cognent ferme, en URSS !

Une conclusion hâtive peut-être, mais comment interpréter le comportement des OVNI en URSS sans envisager cette alternative ? Car si les OVNI observés dans le monde libre se contentent — apparemment — de nous offrir le spectacle de leurs ballets aériens, en Russie, les NLO (*Neopoznanie Letayouchtchies Obiekty* ou Objets Volants Non Identifiés), souvent, cognent ferme pour démontrer leur toute-puissance. Le seul langage que le Kremlin soit en mesure de comprendre... En voici un exemple.

Le 20 septembre 1977 à 4 heures du matin environ, dans le ciel de Petrozavodsk (important site portuaire sur le lac Onega), apparaît un énorme disque d'au moins cent mètres de diamètre. Au fur et à mesure de son approche, sa luminosité s'accroît, marbrée de zones rougeâtres, violines, environnée d'éclats polychromes.

Soudain, des faisceaux lumineux sont projetés sur la ville (220 000 habitants) : les vitres des immeubles explosent, les murs s'effondrent. Les gens, affolés, pensent à une attaque des « agresseurs » américains (la glasnost n'avait pas encore vu le jour). C'est la débandade et par milliers les citadins s'enfuient, terrorisés par ces rayons verdâtres qui dévastent les édifices de la capitale de la République autonome de Carélie, avec ses installations portuaires, ses usines de machines-outils, ses constructions navales, son nœud ferroviaire.

Des milliers de cadavres déchiquetés, broyés sous les murs détruits ? Non. *Seulement quelques blessés par les bousculades consécutives à la panique.*

Le « bombardement » aura duré un quart d'heure, entrecoupé de deux interruptions de quelques minutes. Aucune mort, mais des destructions considérables.

Le vaisseau de combat, sa « démonstration » effectuée, décroche et file lentement vers le nord-est en survolant le lac Onega. Pendant plus de six mois, le même cosmonef reviendra, une vingtaine de fois, « inspecter » le port et la ville de Petrozavodsk. Jean-Louis Degaudenzi, dans son ouvrage *Les OVNI en Union Soviétique*[1], précise : « [...] L'OVNI avait survolé toute l'Europe du Nord durant la nuit du 20 septembre 1977. Il avait été aperçu en Suède vers 3 heures du matin. Près de soixante personnes l'avaient vu au-dessus d'Helsinki, la capitale finlandaise. Les radars de ce pays l'avaient d'ailleurs fugitivement piégé et en avaient référé aux observateurs soviétiques vers le moment approximatif où il entrait dans leur espace aérien. Il est curieux que ces derniers, pourtant avertis et en alerte, n'aient rien capté. »

> Ce n'est pas tellement curieux, Jean-Louis : il est certain, avéré, que ces engins peuvent à volonté se laisser détecter par les radars ou bien « absorber » leur faisceau et laisser ainsi les radarscopes vierges de tout blip ou écho.
> Dans le cas qui nous préoccupe, le vaisseau n'a pas jugé bon de se soustraire à la détection des radars finlandais puisqu'il ne... faisait que passer ! Il n'en alla pas de même lorsqu'il entra dans l'espace aérien soviétique en route vers son objectif !

Il y eut de nombreuses autres « démonstrations » agressives en territoire soviétique et les installations

1. Edition Alain Lefevre, maison qui n'existe plus.

d'une base cosmonautique furent même détruites en partie... par volatilisation des rivets maintenant en place les éléments des polygones de tir : là, point de victimes...

Un incident, beaucoup plus spectaculaire et dévastateur, se produisit le dimanche 13 mai 1984 à Polyarnyy et Severomorsk, localités sur la rive droite de la Tuloma (à une vingtaine de kilomètres au nord de Mourmansk) qui se jette dans la mer de Barents. Certes, pour l'instant, nous ne possédons aucune information quant à l'éventualité du survol de cette région, à ce moment-là, par des *NLO* ou OVNI, mais l'étrangeté des faits rapportés (cf. *Apocalypse au-delà du cercle polaire*, article de Robert Lacontre in *Le Figaro-Magazine* du 20 octobre 1984) nous oblige à faire un rapprochement avec des multiples agressions/démonstrations antérieures.

Polyarnyy et Severomorsk sont, pour diverses raisons, en zone interdite : frontière norvégienne à moins de cent kilomètres, bases de sous-marins nucléaires, seize camps de concentration, dont celui de Kandalakcha pour femmes et enfants. En tout, quarante à cinquante mille prisonniers, droits communs et politiques (R. Lacontre). Soudainement, une terrifiante explosion que tous les sismographes du monde vont enregistrer, car elle aura les effets d'un formidable séisme.

Que s'est-il passé ? Encore un coup des « vipères lubriques » ? Non. Simplement, l'explosion de plusieurs dépôts de missiles conventionnels et nucléaires ! Il s'ensuivra un incendie titanesque qui, durant cinq jours, ravagea totalement les installations militaires voisines des dépôts de munitions. « Des dizaines de bunkers sont détruits, plusieurs aéroports souterrains sont endommagés et plus d'une vingtaine de silos stratégiques [...] Les " zeks " [prisonniers du goulag] ont été consignés dans leurs camps et dans les mines de cuivre et de nickel où ils travaillent [...] Il y aurait plus de quatre cents morts, deux mille blessés ou brûlés. Plus de douze cents missiles sol-sol, sol-air, mer-sol, mer-air ont été anéantis, conventionnels ou nucléaires [...] soit plus des trois quarts de tous les stocks de missiles de la flotte soviétique du Nord, la plus importante des quatre flottes soviétiques [...] Il faudra plus de deux ans pour que l'armada du Nord devienne de nouveau opérationnelle » (R. Lacontre).

Six autres catastrophes du même genre dévastèrent d'autres bases militaires en URSS, en 1984... à la suite desquelles « plus d'une centaine de militaires de haut rang ont été limogés ou fusillés. La série actuelle, poursuit le journaliste du *Figaro-Magazine*, pourrait laisser croire que les autorités se trouvent confrontées à un sabotage intérieur organisé par des militaires voulant saper le régime ». (Voir aux annexes « Tchernobyl ».)

L'avenir nous dira laquelle, de l'hypothèse « sabotage » ou « agressions d'OVNI », est la bonne, mais nous pouvons formuler un souhait en faveur de la seconde [1]. Ces démonstrations de force devraient inciter certains tyrans à bien réfléchir avant de déclencher un troisième conflit mondial (fût-ce par l'entremise d'un pays à leurs ordres). Dans cette hypothèse « futurible », il est permis de penser que ces cuisants avertissements de la part des ET ne seraient que broutilles comparativement à leurs fantastiques capacités de représailles. Et les deux Grands le savent pertinemment qui, le 30 septembre 1971, ont signé à Moscou un « Accord sur les mesures en vue de la réduction des risques de guerre nucléaire entre l'URSS et les USA »

1. Ce qui n'exclut point une troisième hypothèse : coups de semonce adressés aux Gris et au MJ 12 par l'espèce bienveillante des « Polariens »... dont l'intervention serait une bénédiction qui permettrait d'éliminer les canailles pour, ensuite, parler enfin d'Amour !...

(accords signés par Andrei Gromyko et William Rogers). Négligeons les divers articles afférents à « la détection des avions et missiles des deux contractants » pour nous pencher sur celui-ci :

« *Article 3.* Les parties autocontractantes s'engagent à s'informer immédiatement l'une l'autre, *dès qu'elles ont repéré des OVNI,* par l'intermédiaire de leur système de préavis d'attaque par missile, ou même si se manifestent des troubles dans ces systèmes ou à des moyens de communications correspondant, si de tels phénomènes peuvent provoquer un danger de déchaînement de la guerre nucléaire entre les deux pays. »

Et la preuve que les « parties autocontractantes » savent parfaitement à quoi s'en tenir quant à la présence des OVNI dans leur espace aérien, c'est que l'on n'a jamais vu les Etats-Unis ou l'URSS échanger des invectives ou des protestations « indignées » après le survol de leurs territoires respectifs par l'un de ces engins prétendus non identifiés...

En voici une démonstration récente. Le 9 février 1985, *Le Figaro-Magazine* publiait ce court article : *Alerte en URSS : satellite laser US ou OVNI ?*

« Un étrange objet non identifié émettant de puissants rayons lumineux en direction de la Terre a été repéré par les stations de radar militaires dans le nord-ouest de l'URSS. Toutes les batteries de fusées de la région ont été mises en état d'alerte. Au même instant un avion de ligne se rendant à Tallin, Estonie, a été poursuivi par ce mystérieux engin. Une enquête est en cours. S'agit-il d'un satellite laser américain télécommandé ou d'un OVNI ? »

De telles manœuvres « d'agression » de la part d'un avion américain auraient dû susciter les vociférations du Kremlin[1]. Or, comme le dit Pierre Perret dans l'une

---

1. Qui, pour beaucoup moins que cela, ordonna à ses chasseurs d'abattre un avion civil sud-coréen, assassinant ainsi de sang-froid plusieurs centaines d'hommes, de femmes et d'enfants !

de ses chansons (sans rapport avec le sujet) : « Y mouftent pas ! »

D'étranges rumeurs venues de l'Est.

Début août 1985 — Effectuant des recherches sous-marines au large du Portugal et au voisinage des Açores, les Russes auraient découvert les vestiges d'une ville engloutie. Vous pensez à l'Atlantide ? Les Russes aussi ! Le sous-marin qui procédait à ces recherches, inexplicablement, subit une panne générale de courant pendant une vingtaine de minutes, lui interdisant, durant ce temps, de refaire surface.

Début octobre 1985 — Un mystérieux vaisseau de trois cents mètres de diamètre et six engins de faible dimension (modules de reconnaissance) ont été observés à 14 heures, ce jour-là, à l'est de Moscou. L'un de ces engins aurait abattu un Mig lancé à leur poursuite.

Le 5 juillet 1985, puis le 17, à bord de *Saliout 16*, six astronautes soviétiques auraient vu évoluer près de leur vaisseau des « cosmonautes » extraterrestres dotés d'ailes (?) les faisant ressembler à des anges. Ce qui autorisait à penser que les ET ne se privent pas de « faire du cinéma », aux Soviétiques comme aux Occidentaux [1] ! Voler avec des ailes dans le vide spatial, il faut le faire ! C'est très fort ; aussi fort que de faire la planche, en mer ou en rivière, avec une enclume sur le ventre !

1. Les ET ajoutent ainsi à leur approche (bien réelle) de *Saliout 16* une mise en scène puérile qui, rapportée à la communauté scientifique, la fera bêtement s'esclaffer puis nier les faits sans chercher plus loin.

Le prince Charles d'Angleterre, contacté psi ?

Le *Sun* relate ce qui suit, dans sa livraison du 18 juin 1985, sous le titre : *Le prince Charles d'Angleterre eut une brève rencontre avec un vaisseau extraterrestre.*

« Le prince Charles est rentré d'une croisière à bord du yacht *Britannia* [...] Il était 21 h 30 [jour non précisé de ce mois de juin si riche en observations, voir chapitre suivant, JG], et le bateau se trouvait dans les eaux équatoriales lorsque, subitement, les moteurs commencèrent à émettre un bruit étrange, tandis que les lumières de bord baissaient simultanément. Quelques secondes plus tard, les moteurs cessèrent tout à fait de fonctionner et les lumières s'éteignirent. Une grande obscurité régnait autour du *Britannia*. On ne voyait que les étoiles.

» Charles se promenait sur le pont, contemplant le firmament, lorsqu'un objet apparut dans le ciel. " Il était de forme cylindrique, assez grand et il avait des lumières sur les deux côtés, déclara l'un des marins au service du prince [...] J'étais tellement étonné de ce que je voyais que je restais pétrifié, sans pouvoir bouger. Au milieu de cet objet étrange clignotait une lumière verte, tandis qu'une autre, rouge, demeurait fixe en dessous. Il ne ressemblait à rien de ce que je connaissais ; étant marin de guerre, je suis censé avoir vu tous les types d'avions et de bateaux construits jusqu'ici.

» Charles resta immobile à le regarder. Nous étions tous les deux *dans l'impossibilité de remuer* [c'est moi qui souligne, JG]. Ensuite, je vis un rayon de lumière brillante sortir de l'objet et se diriger vers le prince. Cette lumière ne resta que cinq secondes, mais mon impression était qu'elle avait persisté, demeurant sur lui pendant des heures... " »

Le témoin voulut descendre chercher les autres marins, pour qu'ils puissent avec eux observer cet appareil fantastique, mais ses pieds semblaient collés au sol.

« Ensuite, poursuit le témoin, le véhicule spatial disparut ; Charles, qui semblait étourdi, comme en proie au vertige, s'assit sur une chaise du pont. Je décidai de le laisser seul quelque temps, d'autant plus que je me sentais moi aussi affaibli... »

Le marin descendit voir ce que faisait l'équipage et il consulta sa montre, réalisant que, depuis le commencement des ennuis des moteurs et jusque-là, cinq minutes seulement s'étaient écoulées. L'éclairage se ralluma et, pendant qu'il se dirigeait vers l'équipage, les moteurs se remirent en marche. Tout fonctionnait comme avant la « rencontre ».

Ecoutons de nouveau son témoignage :

« Lorsque je me fus assuré que tout allait bien, je me rendis auprès du prince pour lui demander s'il n'avait besoin de rien. J'étais préoccupé parce qu'il semblait souffrant, depuis la " rencontre ". Je l'informai de la situation (redevenue normale) dans l'entrepont. Le prince paraissait avoir le même comportement que d'ordinaire ; aussi je ne lui dis mot du vaisseau extraterrestre.

» Je bavardai ensuite avec plusieurs membres de l'équipage qui se trouvaient à l'entrepont au moment de la grande panne. Tous nous avions eu la sensation d'être dans l'impossibilité de remuer lorsque le vaisseau était au-dessus de nous. Nous avions perdu la notion du temps et demeurâmes immobiles jusqu'à la disparition du vaisseau spatial. Je suis, toutefois, le seul à avoir vu le rayon " spécial " de lumière dirigé vers le prince. J'en ignore la signification. »

Un rayon qui, assurément, n'avait qu'un très lointain rapport avec celui d'un banal projecteur ! Sans doute véhiculait-il un « message » destiné à l'illustre passager du *Britannia*, message probablement moins simpliste que ne l'étaient certains autres rapportés par quelques contactés[1].

Même si nous comprenons les « raisons d'Etat » qui ont pu déterminer le silence du prince Charles, qu'il me soit permis de lui adresser cette requête :

Monseigneur, à défaut d'espérer obtenir des précisions quant au contenu du message — si message il y eut —, la confirmation de l'observation de ce vaisseau par Votre Altesse Royale présenterait un intérêt capital pour les ufologues du monde entier. Témoignage infiniment plus important que celui de Jimmy Carter, ex-président des Etats-Unis, lequel ne vit un engin qu'à haute altitude. Nul doute également que la narration de ces événements vécus par Votre Altesse Royale lui vaudrait l'admiration et la reconnaissance du plus grand nombre. Il serait par ailleurs fort réjouissant de voir les réactions apoplectiques de la gent rationaliste et chez nos amis anglais et chez ceux du continent ! O plaisir sans mélange !

J'ai l'honneur d'être, Monseigneur, avec le plus profond respect, de Votre Altesse Royale le très humble serviteur. And may the Force be with Your Royal Highness.

Jimmy Guieu.

Les deux Grands et les ET.

Paru le 6 décembre 1985 dans *Le Monde*, le court article suivant passa quasi inaperçu ; et pourtant, il y

1. Peut-on ici invoquer une induction psi ? Le fait est que le prince Charles manifeste une ouverture d'esprit, une lucidité, un comportement remarquablement positif à l'endroit des grands problèmes de notre temps, critiquant à bon escient une certaine forme d'architecture, argumentant avec pertinence sur l'écologie et tout ce qui, de près ou de loin, concerne les humains. En outre, bien des fois, surpris par les photographes ou les caméras de la TV, le jeune prince paraît absorbé, préoccupé, peut-être soucieux comme pourrait l'être un homme (aussi illustre fût-il) instruit d'un fantastique secret...

était question d'une déclaration au plus haut niveau de la géopolitique et ses prolongements plausibles pourraient être proprement fantastiques[1] ! Qu'une telle déclaration n'ait mérité que trente-cinq lignes à la cinquième page du *Monde* (voir page 231) au lieu de s'étaler à la « une » de tous les quotidiens est consternant ! A se demander si le jour où « ils » débarqueront, les journaux ne relégueront pas l'information dans la rubrique « faits divers » du genre : « Une concierge gifle un gamin qui faisait du patin à roulettes devant sa loge ! » A l'inverse, les événements sportifs ont droit à des manchettes énormes au style redondant : « Désastre national : l'équipe de rugby de Zizy-sur-Mounine (Bouches-du-Rhône) écrasée par celle de Wazymoloh (joueurs calabrais, redoutables s'il en fut) ! »

Le président Reagan savait parfaitement de quoi il parlait et Gorbatchev le savait aussi. Chacun possède dans ses dossiers *top secret* des éléments, des informations qui, traitées d'une certaine manière, pourraient laisser croire qu'une « invasion » extraterrestre n'est plus du domaine de la SF. Cette manière alarmiste de voir les choses résulte des recherches du major von Kevitzky présentées voici quelques années à l'ONU. De quoi faire réfléchir. Et les deux Grands ne s'y trompent pas ! En effet...

A partir de ce que nous savons des performances techniques de nos visiteurs, il est aisé d'imaginer ce qui se produirait s'ils décidaient un jour de mettre au pas un agresseur : interruption instantanée des sources d'énergie électrique (les exemples abondent de pannes géantes de courant imputables aux OVNI), rupture

1. Ils le furent, avec la chute du mur de Berlin, la réunification de l'Allemagne, l'élimination (encore incomplète, pour l'instant) de la barbarie communiste ; ces revirements, naguère impensables, découlent de l'application (un peu tardive) des principes exposés à Eisenhower en 1954, à Edwards Air Force Base, par la délégation « polarienne » à laquelle le président des Etats-Unis avait conseillé de revenir trente ans plus tard !

d'allumage des moteurs à explosion (véhicules au sol), des circuits et dispositifs électroniques à bord des jets, des navires, des fusées vectrices de charges nucléaires que des « champs dégraviteurs » canalisés pourraient stopper puis déposer gentiment dans un désert. Blocage également des silos, des rampes de lancement de missiles dont les charges seraient « gelées », rendues inopérantes. Et je néglige l'action inhibitrice, incapacitante, que provoquerait sur les troupes le procédé d'induction psi dont disposent les « Intelligences du Dehors ». Sans coup férir, sans holocauste ni victimes, l'agresseur serait paralysé.

Science-fiction ? Aujourd'hui, peut-être. Mais demain ?

Si la radio et la télévision, en France, sont directement ou indirectement contrôlées par l'Etat, la presse — ce « quatrième pouvoir » — demeure relativement libre[1] lorsqu'elle n'est pas inféodée à des intérêts souterrains tentaculaires, tels ceux de la Trilatérale, cette hydre polycéphale qui tend à contrôler financièrement le monde !

Nous allons exposer à présent certains événements soigneusement occultés par les autorités et c'est alors que les médias libres, sans plus tarder, se devront d'entendre notre cri :

RÉVEILLEZ-VOUS

1. Outre l'autocensure (le droit du prince, le directeur ou le rédacteur en chef pouvant être « contre » les OVNI !), il existe nombre de moyens de pression pour tempérer l'ardeur de journalistes honnêtes disposés à aller plus loin et à diffuser l'information ufologique.

LE PRÉSIDENT
ET LES
EXTRATERRESTRES

Fallston (Maryland) *(AFP.)*. — Le président Ronald Reagan a révélé mercredi 4 décembre qu'il avait invité M. Mikhaïl Gorbatchev lors du sommet de Genève à réfléchir sur l'éventualité d'une menace d'extraterrestres et sur la réconciliation américano-soviétique qui en résulterait.

M. Reagan a confié aux élèves du lycée de Fallston, dans le Maryland, qu'il avait demandé au numéro un soviétique : « *Pensez comme* (votre) *tâche et la mienne seraient facilitées si ce monde était soudain menacé par des espèces venues d'autres planètes en dehors de cet univers. Nous oublierons toutes nos divergences locales et nous nous rendrions compte une fois pour toutes que nous sommes des êtres humains vivant ensemble sur cette Terre.* »

Le président des Etats-Unis, qui a mis son projet de défense spatiale (la « guerre des étoiles ») au centre de son approche du désarmement, n'a pas précisé quelle réaction ses propos avaient suscité de la part de M. Gorbatchev.

M. Reagan a aussi exhorté le secrétaire général soviétique, a-t-il déclaré à son auditoire, « *à faire reculer les barrières qui séparent nos deux peuples* ».

9

L'antigravitation, je l'ai écrit il y a plus de trente ans dans le magazine italien *Oltre il Cielo*, est/sera la clé de l'astronautique. Ce que ne sera *jamais* le pétrole, non plus que ses dérivés. Si l'on sait que la science officielle et l'Union rationaliste qualifient l'antigravitation d'utopie, de fadaise non scientifique assimilable à la lecture du marc de café, l'on comprend qu'aucun des chercheurs « marginaux » en ce domaine (ils ne sont pas légion) n'ait jamais obtenu d'aide financière des gouvernements.

> Lesquels pourtant financent en grand secret de telles recherches. Stan Deyo traite de ce sujet en connaisseur dans son livre *La Conspiration cosmique, op. cit.*

Je n'en veux pour preuve que les trente ou quarante années de recherches conduites en privé par feu le docteur Marcel Pagès sur l'antigravitation. En 1953, dans son laboratoire (4 rue Parazol, Perpignan), j'ai vu un disque de carton doté à sa périphérie de petits aimants s'élever, flotter en l'air ; j'ai vu également un ruban d'aluminium de deux mètres sur cinq centimètres sauter et flotter de la même manière. Certes, cela n'avait rien d'un cosmonef interstellaire, mais c'était je pense un premier pas. En 1958, lors du retour au pouvoir du général de Gaulle, j'ai conseillé à mon ami

Pagès de préparer un dossier exposant ses recherches, les résultats obtenus et ses desiderata, à savoir : travailler dans un labo du CNRS *sans contrainte*, être intéressé par des royalties si son engin antigravitatif voyait le jour, enfin, recevoir un salaire d'ingénieur. Prétentions bien modestes, on en conviendra.

Ayant appartenu durant la Seconde Guerre mondiale aux SR (Services de renseignement) des MUR (Mouvements Unis de Résistance), sous l'occupation allemande, j'avais conservé certaines relations qui allaient me permettre de faire parvenir en toute sécurité le rapport Pagès au général de Gaulle. Ce fut le commandant Barbier (Sécurité militaire, Marseille) qui transmit amicalement ce document au cabinet du général. Lequel le communiqua pour examen à l'autorité scientifique compétente... qui l'expédia aux oubliettes !

L'antigravitation allait à l'encontre d'intérêts colossaux et dérangeait le conformisme pontifiant. C'est tout aussi vrai aujourd'hui, en 1992.

Black-out sur les soucoupes volantes.

C'est le titre de l'un de mes ouvrages documentaires et ce n'est point un paradoxe que de le lier au pétrole ! En effet, pour les gouvernements, reconnaître que les OVNI sont des vaisseaux extraterrestres fonctionnant sur le principe de l'antigravitation serait implicitement avouer que nos fusées ne seront jamais capables d'atteindre des vitesses supraluminiques, condition *sine qua non* pour gagner d'autres systèmes solaires. L'argument de la science officielle selon lequel nul astronef ne pourra dépasser la vitesse de la lumière est un sophisme, un raisonnement étriqué, relevant de cette sclérose mentale qui interdit à nombre de scientifiques d'admettre que le fantastique d'aujourd'hui sera la banalité de demain. (*Une théorie nouvelle ne triomphe jamais,* disait Max Planck, *ce sont ses adversaires qui finissent par mourir.*)

Reconnaître l'inanité de la pérennité du pétrole (sans compter son terrible pouvoir polluant) et convenir que les vaisseaux « aliens » utilisent l'antigravitation fait frémir d'horreur les trusts pétroliers chapeautés par un holding planétaire occulte (maître de tous les conflits)[1], à côté duquel les multinationales traditionnelles ne sont qu'aimables boutiquiers ! Ce holding, cette synarchie de l'ombre, dicte ses lois, les impose, tire les ficelles dans les coulisses ; et pendant ce temps, les gouvernements confondent leur « autorité » avec le *pouvoir*, le terrifiant pouvoir de cette super-mafia qui régente le monde sans soucis de couleur, de tendance ou de religion des « veaux » qu'elle entraîne à l'abattoir.

> C'est ce que je démontrais déjà, en mai 1974, dans mon article *Petrolio, Supermafia e Dischi Volante* paru dans le mensuel italien *Il Giornale dei Misteri* (voir bibliographie in fine).
>
> Hypothèse de travail ? Sans doute, néanmoins, il se pourrait bien que parmi les ufologues « accidentés », « suicidés » (dont l'astrophysicien Morris K. Jessup, aux Etats-Unis, avec lequel j'entretenais des rapports amicaux), certains aient découvert une preuve « justifiant » leur élimination physique !
>
> A toutes fins utiles et incidemment, je signale n'avoir pas la moindre envie de me suicider (au demeurant, cette preuve matérielle, je ne la possède pas ; et puis, auteur aussi de romans SF, il est facile d'insinuer que je fais... de la science-fiction). Au surplus, je suis prudent en traversant les rues. Il n'empêche qu'à diverses reprises j'ai reçu des menaces de mort... bien inutiles parce que mes dossiers-dynamite, constamment remis à jour, complétés, sont dispatchés : deux exemplaires en France et cinq en cinq pays étrangers.

1. Thème développé par l'auteur dans *La Force sans visage*, paru chez Vaugirard, n° 57 collection « S.F. Jimmy Guieu ».

Au cas où... Des précautions analogues sont également prises par la dizaine d'ufologues de pointe de mes amis qui subissent les mêmes menaces et harcèlements téléphoniques. Les coupables (appartenant à un service très officiel spécialisé dans les écoutes téléphoniques avec la complicité et la culpabilité de l'Etat) ne perdent rien pour attendre ; un jour viendra où les changements seront tels que nous serons alors en mesure de leur demander des comptes. Ils le savent et l'un d'eux, prenant très au sérieux mes menaces de représailles (cf. la vidéocassette *OVNI-EBE : l'invasion a commencé*), nous a adressé une lettre (anonyme) signée « un ennemi malgré lui » (voir le fac-similé, page 236).

Tant que régnera ce pouvoir occulte du MJ 12 relayé par une pieuvre aux innombrables tentacules, l'homme restera cet « infirme prisonnier de ses dimensions[1] », rivé à sa planète. C'est tout juste si « on » lui autorise des sauts de puce avec ses fusées (consommatrices de pétrole). « On » lui refusera l'accès à ces milliers de mondes terroïdes (conformes à notre biotope) répartis parmi les 300/400 milliards de soleils de notre galaxie. *Mais les choses peuvent changer, si cet élément inconnu détermine un jour les Aliens positifs à infléchir notre évolution négative...*

Konstantin Tsiolkovski, génial précurseur de l'astronautique, disait déjà au siècle dernier : « La Terre est le berceau de l'humanité, mais l'on ne passe pas sa vie dans un berceau. »

La survie même de notre espèce — demain ou après-demain menacée par des cataclysmes géologiques, climatiques... sinon par des joueurs fous d'un super-*War Game* — sera peut-être conditionnée par l'expansion de l'homme vers d'autres systèmes stellaires. C'est ce qu'ont compris certains ufologues et c'est aussi, en

1. Jean Cocteau, dans sa préface à mon ouvrage documentaire, *Black-out sur les soucoupes volantes*, réédité chez Vaugirard. (*N.d.A.*)

Suite aux differentes imformations qui se produisent en france
au E.U et ailleurs,vu que moi aussi j'ai de la famille.Je
tiens a vous dire que je suis une personne d'un service tres
special et,ma mission avec d'autre collegues et la surveillance
avec tout ce qui s'en suit.
Notre mission se nomme PRESSION G.G.R.
En effet surveillance telephonique et physique de votre petit
groupe qui derange beaucoup.
Mon identitee vous ne la connaitree jamais(ma securite et celle
de mes proches)mais l'histoire des petits gris commence a etres.
une tres grosses epine du gouvernement français et cela a cause
de vous.
Je tiens a vous prevenir que moi j'ai vu des documents classes
TOP SECRET de l'aviation militaire et je peut vous dire pauvre
de nous.
J espere qu'enfin vous reussirai votre mission mais DANGER il
y aura des tres gros risque.Moi je ne peut plus rien faire
je suis trop mouiller maintenant dans cette histoire.
J espere que vous me comprennais et ce que je peut dire
encore pour l'instant ,quand ces moi qui serais de surveillance
ecouter attentivement le telephone(BIP BIP BIP)
Je vou s demande de garder cette lettr'e pour vous et que vous
sachiez que dans vos ennemis il y a des amis

        un ennemis malgre lui

    PS cette machine est la meme qui a servie pour vos let-tres
anonymes
G.G.R= guieu.gamb.ranguis
attention il est prevu une operation plus muscle que ce soit pour
vous ou le ceof et jfg

236

gros, le contenu fondamental des messages souvent délivrés aux contactés par nos visiteurs. Mais ceux-ci ne se privent pas de préciser que la survie de l'homme, son émigration vers ailleurs, dépendent de son aptitude à gagner en sagesse, en spiritualité. Ce qui, hélas, n'est pas évident ! Même si une psychomutation bénéfique s'opère chez un nombre grandissant de Terriens, il leur faudra beaucoup de temps, peut-être, pour parvenir à ce stade. Et le Dieu pétrole a encore de beaux jours devant lui ! *Mais ses jours sont comptés !...*

Nous trouvons, parfois, un humour involontaire dans les explications avancées pour rendre compte de certains phénomènes difficilement explicables par des causes naturelles. Un exemple : le 11 juillet 1983, au village de Westbury (près de Winchester, Wiltshire, Angleterre), M. Payne, fermier, découvrit dans son champ de blé cinq cercles parfaits, le plus grand mesurant quinze mètres de diamètre, et les autres, géométriquement disposés aux quatre angles d'un carré rigoureux dont le grand cercle formait le centre, mesurant cinq mètres quarante de diamètre. Un phénomène identique avait été constaté au même endroit en 1980 et 1981. Dans chacun de ces cercles parfaits, le blé était écrasé selon une spirale partant de leur centre.

« Rien de mystérieux, affirmèrent les sceptiques. C'est là le résultat de tourbillons de vent ou d'une tornade. » Une tornade obéissant alors aux règles rigoureuses de la géométrie ! Or, cette nuit-là, il faisait un temps splendide. Il fallait trouver autre chose. On le trouva : ces cercles parfaits, au blé écrasé en spirale, avaient pour auteurs des hérissons « venus joyeusement copuler au clair de lune par cette belle nuit d'été. » Intelligemment, le *Daily Express* du 1er juillet 1983 donne cette brillante explication sans commentaire.

Je ne suis point zoologue ni spécialiste des mammi-

237

fères insectivores, mais je serais fort surpris que ces gentilles bestioles aient pour habitude de coïter joyeusement en décrivant des cercles rigoureux. Mais il ne faut jurer de rien ; les hérissons ont peut-être aussi leurs virtuoses des galipettes acrobatiques, leurs champions de la ronde amoureuse, les couples en présence tourbillonnant jusqu'à épuisement sans jamais sortir du cercle. Ce qui ne doit pas être facile, dans un champ de blé sans visibilité, pour ces aimables don Juans hauts comme une pomme !

Quant aux centaines de cercles analogues apparus dans le sud de l'Angleterre en l'espace de quelques semaines en 1991, une sorte de débile baveux vint déclarer à la télévision (en compagnie de son soi-disant compère qui était certainement plutôt son « cornac »), qu'il était l'auteur de ces « ronds » (sans préciser de combien) faits pour s'amuser ! Le simplet ne nous a pas expliqué non plus comment ni avec quel argent il avait pu exécuter ces mêmes cercles en Australie, en Nouvelle-Zélande et en Argentine. Mais là intervient la géniale trouvaille d'un ufologue français, Michel Figuet : le coupable fut un hélicoptère volant sur le dos, ventre en l'air, pales tourbillonnant au ras des pâquerettes ! Pauvres hérissons ainsi dérangés pendant leur saison des amours... tourbillonnaires. Au secours, Brigitte Bardot, faites que cesse ce scandale !

Cette brève incursion chez les farfelus ne doit pas nous faire oublier la gravité du problème OVNI. Le moment est venu, comme promis, d'en administrer la démonstration assortie de *preuves* et, une fois encore, de dénoncer la censure officielle.

Nos bases militaires sous surveillance des EBE.

Mes précédents ouvrages documentaires (*Les soucoupes volantes viennent d'un autre monde, Black-out sur les soucoupes volantes, Le Livre du paranormal)* rapportent d'innombrables observations d'OVNI — ou phénomènes paranormaux — attribuées à M. X... ou Mme Y... de la ville de N...S... ou L... J'ai toujours respecté l'anonymat de ceux qui me faisaient confiance et dès sa création en 1978, l'IMSA adopta le même principe de discrétion. Seuls les faits comptent et peu importe que le témoin s'appelle Dumont, Smith, Pépito ou Hoffman, qu'il habite Paris, Montréal, Brasilia, Turin ou un village reculé du Queensland en Australie.

Ce respect, ce souci d'assurer aux témoins leur anonymat incita beaucoup d'entre eux à m'écrire, à me faire part de leur expérience, sachant que je ne les trahirais pas, que je ne les tournerais pas en dérision.

Cela étant, j'obtins aussi des témoignages émanant de militaires sur des observations « top secret » du plus haut intérêt. Toujours en respectant l'anonymat de mes informateurs, je décide aujourd'hui [1] de lever le voile... et d'une manière telle que les négateurs impénitents, ainsi que les autorités, auront du mal à réfuter ma démonstration.

Il y a quelques années (je reste volontairement dans le flou), séparément et indépendamment les uns des autres, des militaires (simples bidasses ou officiers, je ne le préciserai pas) m'ont adressé des rapports très circonstanciés. Certains de ces rapports, *parfaitement concordants*, intéressaient des événements fascinants survenus — fort souvent — sur le plateau d'Albion, en Provence, siège du premier Groupement de missiles stratégiques à charge nucléaire : les SSBS ou « sol-sol balistiques stratégiques ». Ce vaste plateau recèle des silos (une vingtaine très approximativement, dont deux leurres) abritant chacun un missile et son ogive atomique. Chaque silo, entouré d'une solide clôture

1. L'édition originale de ce livre, écrit en 1985, fut publiée en 1986. Mais ce que nous savons du sujet depuis 1988 est infiniment plus fantastique. Nous le verrons plus loin.

électrifiée, balayé par une caméra, possède une petite construction rectangulaire dominée par une antenne : à proximité, la dalle mobile cachant la fosse et son missile.

Dès l'implantation de ce site stratégique, des vaisseaux « non identifiés » le soumirent à une surveillance constante en plafonnant à une altitude voisine de deux mille mètres. Puis les « espions » venus du ciel s'enhardirent, inquiétant assez les « commandos de l'air » affectés à la surveillance et à la sécurité du site.

Il a été dûment constaté, par exemple, que lorsque l'un des silos est ouvert pour des raisons de maintenance technique, *quarante-huit heures plus tard, un vaisseau de dimension impressionnante fait son apparition sur la base. Il largue des modules sphériques d'observation qui, eux, descendent à quelques dizaines de mètres (parfois moins) et viennent faire un statique à la verticale du silo ouvert deux jours plus tôt.*

Jamais ces modules d'observation rapprochée ne se sont trompés d'objectif : ils « savaient » avec précision lequel des silos ils devaient « sonder » avec leurs moyens de détection hypersophistiqués que ne gênait aucunement la dalle de béton couvrant la fosse, d'un poids, d'une épaisseur respectable...

Parfois, des sentinelles montant la garde à proximité immédiate du silo concerné (modestes bidasses songeant davantage à la prochaine permission qu'aux mystères célestes) donnèrent l'alerte en voyant descendre ces boules lumineuses ou mouchards téléguidés. Dans son affolement, l'un de ces soldats braqua sa torche électrique vers ces « intrus » et fut jeté à terre par une « force inconnue », sous les yeux de ses camarades et du sous-officier présents. *Les incidents de ce genre ne se comptent plus !*

Est-il nécessaire de souligner l'embarras des autorités de la base installée à Saint-Christol, en bordure du plateau d'Albion, devant la réédition fréquente de ces « raids de mouchards » largués par un vaisseau mère ? Embarras aggravé par des consignes de silence. La situation du commandement de la base est inconfortable. D'abord parce que la gendarmerie de l'air dépendant de la base, parfaitement au courant de ces incursions intempestives, ne fait généralement pas de constat officiel. Dès lors, nul document n'est transmis à l'autorité militaire supérieure... censée devoir en informer le GEPAN. Nous savons en fait que c'est faux : cet organisme-écran — même du temps de son activité — n'avait pas à être informé des observations couvertes par le Secret Défense.

Un Watergate cosmique.

Par ailleurs (bien que ces observations relèvent d'un secret de Polichinelle) l'état-major, en principe, ne recevant pas *officiellement* de rapport sur le survol par des OVNI de ces installations militaires stratégiques (au demeurant interdites de survol), à tous les échelons de la hiérarchie, chacun ouvre son parapluie, se tait et attend que « ça se tasse » sans trop se faire remarquer. Paradoxe et hypocrisie sont de mise : tout le monde est au courant mais, chut, personne n'a rien vu, il ne s'est rien passé ; parlons donc d'autre chose ! Pire, touchés par la grâce des théories sociopsychologiques chères au feu GEPAN et au SEPRA, des ufologues font chorus et haussent les épaules : rien de concret, simplement des créations mentales, des rêves éveillés, des lampadaires dans le brouillard... (Quand un Evry Schatzman, président de l'Union rationaliste, assure sans rire que les OVNI s'expliquent très bien par le reflet des phares de voiture dans les yeux des vaches, tous les espoirs sont permis aux pseudo-ufologues dévôts de la sociopsychologie.)

A ces candides (?) pérorants, l'on a la furieuse envie

de crier : « Ouvrez donc les yeux ! Cessez de vous laisser berner et manipuler par les " anti ", ces loups qui ricanent en se pourléchant les babines avant de dévorer les moutons bêlants que vous êtes devenus ! »

Écœurés de ce comportement, régulièrement informés des incursions de ces vaisseaux et de leurs « mouchards » sur le plateau d'Albion[1], René Voarino, président du CEOF, Centre d'Etudes OVNI/France (ex-CEOSE, Centre d'études OVNI du Sud-Est) et moi-même décidons de mettre les autorités face à leurs reponsabilités...

Ainsi naquit l'opération « Rapa Nui ».

Le 4 avril 1985, j'adressai le courrier suivant à Charles Hernu, ministre de la Défense, 14 rue Saint-Dominique, 75700 Paris :

Monsieur le Ministre,

J'ai l'honneur de solliciter de votre bienveillance le concours de votre Ministère dans un projet d'expérience ufologique menée conjointement avec le CEOSE : Centre d'études OVNI du Sud-Est, B.P. 21, 13170 La Gavotte, présidé par M. René Voarino.

1. Outre les militaires de la base, des centaines de témoins civils ont rapporté ce qu'ils ont vu depuis les villages environnants. Un exemple : le 11 novembre 1980, un énorme « cigare » auréolé d'une lueur verte avec des nuances de jaune évolua (parfois à basse altitude) sur toute la région, larguant des objets lumineux au gré de son périple. A 18 h 45, le nombre des témoins fut considérable et la presse baptisa ce vaisseau l' « OVNI de l'Armistice » ! L'aire de « surveillance » s'étendait sur un rayon d'une cinquantaine de kilomètres autour de Saint-Christol (à moins de un kilomètre de la base militaire). L'engin « s'amusa » aussi à évoluer parallèlement aux avions qui décollaient ou atterrissaient à l'aéroport de Marseille-Marignane. Banale inversion de température ou gaz des marais chers au docteur Menzel ? Cruelle incertitude !

Vous n'êtes pas sans savoir que lorsque l'un des silos du plateau d'Albion est ouvert, vingt-quatre ou quarante-huit heures plus tard, des OVNI se manifestent, non seulement au-dessus du site mais à la verticale du silo démasqué par les hommes de la Maintenance.

La chose ayant été vérifiée (postérieurement) maintes fois, l'IMSA et le CEOSE souhaiteraient procéder à des observations précises de nos « visiteurs ». Pour ce faire, il suffirait que nous fussions prévenus quelques jours à l'avance de l'ouverture de l'un des silos du plateau d'Albion. Nous ne sollicitons point l'autorisation de pénétrer sur le site du premier Groupement de missiles stratégiques ; nous nous contenterions de disposer extra-muros des postes d'observation (télescopes, appareils photographiques, détecteurs, caméras, etc.) autour dudit plateau. Nous ne verrions aucun inconvénient à ce que des militaires ou des gendarmes soient parmi nous en permanence, durant les quarante-huit heures de l'expérience.

Nos chercheurs bénévoles exerçant tous une activité professionnelle, il serait souhaitable que ces observations puissent avoir lieu durant un week-end. Pour ce faire, l'ouverture d'un silo devrait s'effectuer un vendredi. Dès le samedi matin, nous serions à pied d'œuvre (sans alerter les médias, cela va de soi) [1].

Vous remerciant par avance d'une réponse que nous espérons positive, malgré le caractère insolite de notre requête, je vous prie de croire, Monsieur le Ministre, à l'assurance de mes sentiments très respectueux.

Jimmy Guieu
Président-Fondateur de l'IMSA.

Le mercredi 10 avril 1985 à 18 h 30, je recevais un coup de fil de M. Vuillemin, attaché au cabinet du

1. Cela précisé afin de ne pas indisposer le ministère. Nous verrons plus loin que l'attitude de ce dernier nous libère totalement de ce souci de discrétion...

ministre de la Défense, accusant réception de mon courrier. Le ton de M. Vuillemin était celui d'un militaire, net, un peu rapide (je ne dis point « cassant »), nuancé pourtant, me semble-t-il, d'une marque de sympathie, avec parfois une sorte de cordialité assortie d'un sourire qui n'avait rien de moqueur. M. Vuillemin, bien qu'un peu réticent quant à l'opération « Rapa Nui », m'annonça qu'au cas où elle serait possible, nous ne pourrions y participer avant un ou deux mois. Il me demandait aussi en quels lieux du plateau d'Albion nous souhaitions installer nos groupes d'observation. Je le lui indiquai et signalai que j'allais lui envoyer prochainement le programme de cette opération. M. Vuillemin, très incidemment, me demanda sur quels rapports je me fondais pour affirmer que des OVNI venaient survoler le site vingt-quatre ou quarante-huit heures après l'ouverture d'un silo. Ces rapports, le ministère aurait bien voulu en prendre connaissance ! Je rétorquai qu'il était tout à fait hors de question pour René Voarino et moi-même de trahir la confiance que nos informateurs nous avaient témoignée et glissai (non moins incidemment) que lesdits rapports, en lieu sûr, ne se trouvaient ni chez moi ni chez René Voarino... Nous nous séparâmes, au téléphone, avec cordialité.

Nous nous en doutions, au CEOSE et à l'IMSA : le ministère de la Défense avait ordonné aux RG (Renseignements Généraux, Marseille) de procéder à une enquête sur nos groupes de recherches. René Voarino et moi-même n'entretenions aucune inquiétude dans la mesure où nous étions assez peu portés sur les attentats politiques, sur le trafic de drogue, les hold-up et les détournements d'avion. Nous n'avions même jamais songé à détourner une bicyclette ! J'effectuai de mon côté une petite enquête et appris rapidement que *Monsieur* Vuillemin était le lieutenant-colonel

Vuillemin chargé de suivre l'opération « Rapa Nui » auprès du ministère de la Défense.

En date du 12 avril 1985, je recevais le courrier suivant :

Monsieur,

J'accuse réception de votre correspondance du 4 avril 1985 adressée à Monsieur le Ministre de la Défense. Votre demande est instruite par les services compétents du département, et je vous ferai connaître ultérieurement la suite qui pourra lui être réservée. Je vous prie de croire, Monsieur, à l'expression de mes sentiments distingués.

Le contre-amiral Goupil
Chef du Cabinet Militaire.

L'affaire prenait tournure. Sans trop d'illusions tout de même, René Voarino et moi conservions un espoir raisonnable, mais il était prématuré de se frotter les mains.

Le 17 avril, je répondais en ces termes à cette lettre :

Monsieur le Contre-Amiral,

J'ai bien reçu votre courrier du 12 courant et vous en remercie.

Suite à l'entretien téléphonique que j'ai eu la semaine dernière avec le colonel Vuillemin, M. René Voarino et moi-même nous sommes rendus, le samedi 13[1] courant, sur quelques-uns des sites d'implantation des missiles SSBS du plateau d'Albion, en vue de préparer ce que nous avons appelé : l'opération « Rapa Nui ». Notre choix, pour l'installation d'un PC fixe, s'est porté sur le secteur

1. Initialement, R. Voarino et moi-même avions fixé cette mission de repérage au dimanche 14 avril 1985, mais un contre-temps nous força à l'avancer de vingt-quatre heures. Nous verrons bientôt, au plan astrologique personnel, quelle importance — alors insoupçonnée — revêt cette date.

245

ouest de Saint-Christol, en borbure de la D 30, face au « Grand Clos » (positionnement sur carte ci-jointe).

Je vous prie de vouloir bien trouver ci-inclus le programme projeté de cette Opération, laquelle devrait se dérouler du vendredi 17 au dimanche 19 mai/15 heures. Ce programme, si vous en êtes d'accord, prévoit l'ouverture des silos 2/5, 2/6 et 2/7 durant l'après-midi du vendredi 17 mai. Il serait souhaitable que nous puissions avoir au préalable une entrevue sur place avec le commandant du GMS[1], un samedi matin de préférence.

Si le ministère de la Défense nous autorise à procéder à cette expérience, vous nous obligeriez en nous indiquant l'officier du GMS — et son numéro de téléphone — avec lequel nous devrons prendre contact.

Vous remerciant vivement par avance de l'aide que vous pourrez ainsi nous apporter, je vous prie de croire, Monsieur le Contre-Amiral, à l'assurance de mes très respectueux sentiments.

Etait joint le texte suivant :

OPÉRATION « RAPA NUI » — Programme prévisionnel

Vendredi 17 mai, le matin.

Mise en place du PC IMSA/CEOSE à Saint-Christol, en bordure de la D 30, sur le court espace « Jeu de Boules » proche de la Maison de Retraite. Partie intégrante du « Grand Clos », ce champ appartient à M. Ferrier Aubert ; pour la bonne règle, autorisation sera demandée à M. Meffre, maire de Saint-Christol.

Notre PC consistera en cinq ou six voitures avec installation, sur ledit « Jeu de Boules », de notre matériel : télescope, caméra vidéo, appareils photographiques, magnétophones, détecteurs divers, talkies-walkies. De l'autre côté de la D 30, le petit bâtiment préfabriqué

1. Groupement de missiles stratégiques.

246

(« Bât. 5 », en piteux état) nous servira d'abri, avec matelas pneumatiques et sacs de couchage, entre les quarts.

Choix du « Jeu de Boules » : *le site offre une vue globale sur le plateau, vers les secteurs d'implantation des silos 2/5, 2/6 et 2/7 notamment.*

Même jour, fin matinée/début après-midi.

Mise en place par l'IMSA/CEOSE « d'Antennes fixes » de cinq ou six observateurs chacune (matériel idem à ci-dessus). Au nombre de trois, ces « antennes » prendront position à proximité des silos 2/5, 2/6 et 2/7 (désignés A, B, C, pour nous).

Même jour, l'après-midi *(15-16 heures par exemple).*

Sur chacun de ces trois sites, ouverture d'un silo par le GMS, à une heure qui nous sera indiquée.

N.B. — Il serait souhaitable que cela s'effectue avec un certain « apparat » pouvant donner l'impression d'une mission importante. Nous informer par radio de la fin de cette « mission ouverture » et du retour à la base du personnel affecté à cette mission. Dès lors, nos « antennes » seront avisées par notre PC et la veille permanente commencera. Périodiquement, une unité mobile visitera des « antennes ». La veille permanente s'achèvera le dimanche 19 mai à 15 heures.

Pourquoi demandions-nous l'ouverture de trois silos au lieu d'un, comme primitivement suggéré ? *Parce que certains silos sont des leurres et que l'ouverture d'un silo vide n'aurait pas trompé les ET,* lesquels ne se « dérangent » qu'à partir du moment où s'est déroulée une ouverture *réelle* sur un site *réel* abritant un missile *réel !* Nous voulions éliminer ainsi toute tentative conçue pour nous... leurrer nous-mêmes ! En effet, trois silos relativement « groupés » ne pouvaient, à la limite, comporter qu'un seul faux missile !

247

Réalisant que nous avions envisagé la possibilité d'être induits en erreur et qu'il était superflu de tenter de nous abuser par un simulacre, les tractations amorcées tournèrent court. Mais ce n'était pas encore la rupture.

Le courrier suivant du ministère de la Défense est daté du 30 avril 1985.

Monsieur,

L'expérience que vous projetiez sur le site du premier Groupement de missiles stratégiques ne peut recevoir pour l'instant mon agrément. Afin de poursuivre l'instruction de cette affaire, j'ai l'honneur de vous demander de me communiquer les rapports qui vous ont permis d'établir la présence d'objets non identifiés à la verticale des silos, vingt-quatre ou quarante-huit heures après leur ouverture. Je vous prie de croire, Monsieur, à l'expression de mes sentiments distingués.

Le contre-amiral Goupil
Chef du Cabinet Militaire.

J'appelai le lieutenant-colonel Vuillemin et lui répétai qu'il était évidemment hors de question que nous communiquions quelque rapport que ce soit. L'anonymat de nos informateurs serait fidèlement respecté. Et j'ajoutai :

— Je ne vous fais pas l'injure d'imaginer un seul instant que le ministère de la Défense puisse être, en la matière, moins bien informé que nous !

Chacun, donc, campait sur ses positions. René Voarino et moi-même prenions notre mal en patience, non sans rechigner devant la perspective d'avoir à abandonner cette opération « Rapa Nui » si riche de promesses et capable (si nulle « entourloupette » ne venait la saboter) d'attirer un vaisseau et ses modules de reconnaissance sur le plateau d'Albion ! Les événe-

248

ments allaient bientôt démontrer à quel point nous avions raison d'avoir conçu ce projet quasi « garanti sur facture » !

Une « opération » inscrite dans les astres !

De façon imprévue, l'astrologie me réservait une surprise de taille. J'avais demandé de dresser mon thème astrologique à mon confrère et ami Maurice Poulin, l'auteur de l'ouvrage *Le Grand Monarque, messager du Verseau* (chez Louise Courteau Editrice Inc., Montréal, Diffusion Dervy-Livres, Paris). Durant notre entretien du 26 août 1985 à Montréal, Maurice avait attiré mon attention sur l'importance du 14 avril 1985. Je vérifiai mon agenda et constatai que cette date revêtait effectivement une importance exceptionnelle. René Voarino et moi devions effectuer ce jour-là un repérage sur le plateau d'Albion, toute première étape de l'opération « Rapa Nui ». Sans rien révéler de tout cela, je confirmai l'importance de cette date et ajoutai :
— Ce dimanche 14 avril 1985, un ami et moi avions décidé de démarrer un projet commun mais, inopinément, nous avons dû l'avancer de vingt-quatre heures. C'est donc le 13 avril — un samedi — qu'il a pris effet.
— L'essentiel, m'expliqua l'astrologue, c'est qu'à l'origine ton projet ait été décidé pour le 14. Même s'il a été exécuté la veille, la date initiale conserve sa valeur.
A toutes fins utiles, je lui demandai de m'exposer par écrit en quoi, astrologiquement parlant, ce jour-là prenait un tel relief. Sa lettre du 28 août ne laisse subsister aucun doute :

Cher Jimmy,

A ta demande expresse, j'ai consigné par écrit mes déductions concernant le lever directionnel d'Uranus, qui arrivait à échéance le 14 avril 1985, selon les prémisses de ton thème astrologique natal, déductions qui t'avaient été exposées verbalement le 26 août dernier lors de l'interprétation de ton thème que j'avais alors faite. Essentiellement, cette direction signifiait : « accouchement » symbolique d'un plan d'action impliquant la présentation et diffusion de données concernant la connaissance d'avant-garde. [C'est moi qui souligne, JG.] *En résumé, en voici les principales composantes [pertinentes] :*

— *Sciences nouvelles et/ou avancées*
— *Technologie de l'électronique*
— *Informatique (expérimentale)*
— *Recherches avancées concernant les possibilités méconnues du cerveau humain*
— *Ufologie*
— *Exobiologie*
— *Utilisation de l'énergie électrique sous toutes ses formes*
— *Techniques utilisant le magnétisme terrestre et l'énergie solaire*
— *Energie nucléaire*
— *Télécommunication, etc.*

En principe, ce plan d'action dev(r)ait englober les recherches de toute ta vie, plutôt que de constituer un nouveau volet de ton existence. Autrement dit, le « bébé » était parvenu à terme le 14 avril 1985 et devait naître à cette époque, tout simplement !

Espérant que le tout sera à ta satisfaction, je termine en te présentant mes plus fraternelles salutations.

Maurice Poulin
Astrologue-ésotériste.

Sans exagération, j'étais assez bouleversé par l'incroyable pouvoir d'analyse astrologique de l'ami Poulin. Tout y était :

250

— Sciences nouvelles et/ou avancées : l'IMSA ;

— Technologie de l'électronique, informatique, énergie électrique sous toutes ses formes, télécommunications, énergie nucléaire : tout cela est directement impliqué, à l'évidence, dans les activités du GMS (Groupement de missiles stratégiques du plateau d'Albion) ;

— Ufologie et exobiologie (vie extraterrestre ; base même de l'opération « *Rapa Nui* ») ;

— Technique utilisant le magnétisme terrestre : c'est assurément le cas des vaisseaux ET dans leur procédure d'approche, mais cela peut également jouer un rôle dans le système de contrôle (?) des missiles ;

— Recherches avancées concernant les possibilités méconnues du cerveau humain : là aussi nous avions prévu une « composante » parapsychologique liée à l'opération « Rapa Nui » !

Rien de tout cela n'était connu de Maurice Poulin et pourtant, les astres ont dessiné pour lui les grandes lignes de ce projet fantastique. (*Et plus fantastique encore maintenant que nous connaissons l'existence des EBE hostiles que sont les « Gris »*, LOCATAIRES PROBABLES DU SOUS-SOL !).

Le vaisseau mère du 16 juin 1985.

Alors que nous attendions la réaction du ministère de la Défense à notre proposition, l'actualité allait magistralement nous venir en aide. Le lundi 17 juin 1985, mon confrère et ami Marcel Scipion[1] me téléphona pour m'exposer son observation de la veille. Le dimanche 16 juin, donc, à 4 heures du matin, Marcel Scipion roulait sur la route des Alpes à bord d'un fourgon transportant de nombreuses ruches et leurs

1. Marcel Scipion est l'auteur de trois ouvrages parus chez Laffont-Seghers : *Le Clos des Rois, L'Arbre du mensonge, L'homme qui courait après les fleurs.*

abeilles. A proximité de Venelles (village à quinze kilomètres au NNE d'Aix-en-Provence), son attention fut attirée par un objet très vivement lumineux, immobilisé à une altitude estimée à 4 000/6 000 mètres. Il se présentait sous la forme d'un croissant d'environ quatre fois le diamètre apparent de la pleine lune ; l'aspect se modifia graduellement et devint fusiforme.

Marcel Scipion quitta son véhicule pour mieux l'observer, notant sa couleur jaune orangé vif. Soudain, trois objets ponctuels lumineux (vert, rouge, jaune) se détachèrent des pointes du cigare et descendirent pour évoluer... *à la verticale du plateau d'Albion !* Bien qu'à cinquante kilomètres à vol d'oiseau du phénomène, le témoin (qui demeure à Moustiers et connaît parfaitement la région) est formel : c'est au-dessus de ce site que les modules de reconnaissance ont évolué avant de remonter et réintégrer le vaisseau mère par ses pointes. Le gros engin s'éleva finalement pour disparaître en une fraction de seconde. L'observation avait duré une vingtaine de minutes.

Rentré chez lui, Marcel Scipion eut la désagréable surprise de constater que plusieurs centaines d'abeilles étaient mortes à bord de son véhicule (jusqu'alors, cela ne s'était jamais produit au cours d'un transport). A son réveil (journée du 17), nouvelle surprise tout aussi désagréable : ses yeux, irrités, larmoyaient. *A ce jour, aucun traitement n'est parvenu à arrêter ces larmoiements* (Marcel me l'a confirmé une fois encore lors de notre récente rencontre au *Moulin de Soleils*, près de Trigance, Var, le 26 avril 1992, où j'animais un déjeuner-débat, soit sept ans après l'observation). Depuis lors, il est beaucoup plus nerveux qu'auparavant. Outre l'affolement des abeilles, ses ruches eurent du mal à se « refaire », *les reines ayant stoppé leur ponte durant plus de trois semaines !* Par ailleurs, les « ouvrières » restèrent très agressives

252

une partie de l'été. Le même jour, à la même heure (4 heures du matin), un autre témoin (anonyme, cette fois) téléphona à la station météo de Marignane ; il déclara habiter à Auriol (Bouches-du-Rhône) et signala l'objet dans une direction nord, sans autre commentaire.

Nanti de ces informations, j'appelai le lieutenant-colonel Vuillemin le 18 juin, pour lui signaler le survol du plateau d'Albion, le 16 juin à 4 heures du matin, par trois modules de reconnaissance largués par un vaisseau mère stationnant à 4 000-6 000 mètres à la verticale des missiles. Après un silence pour lui permettre d'accuser le choc, j'ajoutai :

— Sans avoir besoin de boule de cristal, mon colonel, j'en conclus que le 14 juin, soit quarante-huit heures avant l'observation, l'un des silos a été ouvert. Voulez-vous appeler la base et me le confirmer ?

Il me rappela au bout de vingt minutes et l'embarras perçait dans ses propos :

— Il semblerait qu'en effet il y ait eu « quelque chose » le 16, au-dessus du site...

— Ça, je le sais, mon colonel. Mais le silo, quand a-t-il été ouvert ?

— Eh bien, le... *oui, le 14 juin...*

Je remerciai le lieutenant-colonel Vuillemin. L'IMSA et le CEOSE lancèrent alors des enquêtes tous azimuts ! Nous recueillîmes plus de trente témoignages.

Déjà, le lundi 17 juin, le quotidien (communiste) *La Marseillaise* faisait état de nombreux appels téléphoniques concernant un « gros nuage », vers 22 heures dans la nuit du 16 au 17 juin (donc dix-huit heures *après* l'observation de Marcel Scipion). Les pompiers de Gardanne, Aix-en-Provence, Vitrolles, Berre ainsi que les gendarmeries de ces localités reçurent des appels concordants quant à la position *nord* de l'objet. Malgré ce, *La Marseillaise* l'identifia à la torchère de la raffinerie de Shell-Berre située... *à l'ouest !*

La vague d'observations allait se développer crescendo, sur la France, l'Italie et le nouveau continent. Certains de ces vaisseaux poursuivirent des automobilistes (à Pordenone, Italie), tandis qu'en l'espace de quelques jours, de très nombreux engins, parfois en escadrille, sillonnèrent le midi de la France.

Le dimanche 23 juin, entre 3 et 4 heures du matin : la présence dans le ciel d'un objet ovoïde avec une sorte de noyau oblong est signalée aux astronomes de l'OHP (Observatoire de Haute-Provence, Saint-Michel, près de Forcalquier, Alpes-de-Haute-Provence). *Nous savons que des photos en ont été prises dont nous possédons la description, mais ces clichés sont malheureusement « étouffés » en haut lieu...* (cf. *E.B.E. 2*, l'affaire du « tunnel secret », et en fin du présent ouvrage, les annexes). L'engin en question ne saurait être confondu avec les tirs au laser « Lidar » *(Light Detection and Ranging)* auquel se livre régulièrement l'OHP. Cela précisé pour « anticiper » sur un éventuel communiqué négatif que pourrait publier l'OHP suite au présent ouvrage... et à *E.B.E. 2* déjà cité. Ledit observatoire pourrait fort bien, un jour, organiser à grand renfort de publicité une journée porte ouverte et reconnaître que ce tunnel existe bien mais que jamais il n'a rien abrité de secret. Et d'inviter les badauds à pénétrer dans ledit tunnel aux armoires ouvertes d'autant plus volontiers qu'elles auront été vidées de leur contenu compromettant !

L'été 1985 connut une vague tout à fait remarquable mais bien évidemment censurée ou autocensurée par les médias, non seulement en Europe mais aussi en Amérique latine. Ma consœur et amie ufologue Irène Granchi, à Rio de Janeiro, observa un vaisseau impressionnant qui, en survolant Rio, déclencha une énorme panne de courant électrique. Ce même jour, 18 août, en Argentine, l'équipage et les passagers d'un Boeing 747, volant à environ dix mille mètres d'altitude, purent observer un gros engin immobile, puis un second effectuant des mouvements désordonnés à des vitesses vertigineuses. Durée du phénomène : une vingtaine de minutes. (Information publiée dans toute la presse argentine et reprise en Allemagne fédérale par le toujours intéressant bimestriel *UFO-Nachrichten*, n° 295 de novembre-décembre 1985 ; adresse : Zentrale D-6200 Wiesbaden ; rédacteur en chef : Karl L. Veit.)

Ce même bimestriel, citant le *Weekly World News* du 7 mai 1985, décrit comment un astronef géant (de la taille d'un stade de sport) enleva sept membres d'une expédition scientifique bulgare sur les pentes de l'Everest (date non précisée). Enveloppés dans un « cylindre de lumière verte » (analogie avec le cas « 2 Mu Bêta »), ils furent accueillis à bord du vaisseau par quatre ET ayant une tête « aussi grosse qu'un ballon de basket, des bras minces comme un manche à balai et une peau transparente ». Les savants bulgares furent soumis à divers examens médicaux. Cinq de ces hommes de science furent libérés et purent alors conter leur prodigieuse aventure. Ces scientifiques et leurs sherpas furent conduits en Bulgarie afin d'y être interrogés et mis au secret jusqu'à leur « relaxe » ! Les autorités bulgares et népalaises refusent depuis de discuter de ce rapt spectaculaire. L'ufologue bulgare Stanko Zhivkov qui vit au Népal continue de s'interroger : « D'où venaient ces ET, que voulaient-ils à ces scientifiques kidnappés et les ramèneront-ils un jour sur la Terre ? »

A ma connaissance, aucun journal d'Europe continentale ne fit allusion à cet enlèvement. Il est vrai que les ET n'ont pas réclamé de rançon...

Le 17 août 1985 (donc la veille de l'observation d'Irène Granchi et des passagers du Boeing argentin), *plusieurs dizaines de milliers de témoins*, à divers reprises durant la soirée, admirèrent deux OVNI dans le ciel de Santiago au Chili. Ceux-ci furent photographiés au télescope par le Centre astronomique chilien de Calàn. Trois scientifiques (courageux !) ont affirmé que ces immenses objets qui traversèrent le pays d'ouest en est ne pouvaient être ni des avions, ni des satellites.

Retournons au mois de juin 1985 et à sa vague d'OVNI (soigneusement censurée par les médias, en France surtout), tel ce vaisseau géant repéré à Antofagasta (encore au Chili) qui survola la cité... subitement privée d'électricité. Le même phénomène se renouvela en Colombie, ainsi qu'au Costa Rica (avril 1992) : rupture d'allumage des voitures, embouteillage monstre, angoisse de la population, pour ne pas dire panique. A cet événement pourtant capital, *Le Figaro* du 4 avril 1992 consacra... sept lignes !

Le Canada n'échappait point à la vague : durant cette même nuit du 23 au 24 juin 1985, cinq sphères lumineuses survolèrent le mont Saint-Hilaire (à une trentaine de kilomètres à l'est de Montréal) et un violent orage éclatait alors qu'un temps radieux régnait alentour. C'est fréquemment le cas lorsque des OVNI se manifestent sur cette montagne. Deux de ces engins repartirent... mais l'on ne revit jamais les trois autres. Le mont Saint-Hilaire étant un lieu de prédilection pour ces visiteurs, certains de mes amis québécois s'interrogent : une base ET existerait-elle dans ce secteur ? Ou bien un sas ouvrant vers ailleurs, peut-être via le lac Hertel, au cœur de cette montagne de faible hauteur ? Un lac profond seulement de vingt-neuf mètres, mais entouré de légendes avec, paraît-il, dans ses parois, des failles, des sortes de « couloirs » (cf. *La Force Noire*, n° 1 de la collection « Les Chevaliers de Lumière », Ed. Fleuve Noir).

Wigwomadensis est le nom indien de cette chaîne dont le point culminant — le Pain de Sucre — s'élève à quatre cents mètres au-dessus du niveau de la rivière Richelieu. De ce promontoire, jadis, les colons pouvaient épier l'approche des Indiens. En 1841, monseigneur Forbin-Janson y fit élever une croix haute de trente mètres, recouverte de fer-blanc et accessible par l'intérieur jusque dans ses bras. Au bout de cinq ans, on ne sait trop pourquoi, cette croix s'abattit et, en 1877, un mystérieux incendie détruisit la chapelle... Peut-être les foudres du Grand Manitou, irrité par l'intrusion des visages pâles et de leur Dieu sur sa terre sacrée de Wigwomadensis : « la Montagne qui a la forme d'un wigwam ? »...

Ultime tentative auprès du ministère de la Défense

Le 20 juin, j'écrivis au lieutenant-colonel Vuillemin :

Mon colonel,

Je vous confirme notre entretien téléphonique du 18 et je vous prie de vouloir bien trouver ci-joint le résumé — très succinct — d'une observation effectuée le 16 juin 1985 dans le secteur du plateau d'Albion.

Le fait que vous ayez eu l'amabilité de répondre par l'affirmative à ma question : a-t-on ouvert un silo de GMS quarante-huit heures avant l'observation (et compte tenu des nombreux précédents), prouve à l'évidence le bien-fondé du projet opération « Rapa Nui ». N'ayant aucun moyen de connaître à l'avance les jour et heure d'ouverture d'un silo, force nous est de solliciter le concours de votre ministère pour mener à bien cette expérience.

Le projet initial prévoyait la mise en place, à proximité de divers silos, des groupes d'observation IMSA/CEOSE munis de matériel d'observation et ce avant l'ouverture desdits silos.

Nous comprenons vos réticences à impliquer les civils que nous sommes dans cette procédure d'ouverture (bien que les enquêtes des RG aient pu vous renseigner sur le

caractère inoffensif[1] de nos personnes et de nos activités).
Nous avons donc décidé d'abandonner l'idée de nous
mettre en place près des sites avant l'ouverture des silos.
L'intervention des vaisseaux « étrangers » se produisant
seulement vingt-quatre ou quarante-huit heures après
cette ouverture, il suffirait que nous soyons prévenus par
téléphone une ou deux heures après ladite ouverture pour
que nous nous mettions en place trois heures plus tard.
Par souci de conciliation, nous réduirons le nombre de
nos observateurs qui prendront position avec un maxi-
mum de discrétion.

De la sorte, estimons-nous, « l'hypothèque » serait
levée, le secret des manœuvres d'ouverture des silos
respecté et plus rien ne devrait s'opposer à la réalisation
de l'opération « Rapa Nui » ainsi « allégée ». Nous vous
serions très reconnaissants s'il vous était possible de
nous donner votre accord pour l'orchestrer, par exemple,
durant la seconde quinzaine de juillet.

Vous remerciant par avance de votre aimable compré-
hension et restant à votre disposition, je vous prie
d'agréer, mon colonel, l'expression de mes devoirs.

Jimmy Guieu.

Je téléphonai au lieutenant-colonel Vuillemin début
juillet pour lui faire part d'une nouvelle idée mais ce
fut le lieutenant-colonel Rodriguez qui répondit à mon
appel : le lieutenant-colonel Vuillemin n'était plus au
cabinet militaire (aurait-il été muté ailleurs ?...) et c'est
à lui, désormais, que je devais m'adresser. Je fis donc
part au lieutenant-colonel Rodriguez de cette idée :
vers la mi-juillet 1985 aurait lieu un nouveau lancement de la navette américaine *Discovery*. Nous connaissions ses éléments orbitaux et savions qu'elle

---

1. Pas si inoffensif, semble-t-il, puisque les harcèlements téléphoniques dont nous sommes victimes ont commencé à cette
période...

258

033785

DEF/C.27

Monsieur,

Par votre lettre du 20 juin 1985, vous me
demandez de vous autoriser à effectuer, conjointement
avec le Centre d'Etudes OVNI du Sud-Est, des observations
ufologiques sur le plateau d'Albion.

J'ai le regret de vous informer que l'expérience
que vous projetiez ne reçoit pas mon agrément, et qu'en
conséquence mon Ministère n'apportera aucune contribution
à vos travaux.

Je vous prie de croire, Monsieur, à l'expression
de mes sentiments distingués.

Pour le Minis... ... ... délégation
le Con... ... GOUPIL
Chef du ... ... Militaire

Monsieur Jimmy GUIEU
Président Fondateur
de l'Institut Mondial
des Sciences Avancées
8, traverse de Malakoff
13100 AIX EN PROVENCE

survolerait la France seize fois par jour à trois cents kilomètres d'altitude.

De façon tout à fait officieuse, l'IMSA et le CEOSE pourraient aviser l'Air Force d'une expérience en cours, effectuée en commun par ces deux organismes civils, expérience nous autorisant à penser qu'un OVNI de grande dimension « pourrait » être amené à survoler la région provençale pendant son survol par *Discovery*. En conséquence, nous souhaiterions associer à notre expérience l'équipage de la navette, fort bien placé, en l'occurrence, pour procéder à des observations.

La « naïveté » de cette requête émanant « d'ufologues amateurs » ne pourrait en aucune manière nuire au ministère de la Défense. Silence du lieutenant-colonel Rodriguez qui, après réflexion, tout comme l'avait fait son prédécesseur, me conseilla de ne pas précipiter les choses. « Ça se fera, mais plus tard, à une date impossible à fixer. On vous écrira »...

« On » m'écrivit, en date du 11 juillet 1985 la lettre reproduite page 259.

Nul doute que monsieur le contre-amiral ajoutait moralement à son courrier : « Tenez-vous-le pour dit et rompez ! »

Ce que je ne fis pas. Dans une ultime tentative, je rappelai le lieutenant-colonel Rodriguez qui ne put que confirmer l'irrévocable décision du ministère. Imaginant sans doute que René Voarino et moi-même devions sangloter de désespoir, il crut devoir me donner un précieux conseil : « Adressez-vous donc au GEPAN. » Je le remerciai chaleureusement tout en lui apprenant que le GEPAN n'existait plus, sans oser lui dire suavement qu'il me prenait pour un imbécile, en trois lettres et rimant avec cornichon...

Missions de surveillance stratégique et horaires cosmiques.

Etrange énigme que ce délai de quarante-huit heures invariablement respecté par les vaisseaux ET (après l'ouverture d'un silo) pour arriver sur le site du plateau d'Albion. Est-ce la durée du voyage pour couvrir la distance séparant leur monde d'origine du nôtre ? Les humanoïdes ne posséderaient-ils, dans notre système solaire, qu'une ou des bases automatiques-robots, donc dépourvues d'occupants ? Des bases retransmettant simplement les données télémétriques recueillies par les « mouchards », ces petites sphères lumineuses ? Dans cette éventualité, pourquoi les ET, alertés par lesdits « mouchards » via la base-relais, se dérangeraient-ils *en personne* pour venir survoler le site et voir ce qui s'y est passé deux jours plus tôt ? Les données télémétriques ne leur suffiraient-elles pas ?

Quoi qu'il en soit, cette manière de réflexe conditionné : ouverture des silos = apparition d'OVNI quarante-huit heures plus tard, *prouve sans discussion possible que nos installations stratégiques sont dans le collimateur de nos visiteurs et qu'elles n'ont pour eux plus de secret !*

Et il me semble bien que cela vaille aussi pour les autres pays...

Le *National Enquirer* du 23 juillet 1985 publie un article édifiant à cet égard. Durant la nuit du 24 juillet 1984, les gardes du service de sécurité de l'*Indian Point Power Plant* (sud de l'Etat de New York), des officiers de la police locale et de nombreux autres témoins ont rapporté leur observation d'un énorme OVNI. Carl Patrick, porte-parole de ce centre atomique, a publiquement reconnu les faits. « C'est la première fois qu'une telle information est divulguée », note l'ufologue américain Philip Imbrogno, qui travaille en collaboration avec le *Center for UFO Studies* créé par Allen Hyneck. Philip Imbrogno interrogea six des douze gardes qui observèrent l'engin « semblable à un diamant (taillé en brillant) qui mesurait pour le moins quatre cent cinquante pieds » (environ cent cinquante mètres de diamètre). Rayonnant une lueur blanche au début, il passa ensuite au bleu, au rouge, au vert et à l'ambré. L'astronef survola le site nucléaire (ignorant sans doute que cela est interdit !) pendant un quart d'heure. Il stationna notamment au-dessus de l'un des trois réacteurs nucléaires (y avait-on procédé à une modification, deux jours plus tôt ?) Le sergent Karl Hoffman, du *Peekskill Police Department*, a personnellement observé (volant lentement en direction des installations nucléaires) une dizaine de lumières blanches en formation en « V ». S'agissait-il des hublots du vaisseau géant ou bien des petits modules de reconnaissance qu'il aurait pu larguer à proximité de son objectif, comme c'est le cas pour ceux que l'on observe au-dessus du plateau d'Albion, en France ?

Chez nous comme ailleurs, les autorités doivent s'arracher les cheveux de se voir narguer de la sorte par des engins que rien n'arrête, qui se jouent des radars (quand ils le veulent bien) et contre lesquels nos missiles auraient autant d'effet qu'une boule de gomme contre la charge d'un éléphant rogue ! Alors, quid de l'équilibre de la terreur instauré (naguère) entre les « grands » de ce monde et qui stockent leurs bombes A, H ou N comme Harpagon stockait son or ? A la différence près que c'est nous qui les payons, ces bombes ! Si ce colossal budget était consacré au mieux-être des humains et à la mise au point d'astronefs antigravitatifs (les ET nous ont précédés dans cette voie depuis des millénaires), nous pourrions emprunter ces vaisseaux, filer vers d'autres cieux plus cléments et dire à tous les « grands » : « *Bye bye*, restez donc sur la Terre et faites joujou avec vos pétards.

Nous, nous partons vers les étoiles à la recherche de nos frères (en espérant ne pas tomber sur ceux qui ne le sont pas !)... Et on ne vous enverra pas de cartes postales ! »

Des lendemains d'espérance.

René Voarino et moi-même avions joué franc-jeu avec le ministère de la Défense, exposant sans arrière-pensées (enfin, presque !) le plan de notre opération « Rapa Nui ». Or, tenant l'IMSA et le CEOSE pour quantité négligeable, on nous envoyait paître dans les prairies fantômes des mânes du GEPAN. Soit. Ce n'était évidemment pas les bulletins respectifs de l'IMSA et du CEOSE qui seraient en mesure d'alerter l'opinion publique et les médias. Dès lors, quelle conduite adopter pour que cette extraordinaire expérience ait lieu, malgré l'avis contraire du ministère de la Défense ?... *Lequel ne tient pas du tout à participer à cette opération visant à apporter la preuve de la réalité objective des OVNI et de leur origine non terrestre ! Ce qui démontrerait aussi que le GEPAN s'est foutu du monde* (comme tous ses prédécesseurs en France et ailleurs) *et que les deniers des contribuables ont donc financé un organisme chargé de noyer le poisson au lieu de nous le servir sur un plateau !* Naturellement, en 1992, cela vaut aussi pour le SEPRA.

Assez plaisanté, messieurs, et remettons les pendules à l'heure. Sept années se sont écoulées : l'opération « Rapa Nui » est complètement dépassée depuis les déclarations de John Lear et les faits relatés, confirmés dans les annexes de mes romans-vérité *E.B.E. 1* et *2,* ainsi que dans la vidéocassette *OVNI-EBE : l'invasion a commencé.* Ces faits concernent des bases souterraines EBE « négatifs » (les Gris) dans le Midi et autres « singularités » sur le site de l'OHP : l'Observatoire

✳ Année 1955. — N° 1 A. N.   Le numéro: 15 francs.   Mercredi 12 Janvier 1955 ✳

JOURNAL OFFICIEL
DE LA RÉPUBLIQUE FRANÇAISE

DÉBATS PARLEMENTAIRES

ASSEMBLÉE NATIONALE

COMPTE RENDU IN EXTENSO DES SÉANCES
QUESTIONS ÉCRITES ET REPONSES DES MINISTRES A CES QUESTIONS

Abonnements à l'Édition des DÉBATS DE L'ASSEMBLÉE NATIONALE :
MÉTROPOLE ET FRANCE D'OUTRE-MER : 800 fr. ; ÉTRANGER : 2.400 fr.
(Compte chèque postal: 9063.13, Paris.)

PRIÈRE DE JOINDRE LA DERNIÈRE BANDE aux renouvellements et réclamations	DIRECTION, RÉDACTION ET ADMINISTRATION QUAI VOLTAIRE, N° 31, PARIS-7°	POUR LES CHANGEMENTS D'ADRESSE AJOUTER 20 FRANCS

DEFENSE NATIONALE ET FORCES ARMÉES

13669. — **M. Jean Nocher** fait part à **M. le secrétaire d'État aux forces armées (air)** de l'émotion suscitée dans le public par les nombreux et divers témoignages concernant les « soucoupes volantes ». Il lui demande: 1° si ses prédécesseurs au secrétariat à l'air s'étaient préoccupés, comme aux U. S. A. et en U. R. S. S. depuis de longues années, d'ouvrir une enquête sur la présence, dans notre atmosphère, d' « objets volants non identifiés » et, dans l'affirmative, quels sont les résultats publiables de ces investigations: 2° dans la négative, s'il compte constituer une commission largement étendue à toutes les branches scientifiques intéressées, afin d'étudier objectivement ce phénomène en dégageant la vérité des erreurs ou des mystifications possibles. (Question du 7 octobre 1954.)

Réponse. — 1° La question des « objets aériens non identifiés » a été suivie par l'état-major des forces armées « air » et par les services d'information du département depuis l'année 1951. Jusqu'en septembre dernier, dans notre pays comme aux États-Unis, presque toutes les observations signalées — lorsqu'elles étaient sincères et suffisamment précises — ont pu recevoir une explication naturelle ne faisant appel ni à des essais d'armes secrètes, ni à des arrivées d'engins extraterrestres. Toutefois, il a été prescrit aux formations et aux bases de l'armée de l'air: a) de faire établir par les témoins militaires ou civils, un compte rendu objectif et détaillé chaque fois qu'un « objet céleste non identifié » leur sera directement signalé; b) de transmettre ce compte rendu revêtu de l'avis du commandant de base ou de la formation à l'état-major des forces armées « air » (bureau scientifique) où des officiers ont été spécialement désignés pour suivre la question. Enfin, la prise en chasse de ces « engins », bien qu'elle n'ait jusqu'à ce jour donné aucun résultat lorsqu'elle a été tentée, est autorisée chaque fois qu'elle n'entraîne aucun risque d'accident. Le personnel des bases et formations qui se trouverait en présence d'une telle apparition doit s'efforcer de photographier et, autant que possible, cinématographier le phénomène, ce qui n'a pu être fait jusqu'à ce jour avec la netteté et l'authenticité désirables; 2° En tout état de cause, il ne semble pas qu'il y ait lieu d'exagérer l'importance documentaire de témoignages dont le nombre et la bonne foi ne suffisent pas pour les assimiler à des observations scientifiques, objectivement contrôlées.

JOURNAL OFFICIEL
DE LA RÉPUBLIQUE FRANÇAISE

DÉBATS PARLEMENTAIRES

ASSEMBLÉE NATIONALE

COMPTE RENDU IN EXTENSO DES SÉANCES
QUESTIONS ÉCRITES ET REPONSES DES MINISTRES A CES QUESTIONS

Abonnements à l'Édition des DÉBATS DE L'ASSEMBLÉE NATIONALE :
MÉTROPOLE ET FRANCE D'OUTRE-MER : 800 fr. ; ÉTRANGER : 2.100 fr.
(Compte chèque postal: 9063.13, Paris.)

PRIÈRE DE JOINDRE LA DERNIÈRE BANDE aux renouvellements et réclamations	DIRECTION, RÉDACTION ET ADMINISTRATION QUAI VOLTAIRE, N° 31, PARIS-7ᵉ	POUR LES CHANGEMENTS D'ADRESSE AJOUTER 20 FRANCS

DEFENSE NATIONALE

13497. — **M. de Saivre** demande à **M. le ministre de la défense nationale** pour quelles raisons la visite d'une forteresse historique, occupée en été par une colonie de vacances, est interdite aux touristes. (*Question du 26 août 1954*)

Réponse. — La citadelle de la Pierre-Levée n'est pas classée monument historique mais appartient au domaine militaire; de ce fait, les règlements relatifs à l'accès des bâtiments militaires y sont applicables sans aucune restriction. La visite du fort n'est d'ailleurs pas systématiquement interdite, mais est seulement subordonnée à l'obtention d'une autorisation préalable qui peut être délivrée, sur demande, par le chef du secteur social des forces armées, à Nantes.

13687. — **M. de Léotard** expose à **M. le secrétaire d'Etat aux forces armées (air)** que les récents témoignages relatifs à des « soucoupes volantes » et « cigares volants » n'ont pas manqué d'intriguer l'opinion publique, sinon de l'inquiéter; il demande: 1° si des instructions ont été données pour que ces phénomènes soient systématiquement et scientifiquement observés; 2° si ces « soucoupes » ou « cigares » ne pourraient pas être pris en chasse pour être mieux observés, afin que le public sache exactement s'il s'agit d'autosuggestion collective à dissiper, ou s'il y a lieu de tenir compte de ces phénomènes au point de vue de la sécurité et de la défense nationale. (*Question du 7 octobre 1954.*)

Réponse. — 1° Des instructions ont été effectivement données aux formations de l'armée de l'air pour qu'une attention plus grande soit portée aux « objets aériens non identifiés » et pour qu'il soit rendu compte systématiquement des phénomènes observés. L'exploitation de ces comptes rendus et des renseignements contrôlables de toutes origines est assurée par l'état-major des forces armées « air » (bureau scientifique) où du personnel a été désigné à cet effet; 2° l'observation à faible distance de ces phénomènes, avec les qualités extraordinaires de vitesse, de plafond et de maniabilité qu'elle exige, n'a jamais donné de résultat lorsqu'elle a été tentée. Elle est cependant autorisée quand elle n'entraîne aucun risque pour le matériel et le personnel. Mais on s'efforcera plutôt de photographier et surtout de cinématographier les phénomènes, ce qui, jusqu'à ce jour, n'a pu être fait avec la netteté et l'authenticité désirables.

265

astronomique de Haute-Provence (voir les annexes). Ces informations (ces scoops, devrions-nous écrire) nous les offrons aujourd'hui sur un plateau à la presse, aux médias, parfaitement fondés à demander des comptes en haut lieu. Cet appel vaut aussi pour les parlementaires qui voudraient bien s'inspirer de l'action méritoire de deux de leurs collègues : Jean Nocher, député de la Loire, voir le *Journal Officiel* du 12 janvier 1955 (débats parlementaires/séance du 11 janvier 1955), Jean de Léotard, député de la Seine, *JO* du 27 janvier 1955 (débats parlementaires/séance du 26 janvier 1955) qui déposèrent des questions écrites à la Chambre des Députés à propos des « soucoupes volantes » et de la nécessité de faire la lumière sur cet irritant problème. Je relate ces faits dans *Blackout sur les soucoupes volantes* et divulgue les dessous de la première Commission Soucoupe française : la section d'étude des MOC, ou « Mystérieux Objets Célestes »). Voir pages 264 et 265 les fac-similés de ces *JO* et les réponses à ces questions écrites dont voici un extrait qui a dû donner des cauchemars aux gens du GEPAN et des boutons à ceux du SEPRA : « Enfin, la prise en chasse de ces " engins ", bien qu'elle n'ait jusqu'à ce jour donné aucun résultat *lorsqu'elle a été tentée* [c'est moi qui souligne, JG], est autorisée chaque fois qu'elle n'entraîne aucun risque d'accident. » Cette réponse embarrassée ne laisse aucun doute sur l'existence des « soucoupes volantes » — en tant qu'*engins* bien matériels — et des manœuvres effectuées, *sur ordre des autorités*, par des pilotes militaires, pour approcher, photographier, filmer ces astronefs qui hantent l'atmosphère de notre planète... et son sous-sol ! Cet aveu officiel ne précise pas si la chasse poursuite a eu lieu la nuit et dans le Midi par fort mistral... Si tel était le cas, le président de l'Union rationaliste pourrait envisager des vaches emportées par un vent tourbillonnaire ascendant ; ces volatiles d'un nouveau genre étant détectés par le radar de bord, le pilote aura éclairé son phare d'atterrissage et vlan, en retour, il aura reçu dans les mirettes le reflet du projo réfléchi par les prunelles bovines. Avouez que c'est beau, la science scientiste !

Vigilance !

Amis journalistes et vous, messieurs les députés, si les mascarades, les tromperies, l'intox officielle dont on nous abreuve depuis 1947 vous indignent vous aussi, et si vous décidez de mener une enquête *musclée*, ne vous laissez surtout pas abuser par les réponses négatives qui, immanquablement, vous seront données. Ces réponses viseront à vous faire prendre les « soucoupes » pour des vessies, par le truchement de l'autorité (de façade) du SEPRA, créé *uniquement* pour faire du *debunking* sous le couvert des « rentrées atmosphériques » (débris de fusées, satellites, ballons-sondes, etc.) ! Insistez, acharnez-vous, faites front, bousculez les barrières, secouez l'inertie criminelle de ceux qui savent et se taisent ! Seuls les efforts conjugués des médias auront la puissance d'impact nécessaire pour rompre la conspiration du silence, briser ce *Watergate cosmique* et juguler la longue campagne de contre-vérité que les gouvernements entretiennent depuis quarante-quatre ans. Campagne ? Voire : il s'agit en fait d'un abominable complot ourdi par le MJ 12, ce gouvernement secret si habile à manipuler les savants, puis les médias qui, en dépit de l'écrasante évidence des faits, continuent de les nier. En refusant d'admettre ces faits, ils se rendent complice des « Gris » et agissent en traîtres à l'espèce humaine. N'attendons pas que ces Aliens, imitant les envahisseurs et oppresseurs nazis de jadis, se montrent à visage découvert.

267

La preuve que nous avions raison surgira un jour ; « l'horrible vérité » éclatera tôt ou tard, si les médias *libres* et des députés courageux, faisant fi des sarcasmes ou des peaux de banane (semés par des complices du MJ 12, ou par des imbéciles heureux téléguidés sans le savoir), veulent bien nous entendre. Mais auparavant, que de cris, d'invectives, de pamphlets nauséabonds monteront du panier à crabes de nos ennemis ! Pire : à ces diatribes pourraient aussi s'associer une campagne de dénigrement, de calomnies, autrement dangereuse. L'actuelle majorité est en train de nous concocter une loi sur la « Désinformation » qui pourrait bien être à double tranchant : punissant ceux qui, comme nous, tirent la sonnette d'alarme, dénoncent les dangers, et « amnistiant » sans vergogne les « collabos » et traîtres à l'espèce humaine qui, eux, pratiquent vraiment la désinformation en invoquant les hallucinations et autres fariboles « rationnelles » ! Et qu'on ne me reproche pas de faire un amalgame hâtif entre les nazis, miliciens et collabos de la dernière guerre et ceux qui, aujourd'hui, font flèche de tout bois pour museler, dénigrer — et demain emprisonner — les ufologues de pointe luttant contre les forces noires et la conspiration du silence. Cet amalgame est *volontaire*... (voir les annexes).

L'opération « Rapa Nui » a-t-elle été réalisée en secret ?

Alors que cette étude (l'édition originale de 1986, s'entend) était achevée, j'ai reçu, d'un canal devant rester anonyme, on le concevra aisément, l'information laconique suivante :

> « Le 22 ou le 23 octobre 1985, l'on a procédé au remplacement de la charge nucléaire d'un missile dans un silo X du plateau d'Albion ; silo qui, lors de chacune de ses ouvertures, est le siège " d'événements

étranges " dans les jours qui suivent. Le lundi 28 octobre 1985, la base aérienne était mise en alerte " sous stade C ", *stade d'alerte nucléaire avancée qui n'avait jamais été déclenché jusque-là à la suite d'une telle opération.* La base grouillait littéralement de gendarmes et de soldats en armes, avec renforcement exceptionnel des contrôles. La rumeur faisait état d'une introduction d'espion sur la base pendant le week-end. [Rumeur évidemment propagée pour expliquer ces déploiements de forces, JG.] En outre, le mercredi 30 octobre 1985, sur l'aire habituellement déserte située devant un bâtiment de la base, se trouvait un nombre assez important de véhicules n'appartenant pas à ladite base. Un cordon de militaires en armes entourait ce parc autos improvisé et le bâtiment. »

Hypothèse de travail : Si le remplacement de l'ogive nucléaire du missile X avait vraiment eu lieu le 22 ou le 23 octobre, c'est le 24 ou le 25 (décalage de quarante-huit heures) qu'aurait dû se manifester le vaisseau ET largueur de modules de reconnaissance. L'enquête immédiatement ouverte par l'IMSA et le CEOSE ne nous a pas encore permis de le vérifier. Je pense néanmoins que le commandement de la base a procédé *d'abord à un changement fictif* de l'ogive nucléaire du silo X... et qu'il ne s'est peut-être alors rien passé, du côté de nos visiteurs. Ce test exécuté, la véritable « opération ouverture et changement effectif de l'ogive nucléaire » a été effectuée le lundi 28 octobre 1985. Après quoi, il n'y avait plus qu'à attendre quarante-huit heures et inviter les « huiles » (soigneusement sélectionnées !) à venir pour admirer le spectacle... D'où le nombre *anormalement élevé* de véhicules n'appartenant pas à la base et militairement gardés le mercredi 30 octobre !

Sans trop d'illusions là non plus, le jeudi 7 novembre 1985, j'ai appelé le lieutenant-colonel Rodriguez au ministère de la Défense qui, en souriant (c'est parfaitement perceptible, au téléphone), me répondit : « Je n'ai rien de particulier à vous dire à ce sujet. » Avec le même ton courtois, j'ajoutai : « J'espère que vous aurez quand même pu faire de bons clichés. » Réponse (après un silence et cette fois avec un sourire plus accentué) : « Ecoutez, on verra ça, hein ? Non, je regrette, je n'ai rien de particulier à vous dire sur le sujet. » Formule de politesse et fin de la communication.

Aujourd'hui (1992), informés des activités néfastes du MJ 12 et de ses innombrables séides, nous comprenons qu'il n'a pu s'agir là d'une opération « Rapa Nui » ; indéniablement, ce rassemblement inusité concernait autre chose, liée aux EBE/Gris, à leurs installations souterrains, ou bien un briefing top secret, ou peut-être une séance de cinéma « éducatif » hors programme...

Nous ne sommes pas seuls, amis, à lutter pour que triomphe la vérité. Mais vous *devez* nous aider à la faire mieux connaître. Ayez confiance en nous, l'IMSA, le CEOF et autres groupes ufologiques sérieux mentionnés in fine. Nous avons démontré notre ouverture d'esprit, notre respect de l'anonymat de nos informateurs, contactés ou non. Oui, aidez-nous en nous communiquant toute information susceptible de faire progresser notre quête. Nous formerons ainsi une chaîne, une immense chaîne internationale, sans discrimination ethnique ou confessionnelle. Par le cœur et l'esprit, nous constituerons une « centrale d'énergie », une fraternité dont l'égrégore, les pensées positives nous rapprocheront — demain — de nos Aînés, de ces humanoïdes d'espèces diverses nés sous d'autres soleils de notre Galaxie... D'espèces diverses, certes, mais surtout pas des maudits Gris et de leurs alliés cosmiques, pour l'instant non encore identifiés !

270

Espérons — sans gémir — et en attendant... mieux, préparons-nous psychologiquement à ne plus être des moutons ! Car maintenant, la *force* est avec nous...

FIN DE LA 2ᵉ EDITION,
REFONDUE ET AUGMENTEE.

Quant aux annexes (pages suivantes), accrochez vos ceintures car, à l'instar de celles d'*E.B.E. 1* et *2*, « ça » va secouer... sans rien devoir à la science-fiction !

ANNEXES

Tout d'abord, un rappel : le sigle EBE (Entités Biologiques Extraterrestres) est le nom-code imaginé par le docteur Detlev Bronk [1], président de l'Université John Hopkins, afin de désigner les Extraterrestres *en général*, sans connotation de « valeur » (bons ou mauvais). Ce sigle a par la suite subi une dérive et désigné abusivement les « Gris », que la première déclaration de John Lear, en décembre 1987, nous fit découvrir sous leur jour véritable : jouant les explorateurs cosmiques, des envahisseurs (petite taille, peau grise) bernèrent le président Harry Truman durant les années 40, puis Staline, afin d'obtenir l'autorisation temporaire de s'installer dans les secteurs souterrains de certaines bases militaires. Un temporaire qui a la vie longue !

Tchernobyl « surveillé » par les OVNI.

Le rideau de fer n'existe plus, mais nous ne savons pas pour autant ce que font les Gris dans la CEI, ou

---

1. Lors du crash d'Aztec (Nouveau-Mexique, février 1948), le docteur Detlev Bronk examina les corps de douze EBE qu'abritait ce vaisseau ; les cadavres furent transférés dans les laboratoires de l'ATIC *(Air Technical Intelligence Center)* à la Wright Patterson Air Force Base, Dayton, Ohio.

Communauté des Etats Indépendants qui a remplacé l'URSS. Hors caméra, après son interview destinée à la première vidéocassette *OVNI-EBE : l'invasion a commencé*, j'ai longuement et amicalement bavardé avec Boris Shurinov, l'ufologue soviétique venu plusieurs fois en France ces dernières années. Boris s'est montré réticent à l'endroit des RR III en ex-URSS, et des enlèvements de citoyens de son pays par des EBE, bons ou mauvais[1] ! Sans doute une séquelle de prudence, un relent d'inquiétude encore hérité du temps pas très lointain où le KGB exerçait ses ravages à tous les échelons de la société ? A moins que, à l'instar de certains pusillanimes de l'ufologie qui, en France, fricotent avec le SEPRA comme ils ont fayoté auprès du GEPAN, notre ami Shurinov ait des accointances (peut-être « obligées ») avec le... GEPANOV-SEPRANOV Rousski ? Je n'ai pas voulu pousser Boris dans ses derniers retranchements, lui dire exactement ce que nous *savons* de ces RR III ; les temps ne sont sans doute pas encore venus et, pour l'heure, nous nous contenterons d'engranger les informations — extrêmement précieuses — que nous communiquent nos « honorables correspondants ». (Nous tenterons d'aller les vérifier sur place... si des sponsors intelligents, « battants », en prise directe sur le futur, nous en offrent la possibilité !)

1. On constate la même répugnance à aborder cet élément dramatique de l'ufologie chez la SOBEPS (Société Belge d'Etudes des Phénomènes Spatiaux). Pourquoi cette « pudeur » ? Qui a donc conseillé à ce groupe de mettre la pédale douce, lors même que le général de Brouwer (Force Aérienne Belge) a eu l'honnêteté de reconnaître publiquement que ces vaisseaux triangulaires, observés et filmés durant la grande vague de 1989/1990, ne pouvaient être assimilés à aucun des appareils en usage de par le monde ? Il fut un temps où la SOBEPS abordait (sans rougir !) les RR III. Pourquoi ce revirement ? Amis belges qui avez fait l'une de ces « rencontres rapprochées », ou qui avez peut-être vécu une expérience beaucoup plus traumatisante, n'hésitez pas à me communiquer votre témoignage. Anonymat strictement respecté.

Ces renseignements ont partiellement constitué mes sources pour écrire *Narkoum : finances rouges* (n° 4 de la collection « Les Chevaliers de Lumière », Ed. Fleuve Noir) ainsi que pour (dans le chapitre 8 du présent ouvrage) « Les ET cognent ferme en URSS ». Les ET ? Mais lesquels ? Les Gris ? Auquel cas, les destructions décrites constitueraient des représailles à l'encontre des autorités d'alors qui auraient pu « déplaire » ou démériter aux yeux des envahisseurs maîtres des bases souterraines. Tout au contraire, s'agirait-il des « Grands Blonds », ou Polariens, qui auraient de leur côté exercé des représailles parce que les staliniens du MJ 12 seraient allés trop loin avec les Gris ? Simples spéculations ou hypothèses de travail, mais une information ignorée en Europe m'a été communiquée d'Australie par mon ami Lucien Cometta, traduction résumée d'un article paru (sans doute début 1992) sous le titre : « Un OVNI accidentellement photographié au-dessus de la centrale de Tchernobyl » (voir *hors-texte n° 17*). Voici, donc, le condensé de cet article et les commentaires de Lucien Cometta :

« Le photographe Vladimir Savran de *L'Echo de Tchernobyl* a récemment fait un reportage photographique sur la situation actuelle à Tchernobyl. Il a évidemment pris de nombreux clichés, et notamment une photo de la structure du toit endommagé à peu près entre le troisième et le quatrième réacteur. En développant ses films, il eut la surprise de découvrir un OVNI évoluant dans le ciel au-dessus de la centrale mutilée et, pour l'instant, hors d'usage. Des examens du négatif prouvent qu'il n'y a pas eu trucage, et qu'il ne s'agit pas de tache sur l'objectif. Vladimir Savran a lui-même déclaré :

» — *Je n'ai jamais cru en l'existence des OVNI jusqu'à ce que j'en voie un sur mes propres photos. Je me trouvais entre le troisième et le quatrième réacteur, pour prendre un cliché de la toiture, dont une partie n'est maintenant que ferraille tordue, pendant lamentablement. Je puis affirmer qu'aucun OVNI n'était visible dans le firmament, et les gens qui étaient autour de moi peuvent le certifier. L'OVNI n'est apparu sur la photo qu'au développement.* » (Bizarrerie fréquemment constatée en ce domaine, JG.)

Immeubles abandonnés, sans électricité... mais éclairés!

« L'éditeur du journal, commente Lucien Cometta, précise que les OVNI ne sont pas toujours visibles à l'œil nu, mais que la pellicule photographique révèle parfois leur présence. L'équipe d'inspection qui, en même temps que Vladimir Savran, a visité la centrale de Tchernobyl a également remarqué d'autres faits mystérieux et troublants. Le centre de Pripyat, autour de la centrale désaffectée, est maintenant une ville fantôme, complètement déserte. Pourtant, l'équipe de contrôle des radiations déclare que pendant trois nuits consécutives, trois des fenêtres de l'étage supérieur d'un immeuble de seize étages (ne comprenant que des appartements où vivait le personnel maintenant évacué) *étaient brillamment éclairées.* Or, cet immeuble n'est plus du tout habité ni utilisé et, comme tous les bâtiments du centre et la centrale elle-même, *son électricité était naturellement coupée.*

» Bien des ingénieurs soviétiques s'interrogent aujourd'hui : les OVNI n'auraient-ils pas quelque chose à voir dans la catastrophe de Tchernobyl ? Ils se demandent aussi pourquoi ces engins semblent surveiller cet endroit et effectuer des tournées d'inspection, tout comme le font les autorités russes. Saurons-nous jamais ce qui s'est véritablement passé et si les OVNI ont vraiment joué un rôle quelconque dans ce tragique accident ? »

Ouvrons une parenthèse et plaçons cet extrait de l'Apocalypse (§ 2 *in* Ouverture du Septième Sceau.

Sept anges avec sept trompettes. Les six premières trompettes) 8-10 :

« Le troisième ange sonna de la trompette. Et il tomba du ciel une grande étoile ardente comme un flambeau ; et elle tomba sur le tiers des fleuves et sur les sources des eaux. Le nom de cette étoile est Absinthe ; et le tiers des eaux fut changé en absinthe, et beaucoup d'hommes moururent par les eaux, parce qu'elles étaient devenues amères. »

Amères. *Ou radioactives.*

Ah. Petit détail que j'allais oublier. Tchernobyl, en russe, signifie : ABSINTHE ! Fabuleux, non ?...

Depuis les changements majeurs survenus après la destruction du mur de Berlin et la chute de la barbarie bolchevik, que de péripéties discrètes se sont déroulées en coulisse et s'y déroulent encore ! Certes, l'on peut voir dans cet extraordinaire chambardement l'accomplissement graduel de ce qu'avaient préconisé les « Grands Blonds », lors de leur rencontre avec le président Eisenhower en avril 1954, à Edwards Air Force Base. En corollaire, cela soulève de nouvelles questions : ces dernières années, les « Polariens » auraient-ils repris contact non plus seulement avec le président des Etats-Unis (Ronald Reagan ou avec son successeur, George Bush) mais parallèlement avec Mikhaïl Gorbatchev, pour infléchir, modifier les structures événementielles de l'évolution ? Une interrogation découle alors de ce cas de figure : comment réagiront les Gris devant ce camouflet, cette « ingérence » dans « leurs affaires », puisqu'ils se conduisent chez nous comme en terrain conquis ?

Maastricht

Pour aboutir à la concrétisation du grand dessein des « Polariens » — davantage de spiritualité, de fraternité, élimination de la violence, des guerres — n'est-il pas logique de vouloir d'abord favoriser une sorte d'union mondiale ? Et ce « vœu pieux » n'est-il pas devenu le credo de Ronald Reagan, puis de George Bush *et* de Gorbatchev, lesquels n'ont de cesse de plancher afin que s'instaure un *New World Order* ? Un Nouvel Ordre Mondial ? Un pas décisif (?) vers ce mondialisme, pour nous Européens, semble avoir été franchi à Maastricht, mais... Oui, il y a un « mais » quant à la façon dont le texte du traité a été rédigé, dont les détails restent pudiquement dans l'ombre... sans que l'on puisse les retoucher ! Consulter le *Journal Officiel* afin de prendre connaissance dudit traité ? Oui, mais, là... il y a un hic, pour ne pas dire un os : les stocks dudit *Journal Officiel* étant épuisés (déclaration du 22 avril 1992), il faudra attendre pour pouvoir décortiquer ce texte[1] ! D'ores et déjà, ce qu'en disent des personnalités telles que Jean-Marie Le Pen, Charles Pasqua, Alain Peyrefitte (ancien ministre) et Maurice Druon (secrétaire perpétuel de l'Académie française) a de quoi nous inquiéter, qui affirment que ce texte est incompréhensible, avec des passages dépourvus du moindre sens en quelque langue européenne que ce soit ! Maurice Allais (Prix Nobel d'économie) précise : « [...] le traité est un texte de 253 pages, purement technocratique, ambigu, partiellement contradictoire, très difficile à lire, et à vrai dire peu compréhensible, sinon incompréhensible [...] » Dans mes tout premiers romans SF (1952-1953), j'apparaissais comme un chaud partisan des Etats-Unis d'Europe puis du Monde, et je le reste, mais pas à n'importe quel prix. Pour des raisons « souterraines » liées à des « hôtes » que nous n'avons jamais invités, j'avoue partager les extrêmes réserves de Philippe Séguin et Marie-France

1. Celui-ci est disponible au moment où je supervise les épreuves de ce livre (7 septembre 1992), mais il m'apparaît bien conforme à la formidable hégémonie de la Trilatérale, du CFR... et du MJ 12 ! Pauvres électeurs...

Garraud, coauteurs de l'ouvrage *De l'Europe en général et de la France en particulier* (Ed. du Pré aux Clercs), ces auteurs prestigieux ne faisant évidemment pas intervenir dans leur analyse les manigances du MJ 12.

De son côté, *La Lettre de Philippe de Villiers* (BP 3, 85501 Les Herbiers Cedex), n° 14 de mai 1992, donne le ton : *Pour l'Europe, contre Maastricht.* Dans son « Combat pour les Valeurs », Philippe de Villiers lance lui aussi un cri d'alarme quant à la dérive financière (entre autres pièges), résultante inévitable du super-Etat voulu par Jacques Delors (lié ou non, directement ou indirectement, à la Trilatérale ?). Reconnaissons que les cochons de payants que nous sommes ne se penchent pas assez sur la politique, dont Valéry disait : « C'est l'art d'empêcher les gens de se mêler de ce qui les regarde. » Et Paul Valéry ajoutait par ailleurs : « La guerre est faite par des braves gens qui s'entre-tuent et ne se connaissent pas, *pour le plus grand profit de gens qui se connaissent fort bien et ne s'entre-tuent pas !* »

Pour parler (écrire) net à propos du traité de Maastricht, un texte aussi alambiqué, abscons, me paraît susceptible de receler une magistrale entourloupe ! Et ce surtout si l'on sait le rôle qu'y jouent (ou qu'entendent y jouer) la Banque Mondiale, la Trilatérale et le CFR *(Council on Foreign Relations) :* ces organismes *tout-puissants* sont les (rares) pics visibles du sommet de l'iceberg que constitue la partie cachée du MJ 12. Car cette pieuvre malfaisante qui régente le monde puise ses racines dans les Bilderbergers, société « discrète », sinon secrète, tirant son surnom de *l'Hôtel Bilderberg*, à Oosterbeek, Hollande, qui abrita son assemblée constitutive en mai 1954. Une société beaucoup plus secrète existait aux Etats-Unis, baptisée Jason Group, composée de scientifiques (*Project Manhattan* ayant abouti à la bombe atomique) ; ce groupe avait été précédé par d'autres sociétés secrètes « universitaires » nées à Harvard et à Yale. C'est ce *melting pot* qui devait favoriser l'émergence du Majestic 12, le gouvernement secret inféodé aux Gris. Pour en savoir plus sur la Commission Trilatérale, le Bilderberger Group, le CFR et les magouilles occultes de nombreux « grands » de ce monde, il faut impérativement lire (pour un prix dérisoire !), entre autres publications trop peu ou mal connues : *Les Véritables Maîtres du monde, Une nouvelle synarchie internationale, Le Monde secret de Bilderberg* à commander aux Publications Henri Coston, BP 92-18, 75862 Paris Cedex 18. En outre, des informations que l'on ne trouve pas facilement ailleurs, quant à ce qu'il se passe dans les coulisses, figurent régulièrement dans les colonnes de *Lectures françaises*, BP 1, 86190 Chiré-en-Montreuil.

Censure officielle... et aveux déguisés.

A travers cet écheveau d'événements primordiaux soigneusement dissimulés au commun des mortels, l'on comprend sans effort que, dans l'ombre, des mains tissent autour de nous une gigantesque nasse où l'on nous maintient dans une rassurante ignorance. Bien sûr, en compensation, nous avons des hochets : le foot, le rugby, la boxe, la sanglante et abominable tauromachie et autres joujoux entretenant la crétinisation du peuple ; pas gratuitement, cela va de soi, car les machinistes qui font marcher cette machine bien rodée touchent invariablement le jackpot : par ici, la bonne soupe ! A cela s'ajoute l'intox permanente des « commissions d'enquêtes officielles sur les OVNI », créées dans tous les pays, usant du même baratin : « Il n'y a pas de soucoupes volantes parce qu'il n'y a pas d'Extraterrestres. Ou plutôt, si : les ET existent sûrement, mais au fin fond de la galaxie, autrement dit bien trop éloignés pour qu'ils puissent venir nous voir. D'ailleurs, la vitesse de la lumière est une limite infranchissable et même à cette allure inconcevable, " ils " devraient se reproduire à bord de leurs vaisseaux et des centaines de générations se succéderaient avant qu'" ils " ne puissent débarquer chez nous. Alors, bonnes gens, dormez en paix, allez vociférer sur les stades, ou vous égosiller autour des rings ou des arènes et ne pensez plus aux Petits Hommes Verts puisque nous, savants officiels, vous affirmons qu'ils sont beaucoup trop loin pour venir nous déranger ! »

C'est cela, bonnes gens, continuez de dormir, de vous laisser berner avec ces arguments fallacieux édictés depuis près d'un demi-siècle par la vermine du MJ 12 ; arguments « rationnels » doctement propagés encore de nos jours par des scientistes. (Exemple, dans l'émission de télévision *Raison de plus* du 28 avril 1992, où l'astronome Jean Heidmann, viscéralement anti-OVNI, en faisait même plus que Vélasco, venu apporter la caution du SEPRA à ce *debunking*, astronome dont les outrances et la « supériorité » scientifique embarrassaient visiblement Claude Sérillon.) Laissez-vous bercer par ce ronron lénifiant, sécurisant, et vous verrez alors quel genre de réveil sera le vôtre, quand vous ouvrirez *vraiment* les yeux sur la réalité qu'on vous a jusqu'ici soigneusement cachée ! Cette réalité commence avec celle des « soucoupes volantes », vous savez, ces « hallucinations », ces nuages lenticulaires ou encore la planète Vénus. Car en dépit des divagations rationalistes, il s'agissait bien d'engins, comme les ufologues sérieux n'ont jamais cessé de le proclamer. La preuve ? Vous la trouverez sur les fac-similés du *Journal officiel* (« Débats parlementaires ») figurant dans ce livre. *(Bis repetita placent.)* Dans le *JO* du 12 janvier 1955, page 19, la question n° 13688 de feu mon ami Jean Nocher (député de la Loire) reçut cette réponse (extrait) : « ... la prise en chasse de ces " engins ", bien qu'elle n'ait jusqu'à ce jour donné aucun résultat *lorsqu'elle a été tentée*[1], est autorisée chaque fois qu'elle n'entraîne aucun risque d'accident. Le personnel des bases et formations qui se trouverait en présence d'une telle apparition doit s'efforcer de photographier et, autant que possible, cinématographier le phénomène, ce qui n'a pu être fait jusqu'à ce jour avec la netteté et l'authenticité désirables ; 2° En tout état de cause, il ne semble pas qu'il y ait lieu d'exagérer l'importance documentaire de témoignages dont le nombre et la bonne foi ne suffisent pas pour les assimiler à des observations scientifiques, objectivement contrôlées. »

A la question n° 13687, page 297 (*JO*, 27 janvier 1955) de M. de Léotard (député de la Seine), le secrétaire d'Etat aux forces armées (air) répondit (extraits) : « ... l'observation *à faible distance* de ces phénomènes, avec les qualités extraordinaires de vitesse, de plafond et de maniabilité qu'elle exige, n'a jamais donné de résultat *lorsqu'elle a été tentée*. [Répétition éloquente, prouvant bien qu'elle appartient à un communiqué officiel venu d'en haut ! JG.] Elle est cependant autorisée quand elle n'entraîne aucun risque pour le matériel et le personnel [...] »

Là, j'aimerais que le SEPRA, et autres scientistes hautement spécialisés en prunelles bovines, m'expliquent comment des pilotes et leurs appareils peuvent encourir des risques en « tentant » d'observer ou de prendre en chasse une hallucination ! Au sol, je comprendrais, car percuter une vache, même pour un gros avion, cela ferait mal, à la vache comme au matériel, mais en vol ? Est-ce à dire qu'en altitude la densité d'une hallucination augmente ? Gageons que ces

1. Oui, vous avez bien lu ! Moi aussi cela m'a fait bondir lorsque j'écrivais *Black-out sur les soucoupes volantes*, paru une première fois en 1956 et où je relate ces informations très officielles. On les retrouvera dans la réédition parue chez Vaugirard (1992), pages 185 à 199.

réponses officielles aux questions intelligentes de ces députés des années 50 doivent donner des boutons aux négateurs patentés ! N'est-ce pas là la démonstration irrécusable de leurs mensonges ? Et ces mensonges ne s'insèrent-ils pas parfaitement dans le complot des nations (n'en déplaise à Bourret qui jurait naguère : « Il n'existe pas de complot ») ? Et ce complot, n'émane-t-il pas du MJ 12... ? Même si, au cours des siècles écoulés, d'autres Forces Noires contrôlaient et exploitaient la planète Terre, ce qui sera mis en évidence avant longtemps...

Films américains à diffusion mondiale...
Europe exceptée !

La censure appliquée par les continuateurs de ces Forces Noires est beaucoup plus sévère en France et en Europe qu'aux Etats-Unis, en Amérique latine, à Hong Kong, en Nouvelle-Zélande ou en Australie où des informations télévisées et des magazines documentaires ont été diffusés, avec un succès tellement énorme (mais on nous l'a caché !) qu'une seconde diffusion a été programmée ! Je pense en particulier à *UFO Cover Up... Live* (OVNI, camouflage en direct), diffusé aux Etats-Unis les 14 et 16 octobre 1988. L'un de mes correspondants australiens m'en a envoyé une copie après m'avoir imprudemment téléphoné : hélas, ainsi que je m'y attendais, cette cassette vidéo a été détournée, volée par les fonctionnaires[1] du Groupe de Pression GGR (voir fac-similé lettre anonyme surchargée de fautes d'orthographes outrancières), qui nous har-

1. Nous savons qu'il s'agit de fonctionnaires parce que leurs harcèlements s'exercent *uniquement* pendant les heures de bureau, du lundi au vendredi ! Mes amis ufologues du « groupe de pointe » s'en sont évidemment aperçus, eux aussi, et au téléphone, nous en avons discuté (*intentionnellement*) un vendredi après-midi en les

cèle téléphoniquement depuis des années. J'ai dû faire prévenir ce correspondant par un tiers pour qu'il utilise dorénavant la « filière de Hong Kong » et là, la copie de la cassette m'a été apportée en main propre... après une série de zigzags entre Sydney, Hong Kong, Berlin et Paris ! Ces fonctionnaires qui trahissent les patriotes terriens, nous les identifierons un jour comme nous avons identifié leur service. Et ils peuvent être assurés que le fait d'obéir — aussi servilement — à des ordres aussi pervers, aussi scandaleux, ne les dispensera pas de payer la facture quand la vraie justice des FTL (Forces Terriennes Libres... qui existent à l'état potentiel, je l'ai constaté aux Etats-Unis et en certains pays d'Europe) sera appliquée... Les collabos nazis (pas tous, hélas) savent ce qu'il leur en a coûté jadis de traquer et vendre les Résistants à la Gestapo[1].

Les patriotes sont de plus en plus nombreux à s'adresser à moi et lesdits « services », tout officiels qu'ils soient, savent pertinemment que, parfois, les moutons finissent par devenir enragés ; de même savent-ils, ces renégats, que je réponds invariablement : « Je ne suis pas un second général de Gaulle ; je n'enrôle personne mais votre réaction est saine et le moment venu, rappelez-vous que ce n'est pas avec des éventails que les résistants ont commencé la lutte... »

---

traitant de tous les noms. Résultat, le lendemain samedi, dans la matinée, l'un de ces fonctionnaires nous lança — de chez lui, donc — un appel bref accompagné de pianotement sur les touches digitales de son clavier. En hurlant de rire, nous l'avons invité à aller se faire « aimer » chez les Grecs, mais par son chef de service !

1. Plus de trois années dans les SR, commandos de la Résistance et enfin le maquis (FFI) de Dompierre-sur-Yon (Vendée) me permettent de parler en connaissance (cf. l'excellent ouvrage de Jean-Claude Pouzet : *La Résistance mosaïque*, Editions Jeanne Laffitte, 25 cours d'Estienne-d'Orves, 13001 Marseille).

⁂

Mon confrère et ami américain George Andrews écrivit, le 30 décembre 1988, à René Voarino (CEOF) à propos, justement, de *UFO Cover Up... Live*, sujet interdit sur nos antennes. Une émission-vérité (critiquée par Jacques Vallée, mais nous verrons plus loin ce qu'il faut en penser), illustrée de déclarations des agents CIA Faucon et Condor (visages cachés, voix déformées), d'un agent soviétique et de nombreux témoignages captivants. Ce sujet eut un impact considérable : quatre-vingt-sept pour cent des téléspectateurs réclamèrent des comptes, exigeant une investigation au niveau du Congrès pour savoir enfin la vérité ; six pour cent d'entre eux, de surcroît, affirmèrent avoir été enlevés à bord d'un vaisseau et subi des examens de la part des EBE. « Ce qui est énorme, commente George Andrews. Mais la grande foule de ceux qui ne veulent rien savoir au sujet des OVNI est restée indifférente, *malgré le fait que l'émission n'aurait pu avoir lieu sans l'accord des gouvernements américain et soviétique puisque des représentants des deux gouvernements ont collaboré à cette émission.* Celle-ci était une allusion flagrante, un demi-mot à peine voilé [relativement à la réalité des OVNI, des ET, des rapts, du MJ 12, etc., JG], pour ceux qui sont sans préjugés, mais le grand public est plongé dans une hypnose tellement profonde après plus de quarante ans de mensonges, que les demi-mots ne sont pas suffisants pour opérer le grand réveil. Il faudrait pour cela [...] que Reagan apparaisse à la télé avant de quitter la Maison-Blanche [courrier du 30 décembre 1988, rappel, JG] et annonce carrément, sans équivoque, ce que recouvrait les " demi-mots " de l'émission.

» Selon moi, poursuit George Andrews, *UFO Cover Up... Live* était un mélange savant d'informations vraies et fausses. Ce qui était vrai : le gouvernement

US a conclu un accord clandestin avec des ET gris de petite taille, se disant originaires de Zeta Reticuli ; que ces EBE commettent parfois des " abductions " [enlèvements, JG] pour nous étudier. *Pas un mot sur les traitements atroces subis par beaucoup d' " abductees ".* Description idéalisée des EBE, donnant l'impression qu'ils sont des nains à la Walt Disney, se souciant surtout de notre bien-être. Pas un mot des mutilations du bétail ; pas un mot sur les activités de la base de Dulce, mais l'on admettait que le gouvernement US avait donné une base au Nevada. Le mensonge le plus ahurissant était l'affirmation selon laquelle les Gris ne se nourrissent que de légumes et de glace aux fraises ! Pas un mot de l'existence des autres espèces d'ET, sauf une brève référence aux " Grands Blonds " dans la partie russe de l'émission. L'essentiel du message transmis aux téléspectateurs était que l'Oncle Sam avait accompli une astucieuse combine — dont on devait se féliciter — en s'alliant avec des nains disneyesques si intelligents. Pour ceux qui sont au courant de la vérité, regarder, entendre cela, crevait le cœur ! [...] Nous avons de bonnes raisons de considérer les Gris, ces prédateurs-parasites, comme des ennemis [...] L'un de mes bons amis a déclaré : " Vous les reconnaîtrez à leurs fruits. Qu'arrive un Etre de Lumière et d'Amour, avec une grande compassion et sympathie pour autrui, sans prétention de se placer lui-même sur un piedestal [...] et qui remplisse nos cœurs de joie, alors, il s'agira d'un Etre Supérieur, qu'il soit Terrien ou Extraterrestre. Bienvenu sera celui qui apportera la puissance pour le bien. " »

Déjà, le 24 septembre 1988, George Andrews écrivait à René Voarino : « [...] Mon opinion est que les informations de John Lear sont au moins en grande partie valables. De deux choses l'une : c'est soit un piège, soit un signal de danger extrême véritable : SOS, Mayday, Red Alert, pas seulement pour la France ou les Etats-

Unis, mais pour le monde entier. Les informations de John Lear correspondent trop bien à ce que j'ai dernièrement entendu des *abductees* (kidnappés), pour ne pas être en grande partie vraies. Si je n'avais pas assisté à ces séances de régression hypnotique des *abductees*, je serais plus sceptique à ce sujet, mais les deux sources différentes se recoupent avec trop de détails. »

Je souhaite vraiment que l'ouvrage inédit de George Andrews : *Extraterrestrials Friends and Foes* (Extraterrestres amis et ennemis) voie enfin le jour en France et apporte ainsi des compléments d'information aux déclarations de John Lear. George Andrews est un ufologue de pointe, courageux, dépourvu de ces détestables œillères qui altèrent le jugement des scientistes et des sociopsychologues (souvent « debunkers » et manipulateurs à prétentions ufologiques).

En tout, certes, il convient d'être circonspect et, autant que possible, de flairer le piège, l'intox, mais il faut aussi savoir aller de l'avant, accepter, suivre son intime conviction, tout en sachant que, si vous levez un lièvre de belle taille, la meute des séides « aux ordres » se pendra à vos basques, criera à l'imposture, au canular, voire à l'escroquerie et d'aucuns parleront — imprudemment — « d'inculpations imminentes »...

Cela, nous l'avons vu, s'est produit pour l'affaire de Cergy-Pontoise, le GEPAN s'étant déchaîné tous azimuts pour déprécier, ridiculiser, démolir ce cas sur lequel l'IMSA et moi-même avons minutieusement enquêté. Nous n'étions pas les seuls : à l'époque, un groupe extrêmement discret, sous la houlette de Didier Safranionek, qui devint beaucoup plus tard mon ami, passa des nuits blanches pendant la disparition de Franck Fontaine, soigneusement « en planque » et sa patience fut récompensée : un témoin le vit réapparaître dans un halo de lumière non pas sept jours mais cinq jours après l'enlèvement (ce délai escamoté ayant

287

permis à Jean-Pierre Prévost, à partir de l'enlèvement réel, de tenter de planifier une escroquerie sur le thème « secte ou communauté à connotation cosmique » !). Je ne déflorerai pas davantage l'ouvrage (titre provisoire : *Les Semeurs de la nuit*) qu'achève Didier Safranionek et qui, sous forme romanesque, révèle d'autres cas plus stupéfiants encore. Une autre caution d'authenticité de l'affaire de Cergy-Pontoise, paradoxalement, vient d'être fournie par un... sceptique : Jacques Vallée, dans son nouvel ouvrage : *Révélations* (soustitre : *Contact avec un autre monde ou manipulation humaine ?*), paru chez Robert Laffont.

Révélations, *nouvel ouvrage (à clé)*
de Jacques Vallée.

Avant d'analyser certains points de ce livre, qui peut et doit — me semble-t-il — être lu à plusieurs niveaux, un flash-back est nécessaire. Jacques Vallée et moi nous sommes rencontrés pour la première fois, en novembre 1989, sur le plateau de *Ciel mon mardi*, où nous avons pris rendez-vous pour le lendemain matin à 10 heures. « Nous bavarderons une demi-heure car mon emploi du temps est chargé », me prévint Jacques. En fait, nous nous sommes quittés vers midi cinquante dans un climat de vive sympathie. Un peu avant de nous séparer, je dis à Jacques Vallée :

— J'ai rencontré Allen Hynek à deux reprises en 1978 : une fois à Montréal, brièvement, où il avait supervisé le film accompagnant ma tournée de conférences, et chez lui, à Evanston (Chicago), où il m'avait invité, fin mai, à l'issue de ma longue tournée. Nous avons sympathisé, je lui ai minutieusement relaté l'étrange affaire Jean-Claude Pantel, ses quatre contacts avec des êtres d'ailleurs, les pénibles années jalonnées de phénomènes paranormaux, souvent extrêmement violents, qui empoisonnèrent sa vie et celle de ses camarades (cf. *Le Livre du paranormal* — épuisé — et *La Terreur venue du néant*, n° 3 de la collection « Les Chevaliers de Lumière »). Allen se montra vivement intéressé, captivé même, et longuement songeur en tétant sa pipe éteinte, dans son jardin « dévasté », tout chamboulé, qui attendait sa remise en ordre par un jardinier.

A ce moment de mon récit, je fis une pause et regardai Jacques Vallée :

— Hynek était votre ami ; personnellement, je ne l'ai donc rencontré que deux fois, mais de ces heures passées ensemble, j'ai retiré l'impression qu'il ne s'exprimait pas tout à fait librement, comme s'il avait eu un « fil à la patte » le reliant... à la CIA.

Jacques Vallée me regarda attentivement, ses étranges yeux gris-bleu rivés aux miens puis, très lentement, il remua négativement la tête pour prononcer de sa voix calme, posée :

— Non, vous vous trompez.

Cela dit sur le ton neutre que l'on pourrait employer pour annoncer : « Aujourd'hui, il fait beau ! » Pour ne pas rester sur ce... malentendu, je fis part à cet homme pondéré, d'une grande courtoisie, de mon regret de n'avoir jamais pu, lors de mes voyages aux Etats-Unis, me rendre au mystérieux Mont Shasta (Californie), « porte vers d'autres dimensions ». Jacques ébaucha un sourire tandis que nous nous serrions la main : « Quand vous voudrez, prévenez-moi et je me ferai un plaisir de vous y accompagner... »

Nous nous quittâmes, je le crois sincèrement, en éprouvant l'un pour l'autre une réelle estime, bien que nous ne partagions pas entièrement les mêmes vues sur le problème. Jacques privilégiait à cette époque une origine « ultra-dimensionnelle » des OVNI (cf. *Autres dimensions*/1989 et *Confrontations*/1991), alors que ma position, plus éclectique, tendait vers *des*

289

origines multiples (spatiales et ultra-dimensionnelles), en raison de la diversité d'espèces de nos visiteurs. Je revis Jacques Vallée au Salon du Livre, en 1991 et il me confirma que les mutilations animales et humaines se poursuivaient aux Etats-Unis, mais qu'on les passait sous silence. Nous parlâmes quelques instants de l'affaire Franck Fontaine, dont Jacques reprenait l'enquête à zéro pour les besoins de son ouvrage en voie d'achèvement : *Révélations* (voir bibliographie).

— As-tu une idée de l'endroit où Franck a été emmené ? me demanda-t-il.

Une question qui me fit plaisir dans la mesure où elle impliquait, chez mon interlocuteur, la certitude de l'enlèvement, contrairement aux négations et aux arguments farfelus du GEPAN.

— La seule chose dont je sois certain, répondis-je, en dépit des allégations mensongères de Jean-Pierre Prévost, c'est que Franck a bel et bien été enlevé et emmené « ailleurs », à bord du vaisseau, peut-être sur un autre monde ou « à côté », dans une autre dimension.

Eclairage nouveau sur l'affaire
de Cergy-Pontoise.

Jacques Vallée m'envoya son ouvrage début mai 1992 et j'eus alors la réponse à son interrogation, apprenant ainsi qu'il avait mené une véritable enquête policière à Cergy (ce qui n'était pas évident, si longtemps après les faits), interrogeant Franck Fontaine, Salomon N'Diaye, questionnant diverses personnes ayant elles aussi mené une enquête sur ce cas d'une très grande importance, malheureusement dénigré, déconsidéré par les officiels et leurs serviteurs. En résumé, les investigations de Vallée sur le terrain lui permirent d'acquérir plusieurs certitudes : A) Les

290

maladresses du GEPAN (en pleine collusion avec la police, la justice) qui monta essentiellement en épingle la version « canular ». B) Le caractère mensonger des « aveux » de Prévost, qui prétendit avoir monté un canular, puis qui bafouilla lamentablement quand on lui demanda où il avait caché Franck pendant sa disparition. C) Un témoin du départ de Franck en voiture (où il n'aurait pas été seul), puis de son retour, aurait refusé d'en dire plus, « je ne veux pas d'ennuis avec ces gens-là », affirma-t-il, parlant de ceux qui, selon lui, étaient derrière toute l'affaire.

Avant d'aborder les étonnantes conclusions de Jacques Vallée, voici quelques extraits de son étude (au demeurant remarquable) : « Si certains fanatiques accueillirent le retour de Franck comme la venue d'un nouveau messie [...], il y eut aussi quelques enquêteurs sérieux parmi ceux qui l'interrogèrent. Le plus actif et le plus sophistiqué fut sans doute le groupe IMSA à la tête duquel se trouvaient Jimmy Guieu, un populaire et prolifique auteur français de science-fiction, et un hypnotiseur, Daniel Huguet... » A noter incidemment que Jacques Vallée accorde peu de crédit aux hypnotiseurs, estimant que ceux-ci peuvent induire des réponses, orienter le sujet. (Tel n'est pas le cas pour Daniel Huguet ; il n'a jamais agi de la sorte au cours des nombreuses régressions sous hypnose pratiquée par ses soins, lors de mes enquêtes. JG.)

Plus loin, Jacques Vallée écrit encore : « Au stade où nous sommes arrivés dans cette longue histoire, le lecteur est parfaitement en droit de me dire : " Le meneur de ces hommes [allusion à Jean-Pierre Prévost, JG], déjà assez louche au départ, a avoué qu'il s'agissait d'un canular ; son principal soutien, Jimmy Guieu, a retiré sa confiance à Prévost ; la police et le GEPAN [...] ont conclu qu'il s'agissait d'un canular. Pourquoi donc ne pas laisser tomber une bonne fois cette histoire comme tout le monde l'a fait ? "

» *La réponse est très simple : je ne crois pas que Fontaine ait été enlevé par des extraterrestres. Mais je ne crois pas non plus qu'il ait menti.* La disparition de Franck Fontaine est l'un des épisodes les plus troublants de toute l'histoire des OVNI. *Mais ce n'est sûrement pas un canular.* » (C'est moi qui souligne, JG.)

Pour résumer (une fois encore) et conclure cette enquête de Jacques Vallée, celui-ci demeure persuadé que Franck Fontaine a bien été enlevé mais par des services spéciaux aussi officiels que discrets. L'un des « fonctionnaires », désigné par les initiales M... D..., déclara à un enquêteur de Jacques Vallée :

« Nous considérons l'opération de Cergy comme un " exercice de synthèse générale " [...] L'opération était ordonnée autour d'objectifs militaires, scientifiques et politiques [...] Nous l'avons endormi (parlant de Franck Fontaine) et maintenu dans un état de haute suggestibilité [...] Si l'opération avait été menée à bien, *la phase suivante aurait été bien pire.* [C'est moi qui souligne, JG]. »

Jacques Vallée poursuit plus loin :

« Le groupe d'ufologues à la tête duquel se trouvait Guieu, dont l'honnêteté et la sincérité ne sont pas mises en doute, a très bien pu être utilisé pour répandre le message de Prévost, mais, au bout d'un laps de temps assez court, la décision d'interrompre l'expérience semble avoir été prise. Le livre de Guieu (*Contacts OVNI Cergy-Pontoise*, Editions du Rocher, épuisé) fut injustement discrédité, les médias perdirent tout intérêt pour l'affaire et Prévost s'enfonça plus profondément dans les dettes lorsque les responsables de la manipulation lui retirèrent leur soutien. »

Pour consolider sa thèse de l'enlèvement de Franck par des services très « spéciaux », Jacques Vallée écrit : « Nous avons découvert sur les lieux de l'enlèvement un passage souterrain praticable par une automobile [...] Ce passage, dont l'existence n'est signalée ni dans le livre de Jimmy Guieu ni dans le rapport du GEPAN, passe sous la route principale [...] De là, Franck aurait pu facilement être guidé ou transporté jusqu'à l'autoroute Paris-Rouen située à quatre cents mètres seulement. »

C'est vrai, je n'ai pas fait mention de ce passage dans mon livre mais nous le connaissions parfaitement pour avoir servi de « lieu d'aisances » aux milliers de personnes rassemblées là le 15 août 1980 ! Il faut toutefois préciser qu'à cette époque, ledit passage *était fermé par une série de bornes en ciment qu'aucune voiture n'aurait pu franchir.*

L'agent M...D... n'a pas cru devoir indiquer ce léger détail qui eût flanqué en l'air son « scénario » bidon, destiné à évacuer l'intervention extraterrestre (ou ultra-dimensionnelle) responsable de la disparition de Franck Fontaine ! Belle opération d'intox et de *debunking* pour M...D... et ses complices : tromper délibérément Jacques pour l'empêcher d'aller plus loin et d'aboutir alors aux conclusions qui s'imposaient !

En publiant *Révélations*, dernier volet de sa brillante trilogie (dont cependant je ne partage pas toutes les options), Jacques Vallée a fait acte de persévérance, de courage. Renvoyés dos à dos, les partisans du GEPAN/SEPRA ont aujourd'hui bonne mine ! Et si Jacques Vallée, à diverses reprises, dans son ouvrage, nie la réalité des EBE, de leurs bases souterraines, du MJ 12 et de tout ce qui en découle, l'on ne doit pas (c'est mon sentiment) trop lui en tenir rigueur. Il faut tout au contraire lire *plus attentivement Révélations*, voire le lire entre les lignes et comprendre... Lui aussi peut être dégoûté des magouilles officielles. N'écrit-il pas cette phrase désabusée (p. 98) : « [...] *avant de me retirer à mon tour de la scène*, je tiens à mettre en lumière quelques faits afin d'aider ceux qui reprendront le flambeau. »

Car l'ami Jacques, bien sûr, sait pertinemment que le problème OVNI n'est pas, loin s'en faut, classé... ni même classable ! Il sait à quel point cette recherche est difficile, semée d'embûches, de peaux de bananes répandues par les gouvernants (qui prétendument « n'y croient pas », on verra pourquoi plus loin, avec les révélations dramatiques du rapport de Lucien Cometta). Je me demande si certaines contradictions « apparentes » de son livre ne cachaient pas, justement, des clins d'œil. Un exemple : Bill English (qui, avec Milton William Cooper et John Lear, contribua à révéler l'extraordinaire affaire des Gris) « raconta qu'il avait eu une position *subalterne* dans les services de renseignements et qu'il avait été chargé d'évaluer l'authenticité de certains rapports confidentiels. C'est dans ce contexte qu'il aurait pris connaissance du Rapport 13, celui que Bill Cooper avait eu à analyser ».

Bizarre, non ? Est-il admissible que les officiers supérieurs de la *Navy Intelligence* aient confié *à un subalterne* l'analyse d'un document d'une telle importance ?

Autre « anomalie » : page 74, Vallée rappelle un paragraphe de la déclaration de John Lear ainsi rédigé : « L'horrible vérité n'est connue que de très peu de gens. Il s'agissait d'affreuses petites créatures [...] en avance sur notre civilisation d'environ un million d'années. » Page 76 : « Afin de subvenir à leurs besoins, ils utilisent une enzyme ou une sécrétion hormonale en provenance de tissus humains ou animaux. »

Ce à quoi, objecte pertinemment l'auteur : « Toute civilisation ayant un million d'années d'avance sur la nôtre devrait être en mesure de synthétiser quelque chose d'aussi simple qu'une enzyme essentielle à sa survie. » Je partage cette remarque, étant persuadé que les Gris (qui malheureusement existent, bien que Jacques Vallée affiche son scepticisme à leur égard) nous font du cinéma et pratiquent les mutilations humaines et animales dont les raisons véritables nous sont encore inconnues (la nécessité de se procurer des enzymes pouvant n'être qu'un prétexte cachant autre chose... tout aussi horrifique !). Cela étant, réfléchissons au dialogue suivant rapporté (p. 72) par Jacques Vallée, discutant d'une base EBE souterraine avec William Moore (ufologue plus ou moins lié à Washington) et Linda Howe, la spécialiste des mutilations :

« — De quelle taille est-elle ? [La base, JG.]

» — La superficie de Manhattan.

» — *Qui ramasse les ordures ?* »

Une question-gag à la Groucho Marx qui, nullement innocente, était censée dissimuler un piège.

La réponse est évidente, cher Jacques, et découle de ta propre remarque (p. 76). Une civilisation d'un million d'années d'avance sur la nôtre ne peut pas ne pas avoir mis au point (depuis belle lurette !) des systèmes d'enceintes à désintégration (sous coercition magnétique) pour éliminer les ordures, les déchets toxiques ou autres, tout en récupérant l'énergie ainsi produite, faisant de la sorte coup double. J'ai « inventé » cela dans les années 50, avec mes premiers romans SF, convaincu que nos visiteurs d'horizons divers originaires d'autres dimensions ou de l'infini stellaire maîtrisent une telle technologie depuis qu'ils ont atteint le stade des voyages interstellaires à vitesse transcéique.

De telles contradictions se retrouvent ici et là dans *Révélations...* que j'interprète, peut-être à tort, comme autant d'indices ou de perches tendues par l'auteur auquel ces anomalies criardes n'ont pu échapper. Je forme le souhait qu'un jour, libéré de toute contrainte (si mon hypothèse est correcte), Jacques Vallée — en parfait honnête homme qu'il est — puisse nous apporter d'autres « révélations », convaincantes, sur la réalité objective de nos visiteurs et de leurs engins, originaires d'autres dimensions ou des mondes stellaires de l'infini.

Intox à gogo.

Voici deux ou trois ans, le président Mitterrand et sa suite effectuaient le pèlerinage traditionnel à Solutré, escorté par un groupe de journalistes. Soudain, un gendarme essoufflé rattrape le chef de l'Etat, lui chuchote un secret (d'Etat, cela va de soi) et le président, tout papillotant, prend congé (« Veuillez m'excuser, le devoir, et patati et patata »), avant de suivre le gendarme cependant qu'un hélico se pose au pied de la montagnette. Bientôt, l'appareil emporte son auguste passager pour le conduire, en grand secret, dans l'Yonne où un vaisseau discoïdal, ou globoïde, ou biscornu, au choix, a atterri, laissant des traces impressionnantes. Que dis-je, a atterri : peut-être y est-il encore !

— Il faut absolument que tu enquêtes sur ce scoop fabuleux, insiste mon informateur, à l'autre bout du fil.

Avant de raccrocher, je l'assure que je suis déjà parti... Et j'appelle un ami journaliste, très au fait des déplacements du chef de l'Etat ; nous rions ensemble de ce « scoop » bidon. Car enfin, si le président de la République, au beau milieu de l'ascension, avait tiré sa révérence pour s'embarquer à bord d'un hélico, les journalistes accompagnateurs s'en seraient fait l'écho ! Mon informateur-ufologue (très brave type mais fréquentant quelques ufologues pas très francs du collier contre lesquels pourtant je l'ai mis en garde) en fut pour ses frais : nullement dupe, je n'ai adressé aucun communiqué à l'AFP.

Second exemple (qui ne me concerne pas directement). Australie, 20 avril 1992, sur le Channel 7 de la télé, 18 heures (heure locale). Aux informations, l'on annonce qu'un groupe de photographes et cameramen a pu filmer un engin effectuant dans le ciel toutes sortes de changements de direction à des vitesses vertigineuses. L'écran ne montre en fait qu'un point lumineux statique. Le commentateur affirme qu'il s'agissait d'un engin « top secret » en forme de cigare, fabriqué aux Etats-Unis, et capable des mêmes prouesses que celles des OVNI. Intox, là aussi. Par quel heureux hasard un groupe de photographes s'est trouvé là au bon endroit, au bon moment, pour filmer les voltiges d'un engin... immobile et comment, de qui, ont-il reçu ses caractéristiques ?

Troisième exemple. Depuis la sortie de *E.B.E. 2* et de la cassette vidéo documentaire *OVNI-EBE : l'invasion a commencé,* plus d'un astronome voudrait me tendre un piège. La scène se déroule à l'OHP (Observatoire de Haute-Provence). Trois messieurs chuchotent suffisamment fort pour être entendus d'un quatrième qui est censé me connaître (en vérité, c'est un cinquième, non visible des trois comploteurs, qui me transmettra leurs fausses confidences) :

— Vous connaissez la nouvelle ? Notre confrère astronome Pierre Gayfez de la Rinardière, très intéressé par les OVNI, comme chacun sait, m'a révélé que l'autre jour, en plein Paris, un homme s'affaisse sur la chaussée : infarctus. Le SAMU le transporte à l'Hôpital Pasteur. La victime n'a aucun papier : prise de sang, mise en salle de réanimation. Horreur : son sang n'est pas humain ! C'est un « Extra », vous comprenez ?

Bien sûr, que les autres comprennent... Ils comprennent surtout que cette nouvelle aussi sensationnelle que fantaisiste me sera rapportée, nul ne pouvant douter de la bonne foi, de la compétence ufologique de l'astronome Pierre Gayfez de la Rinardière, auteur de ces indiscrétions « chuchotées » presque à haute et intelligible voix ! Il fallut moins d'une demi-heure à mon réseau d'informateurs pour enquêter à « Pasteur » et m'assurer qu'il s'agissait effectivement d'une intox. Et mes astronomes « intoxiqueurs », comme l'aurait dit poétiquement San Antonio, l'eurent dans le baigneur !

Cet astronome que j'ai baptisé Pierre Gayfez de la Rinardière voit en moi un agent de la CIA destabilisateur de l'ufologie française ! Indice supplémentaire accablant de ma culpabilité, ma femme se prénomme Lucia, dont la dernière syllabe (je l'avoue) est éminemment suspecte. Si de surcroît mon pourfendeur savait que Roger Rémy, chargé de mission (ultra secrète, on s'en doute) de l'IMSA-MONDIAL aux Etats-Unis, directeur de recherche au *Rhea Tech Inc.*, a été nommé (avril 1992) *Senior Member* de l'AIAA ou *American Institute of Aeronautics and Astronautics*; et s'il savait aussi qu'à la même époque le TARG ou *The Aerial Resarch Group* du *World Institute of Advanced Sciences*, branche américaine de l'IMSA, m'a nommé *Honorary President*, enfin s'il savait que ces organismes ont leur siège à Albuquerque, *à quelques miles d'une base EBE*, le brave homme bondirait au plafond !

Last but not least. S'il savait la courte mais singulière aventure que j'ai vécue au Nouveau-Mexique, la veille de notre voyage à Dulce, il friserait la crise de nerfs ! Voici les faits. A Albuquerque, chez notre ami Roger Rémy, le vendredi 16 août 1991 en soirée, arrive inopinément Jeff (ce n'est évidemment pas son vrai prénom), un officier supérieur de l'Air Force, retraité, venu proposer à Roger d'aller voir le lendemain la fameuse foire annuelle artisanale indienne de Santa Fe. OK. Sortie familiale avec Roger, Elisabeth, les enfants, l'officier, sa femme et leurs petits-enfants. Lucia et moi sommes ravis car les journées de détente sont peu nombreuses dans notre existence mouvementée.

Santa Fe : sur une immense esplanade, des centaines de stands où les Indiens exposent des œuvres magnifiques (tableaux, poteries, sculptures, tissus, bijoux); foule considérable. Midi : les gamins crient famine et mon « petit creux » devient gouffre ! Roger me conseille de rester avec la tribu, sous les arbres (chaleur torride) où des centaines de personnes pique-niquent. Avec Jeff, il s'en va acheter des sandwiches et autres chili con carne. A midi quarante, devant leur

298

absence, je pars à leur rencontre. Seuls trois kiosques (assaillis par des centaines d'affamés) sont installés sur le terrain de la foire. Mes deux amis sont introuvables! Je laisse la foule, pensant qu'ils ont pu se rendre sur l'avenue conduisant à San Francisco (la cathédrale) où des magasins et snacks vendent également des plats et sandwiches.

Personne. Je marche sur le large trottoir, remontant vers l'église.

Une voiture ralentit à ma hauteur et une voix masculine lance :

— *Hi* (salut, hello), Jim.

A côté du conducteur, un homme sympathique, quarante/cinquante ans, cheveux presque blancs, me sourit, de même que trois autres messieurs (assez « costauds ») sur la banquette arrière (ils me font songer à des vétérans du Vietnam, tout comme le chauffeur). Venant pour la première fois à Santa Fe et au Nouveau-Mexique, je m'étonne :

— Vous me connaissez ?

— Oui, nous savons ce que vous faites. Continuez. Vous êtes dans la bonne voie. Nous apprécions.

La voiture redémarre et je lance :

— Hé! Une minute. J'aimerais savoir... On va se revoir ?

— ... *May be later, Jim. Bye.* (Plus tard peut-être, Jim. Salut.)

Et les cinq inconnus, avec un sourire de sympathie, s'éloignèrent, la voiture accélérant. A l'exception de mes amis, nul ne savait que je serai ce samedi 17 août 1991 à Santa Fe, et surtout pas qu'à 13 heures je me trouverai là où je me trouvais! Plusieurs hypothèses sont envisageables mais je n'en privilégie aucune avec certitude. La plus « raisonnable » consiste à penser que ces hommes étaient des MIB positifs, des agents de la CIA œuvrant dans la clandestinité de ce que l'on pourrait appeler les FTL (Forces Terriennes Libres, cf. *E.B.E. 1* et *2*), venus me faire un clin d'œil d'amitié. Comment m'ont-ils trouvé, cela est une autre histoire... Retourné à la foire indienne, je ne pipais mot à mes amis qui, maintenant réunis, mangeaient de fort bon appétit. Mon chili con carne était froid! Plus d'un an s'est écoulé, mais je n'oublierai jamais ces « cinq inconnus de Santa Fe »...

Revenons à notre astronome, après cet intermède : de la Rinardière clame que le tunnel de l'OHP (cf. *E.B.E. 2*) n'existe pas sous prétexte qu'il n'en a jamais entendu parler lors de ses brefs séjours dans le Midi. C'était également l'avis de Bernard Hugues, un agent de police marseillais fondateur d'une association ufologique au nom « évocateur » : CERPA, presque l'anagramme phonétique de SEPRA. Après une visite un peu attentive de l'OHP, en compagnie d'autres policiers membres du CERPA (nullement dans l'exercice de leurs fonctions, et venus en simples visiteurs parmi d'autres personnes), Bernard Hugues a dû reconnaître que ce tunnel existait bel et bien là où je l'avais situé. L'on peut donc s'attendre à ce que l'OHP vide le tunnel de son contenu embarrassant et organise une « Journée porte ouverte »... prouvant ainsi que les armoires « secrètes » ne contiennent en fait que des vieilleries bonnes pour la brocante !

Après la sortie de la vidéocassette *OVNI-EBE : l'invasion a commencé* (contenant les révélations d'un astronome étranger, visage caché, voix déformée), je reconnais que cela faisait beaucoup. Certains ont dû friser la crise d'apoplexie et à ceux-là, je déconseille fortement la lecture de ce qui va suivre... La montée en puissance d'événements fantastiques, malheureusement bien réels (pratiquement ignorés en Europe), risque fort de leur causer des problèmes. Je tiens ici à remercier très vivement mon ami ufologue et traducteur Lucien Cometta, auquel je dois — avec son aimable autorisation — de pouvoir publier ci-après les rapports explosifs qu'il m'a fait parvenir d'Australie l'an dernier.

Le fantastique rapport de Lucien Cometta
et les maîtres secrets du monde.

« En janvier 1976, un OVNI s'est écrasé près de Pine Gap, région à faible densité de population et peu éloignée de la célèbre base américaine ; les médias (australiens) se sont faits l'écho de cet accident. Un commentateur de la télévision l'a signalé, indiquant que de plus amples détails seraient fournis dans le journal télévisé du soir... qui n'en fit aucune mention. Un black-out total s'appesantit sur la presse locale et nationale. L'intérêt de cet accident réside dans le fait que les corps de quatre êtres non humains auraient été récupérés et transportés par ambulance dans la base souterraine. Les services de sécurité américains ont interdit à quiconque l'accès d'une zone d'une quarantaine de kilomètres de côté pendant plusieurs jours. Plus récemment un adolescent atrocement mutilé dans ce secteur fut transporté par avion spécial vers les Etats-Unis ; la famille n'a jamais pu récupérer son corps. Dans une autre région de l'Australie, une jeune femme, également mutilée (surtout au visage), fut incinérée sans l'accord de ses proches. » (Si vous pensez aux Gris, j'y pense aussi ! JG.)

La base de Pine Gap dans son contexte mondial.

« Pour mieux appréhender l'énigme de cette base, située à une quinzaine de kilomètres au sud-ouest d'Alice Springs (Australie centrale), me précise Lucien Cometta en introduction, je suis contraint de te donner des explications qui permettront à tes amis ufologues et à tes lecteurs de mieux réaliser l'importance extraordinaire de ce centre, pour l'humanité entière. Au cours de leurs études sur les OVNI et les êtres venus d'ailleurs, les chercheurs qui ne prennent pas pour argent comptant les explications de la science officielle ont découvert des faits inquiétants et soulevé un petit coin du rideau avec lequel les autorités tentent de cacher la vérité. La qualité et le prestige des sources de leurs informations ne permettent pas de mettre en doute la véracité des faits, dont les principaux sont résumés ci-après. »

Technologie de Tesla.

« Croate émigré aux Etats-Unis dans les années 1880, Nicolas Tesla[1], dès 1898, commença à déposer plus de neuf cents brevets d'invention, parmi lesquels on relève : la découverte du courant alternatif et des courants triphasés, l'utilisation des forces magnétiques terrestres pour la fabrication de l'énergie électrique, la transmission de cette énergie par " ondes " du même genre que les ondes radio (sans câble et sans perte sensible d'énergie), les émissions radio (bien avant Marconi), la propulsion électromagnétique et " antigravitationnelle " (véhicules terrestres et aériens), projection d'ondes électrostatique pouvant recouvrir une ville et former un bouclier protecteur qu'aucune bombe ou missile ne pourrait traverser sans griller, etc. Malheureusement pour lui, Tesla voulait donner au monde une énergie inépuisable *gratuite,* en puisant l'électricité dans la terre et l'atmosphère et en la distribuant par émission d'ondes, comme la radio. Cette idée ne fut évidemment pas du goût des magnats propriétaires de centrales électriques, des fabricants de générateurs et de câbles électriques, pas plus que de celui des rois du pétrole. En 1910, notre Tesla fut

1. Lire l'excellent ouvrage de Margaret Cheyney : *Nicolas Tesla, la passion d'inventer,* collection « Un savant, une époque », Editions Belin, Paris.

ridiculisé et moqué ; ceux qui le soutenaient financièrement furent obligés — par plus puissants qu'eux —
d'exiger le remboursement immédiat des sommes
investies. Considéré comme fou par le public, abandonné de tous et complètement ruiné, Nicolas Tesla
mourut aux USA en 1943. » (Vive les trusts ou cartels
planétaires de ce temps, préfiguration des méga-hol-
dings de la Trilatérale d'aujourd'hui, occultement
impliquée dans le traité de Maastricht ! JG.)

Recherches russes et américaines.

« Dès 1920, à l'insu du monde occidental, le jeune
Etat soviétique rassembla tous les renseignements
qu'il put obtenir sur les travaux de Nicolas Tesla (dont
ses carnets personnels) et chargea une équipe de
scientifiques de réaliser et mettre au point ce que Tesla
avait été forcé d'abandonner. Il se trouve que le génial
inventeur croate avait le don d'effectuer mentalement
les calculs les plus complexes. Il n'en allait pas de
même pour les chercheurs russes auxquels (les ordinateurs n'existant pas encore) il fallut des années pour
obtenir des résultats appréciables. A la fin de la
Seconde Guerre mondiale, les Russes étaient sur le
point de perfectionner des moyens de destruction à
distance par ondes électromagnétiques et avaient
l'intention de continuer leur invasion de l'Europe en
dépit de la résistance que les Américains auraient pu
leur opposer. Heureusement pour l'Europe, la bombe
atomique américaine sur Hiroshima dissuada Staline
de mettre son projet à exécution. Aujourd'hui, il ne fait
guère de doute que les Russes ont mis au point et
même perfectionné au moins une partie de la technologie découverte par Nicolas Tesla, notamment des
armes de destructions " sélectives " d'une puissance
redoutable. Ils le démontrèrent aux Américains en

faisant disparaître, il y a plusieurs années, un sous-marin nucléaire US en plongée à des milliers de kilomètres de chez eux.

» Les Américains réalisèrent l'erreur commise en rejetant les découvertes de Nicolas Tesla et, dès la fin de la dernière guerre, ils se mirent à travailler à la question. En quelques décennies, ils rattrapèrent les chercheurs russes et l'on peut penser qu'ils sont au minimum au même point qu'eux. Il se pourrait bien que l'antigravité et l'électromagnétisme que Tesla pouvait utiliser comme moyen de propulsion, l'énergie électrique gratuite et inépuisable qu'il voulait donner au monde, soient donc maintenant à la disposition des super-puissances. Cette technologie avancée leur permet d'avoir des engins spatiaux de type " cigares " ou " soucoupes " [cette technologie résultant sans doute aussi d'un " apport *alien* ", perfectionnement obtenu des Gris en fonction des accords initiaux, JG]. De même, poursuit Lucien Cometta, on sait que les Russes possèdent à Riga des installations pouvant transmettre des ondes capables de recharger les batteries à voltage élevé des submersibles en plongée, à des milliers de kilomètres. Ils peuvent également générer une gigantesque onde stationnaire autour de la Terre, de l'ordre de 9 000 à 14 000 cycles par seconde, capable d'établir un champ électrique résonnant, jusqu'à une altitude de plus de trois cent cinquante kilomètres. On croit savoir que les Soviétiques ont encore d'autres bases similaires dont une, dit-on, dans la région du pôle Nord. Comme il se doit, les USA possèdent, eux aussi, de telles installations... [probablement contrôlées, dans les deux camps, par les Gris ! JG].

» Non seulement les gouvernements n'ont pas rendu compte de ces découvertes au public mais ils font, tout au contraire, des efforts considérables et dépensent des fortunes dans le seul but de les tenir secrètes. Où veulent-ils en venir ? Quel est leur but ? Sans doute l'établissement d'une dictature mondiale, sous forme d'un Gouvernement Mondial qui, officiellement, nous apportera la Paix et la véritable " égalité " pour tous, sauf bien entendu les dirigeants qui connaîtront un pouvoir sans limite et un luxe qui rendrait jaloux les rois de l'Antiquité ! »

(Quand tu as écrit cela, Lucien, une charmante ville des Pays-Bas, jadis résidence des rois francs, des ducs de Brabant puis des évêques de Liège, n'avait pas atteint à la célébrité mondiale. Vous avez dit Maastricht, Philippe Séguin, Charles Pasqua, Philippe de Villiers et autres esprits lucides ?...)

Pine Gap ? L'enfer sous nos pieds !

« Les Etats-Unis disposent de trois grandes bases en Australie : une dans l'Etat de l'Australie-Méridionale (South Australia), une dans la Nouvelle-Galles du Sud et la troisième, de loin la plus importante, située presque exactement au centre géographique du pays (à douze kilomètres près), un peu à l'ouest d'Alice Springs, au pied du versant sud de la Macdonnel Range (chaîne de montagnes). Cette base est entièrement souterraine et ses entrées sont à peine visibles à la surface du sol ; intégralement financée par le gouvernement américain, elle est officiellement connue sous le nom de JOINT DEFENCE SPACE RESEARCH FACILITY. A l'origine, son but était la recherche scientifique pour le développement d'une technologie de défense spatiale. On sait maintenant que, depuis sa création, cette base a surtout servi à l'étude de la propulsion électromagnétique, ou *Electro-Magnetic Propulsion* (sigle anglais : EMP). Qu'est-ce que Pine Gap, exactement ? Aussi étrange que cela puisse paraître, les membres du Parlement fédéral australien n'en savent rien eux-mêmes ! Seul un très petit nombre d'initiés, parmi les

PEACE DOSSIER 1

AMERICAN BASES IN AUSTRALIA

DESMOND BALL

April 1982
Recommended price: $1.00

NORTH WEST CAPE

○ PINE GAP

Brisbane

○ NURRUNGAR

Perth

Adelaide

Sydney

Canberra

Melbourne

OMEGA

Desmond Ball is presently Senior Research Fellow in the Strategic and Defence Studies Centre at the Australian National University, and has published widely on aspects of Australian defence and defence policy formulation. His most recent book is *A Suitable Piece of Real Estate: American Installations in Australia*, published by Hale and Iremonger in 1980.

> "There is now a widespread acceptance within the defence community of the argument that Australia's hosting of US defence and intelligence installations is likely to involve Australia in a nuclear war in which not just the installations but perhaps also Australia's military bases and facilities, and even cities, might be targets."

ministres, a une idée approximative de ce dont il s'agit. La seule source d'information du public est le recoupement établi par des chercheurs, à la suite de déclarations faites aux USA par les dirigeants, de petits articles publiés dans les magazines américains ou australiens (toujours très courts et laconiques) et de ce que la population locale a pu remarquer d'insolite.

» Sous la base de Pine Gap se trouverait le forage le plus profond d'Australie : plus de 8 000 mètres. Un tel forage est sans doute utilisé comme antenne intraterrestre pour les émissions électriques, à très basses fréquences, servant à la recharge des batteries de sous-marins, dans le Pacifique ou l'océan Indien. Une antenne de ce genre pourrait être aussi utilisée pour la génération de la gigantesque onde stationnaire autour de la Terre citée plus haut. On dit aussi que Pine Gap abrite un énorme générateur nucléaire pour l'alimentation d'un émetteur-récepteur d'ondes de type nouveau. Il s'y trouverait également un accélérateur de plasma de forte puissance et de très haut voltage, qui pourrait peut-être servir à l'émission de courants électriques, ou même produire un " rayons de la mort ", ou plus simplement alimenter un canon à plasma. Tout cela n'est pas aussi fantastique qu'on pourrait le croire : on sait maintenant que la base US de West Cape, aux environs d'Exmouth Bay, en Australie, détient une version plus ancienne de l'émetteur-récepteur d'ondes électriques actuellement en place à Pine Gap. Il servait et sert encore à transmettre des courants électriques sous-marins destinés à recharger les batteries des submersibles américains qui traînent une antenne spéciale derrière eux. On sait aussi que des courants électriques transmis par ce procédé sont suffisamment puissants pour recharger des batteries de haut voltage du type dit " batteries d'accumulateurs à cellules plasmodynamiques ".

» A diverses reprises, la population locale en

témoigne, de gros disques blancs ont été débarqués d'énormes avions de transport américains, sur les aéroports desservant Pine Gap. Ces disques portaient les marques de l'US Air Force. Il paraît peu douteux que des engins du genre soucoupe volante soient assemblés et basés dans ces terriers secrets. Le nombre d'OVNI vus très fréquemment la nuit par les usagers de la route (camions géants à deux ou trois remorques) qui traversent quotidiennement la plaine de Nullarbor est tel que, localement, personne ne semble en douter. Cette base a également reçu, toujours par avion et en provenance des USA, une quantité incroyable de meubles identiques à ceux que l'on s'attendrait à trouver dans un palace 5 étoiles. Les " locaux " disent aussi qu'une impressionnante quantité de provisions alimentaires est stockée dans les magasins de ce qui paraît bien être une véritable ville souterraine à plusieurs étages. On sait aussi que Pine Gap est un centre de contrôle des plus importants pour les satellites espions qui survolent le monde. Un article paru dans la presse fin 1973 indiquait que les installations de Pine Gap, et celles de sa base sœur de Guam, servaient à commander le système de prise de vues photographiques des gros satellites américains en orbite autour du globe. Selon cet article, la qualité des photos obtenues était telle qu'un objet de dix-huit centimètres devenait identifiable.

» Des ordinateurs d'une capacité incroyable font aussi partie de l'équipement de cette termitière géante ; ils sont reliés aux ordinateurs centraux américains et australiens qui collectent tous les renseignements obtenus dans ces pays, non seulement concernant la technologie *mais encore tout ce qui concerne les citoyens moyens*. Ces ordinateurs de Pine Gap sont également reliés à ceux de Guam, de Krugersdorp en Afrique du Sud et ceux de la base US de l'Antarctique. Mentionnons en passant que les membres du personnel de la base de Krugersdorp (plus de mille deux cents personnes) prétendent tous appartenir à la mission consulaire US dans ce pays. Il est aussi intéressant de noter que la base US du pôle Sud se trouve à un des points magnétiques sensibles de notre globe, et qu'elle offre exactement les mêmes facilités que la base de Pine Gap. Tous les renseignements concernant la plupart des Européens moyens y sont également en mémoire dans les ordinateurs situés à des dizaines de mètres sous la glace.

» L'importance de cette base polaire pour le monde anglo-saxon explique peut-être la déclaration faite par le Premier ministre australien, vers 1987, selon lequel " *la France doit disparaître du Pacifique, des Kerguelen et de l'Antarctique*[1] ". Le fait peut-être le plus inquiétant concernant Pine Gap est que le personnel admis à travailler dans cette base — et surtout celui destiné au projet EMP ou propulsion électromagnétique — a subi un conditionnement psychique *et la pose d'implants crâniens* [technique chère aux *Short Greys !* JG]. Ces employés sont donc devenus les serviteurs inconditionnels du maître, quel qu'il soit. Un peu terrifiant, non ? Le but véritable du conditionnement psychique de ces individus et la raison de l'acharnement avec lequel on tente de protéger le secret des progrès réalisés en technologie militaire, industrielle et spatiale, deviendront évident à la fin de mon exposé. »

« Pour moi, poursuit Lucien Cometta, tout a commencé avec la construction du nouveau *Parliament Building* (Palais du Parlement) de Canberra, qui a coûté un nombre impressionnant de milliards de

---

1. Il est significatif que l'Elysée n'ait pas réagi à cette déclaration.

dollars. L'Australie ne compte encore que dix-huit millions d'habitants et elle se paie un bâtiment bien au-dessus de ses moyens pour abriter son gouvernement, alors que l'ancien convenait parfaitement. Ce nouvel édifice, énorme, vaste et somptueux, pourrait aisément convenir à l'URSS [écrit avant la naissance de la CEI, JG] ou aux Etats-Unis, qui ont des centaines de millions de ressortissants à gouverner. Ce bâtiment m'intriguait ; j'en parlai autour de moi, jusqu'au jour où je rencontrai un Anglais qui m'apprit que Bob Hawk, le Premier ministre, était un *Rhode scholar*[1] ; il travaillait donc à l'établissement d'un gouvernement mondial et ce nouveau parlement avait sans doute un rapport avec la chose. Je ne voyais pas trop ce que cet Anglais voulait dire, mais je n'insistai pas. A quelque temps de là, je tombai sur un pamphlet édité par la *Human Rights Organization* (Organisation des Droits de l'Homme). Cette brochure parlait d'un groupe d'une centaine de personnes judicieusement placées dans la haute finance, la politique, la fonction publique et le milieu des affaires, qui avait formé le « club de Rome ». D'après le pamphlet, ce dernier était inféodé à un consortium qui tient en main toute la haute finance internationale. [La Commission Trilatérale, mon cher Lucien, nous connaissons. JG] Bon nombre d'autres groupes identiques au " Club de Rome ", affirme la *Human Rights Organization*, sont également inféodés à ce consortium financier et s'infiltrent dans les différents partis politiques [via le CFR ou *Council on Foreign Relations*, Conseil des Relations Etrangères, présidé par David Rockefeller, on connaît aussi, JG], et

1. Boursier de la fondation Cecil Rhodes. Ces bourses se répartissent entre étudiants du Commonwealth britannique, des Etats-Unis et de l'Allemagne ; elles comportent trois années d'études à Oxford... et donnent naissance à des sortes de sociétés secrètes estudiantines qui, plus tard, exerceront leur influence dans les sphères les plus élevées qui régentent le monde.

mouvements religieux afin de les noyauter et d'avancer lentement vers l'instauration d'une dictature planétaire.

» La chose me semblait un peu trop grosse pour être vraie, confie Lucien Cometta. Cependant, l'un de mes amis me donna une cassette audio, enregistrée lors d'une conférence de Peter Sawyer, ancien haut fonctionnaire australien, qui révélait un certain nombre de faits constatés pendant qu'il était en fonction. Il évoquait notamment un central téléphonique édifié à Canberra, appelé Deacon Center. Ce centre, construit en béton, possède des murs d'un mètre vingt d'épaisseur et a coûté des centaines de millions de dollars. En plus du matériel téléphonique, il est équipé de nombreux ordinateurs sur quatre étages, ordinateurs dont le coût dépasse cent cinquante millions de dollars. Cherchant à savoir pourquoi un tel équipement était nécessaire dans la capitale d'un pays qui ne compte que dix-huit millions d'habitants, Peter Sawyer découvrit que ces ordinateurs étaient reliés à toutes les banques, tous les bureaux de postes, tous les centraux téléphoniques, toutes les machines utilisant les cartes plastiques distributrices d'argent, tous les postes de police et de douane, les bureaux d'arrivée et de départ d'avions, de bateaux et surtout aux autres centres de collecte de renseignements sur les citoyens privés, aux Etats-Unis et en Europe. Cet édifice de Deacon Street est donc une centrale où aboutissent les informations concernant tous les citoyens du monde occidental ; où tous les renseignements financiers, économiques, politiques et militaires de tous les pays de l'Occident convergent, ainsi que les renseignements relatifs à tous les ressortissants de ces pays. Bien entendu, tous les résidents en Australie y sont fichés, suivis, catalogués. Toutes les dépenses de tous les Australiens, leurs revenus, leurs déplacements, leurs maladies et leur comportement familial sont mis en mémoire au Deacon Centre de Canberra, où s'accumulent aussi les mêmes renseignements concernant les habitants des pays occidentaux. Peter Sawyer a également découvert que David Rockefeller, président de la Fondation Rockefeller, avait effectué un séjour prolongé en Australie, pour superviser personnellement la construction de vingt résidences de luxe (payées par le gouvernement australien) dans le site merveilleux d'un parc national où, en principe, personne n'a le droit de construire !

» Les enquêtes de cet ex-haut fonctionnaire ont permis d'établir que, d'une part, les nouveaux bâtiments du gouvernement australien sont en fait destinés *à abriter le futur gouvernement mondial,* et que les vingt résidences de luxe seront affectées aux différents membres étrangers, dont des Européens de ce gouvernement... Pourquoi avoir choisi Canberra comme siège du gouvernement mondial ? Simplement parce que l'Australie est un pays calme, avec très peu d'indigènes pouvant devenir récalcitrants et, surtout, un pays dont la langue est l'anglais [rappel : ce « petit » continent sera notamment épargné par l'âge glaciaire qui succédera très probablement à l'actuel réchauffement temporaire de l'atmosphère par effet de serre, JG]. Aucun autre pays de langue anglaise n'offre la sécurité que peut offrir l'Australie, lors de l'instauration du gouvernement mondial. En Amérique ou en Europe, des soulèvements sont plus que probables, et l'Amérique latine non seulement n'est pas anglophone, mais encore son penchant pour les révolutions et les troubles sociaux n'est pas nouveau. L'Australie est donc bien l'endroit idéal pour une telle entreprise. Mais comment l'avènement d'un gouvernement mondial pourrait-il être possible dans un avenir proche ? La chose est relativement simple, voici pourquoi...

» Tout d'abord, qui sont ces " internationalistes " [l'on dit maintenant : mondialistes, JG] qui veulent diriger la planète ? La réponse surprendra sans doute pas mal de personnes : ceux qui veulent établir un gouvernement mondial sont au nombre d'une quinzaine de familles ! D'ores et déjà, elles régissent toute la haute finance internationale [ce n'est pas mon cas et j'accepte les dons ! JG] et ont la mainmise sur la plupart des gouvernements par le contrôle absolu de leurs finances et de leur économie nationale. Ces maîtres de la finance ont conçu leur projet après la Première Guerre mondiale et ils œuvrent depuis à faire un travail de sape et de déstabilisation économique dans tout l'Occident. Ces financiers portent évidemment l'étiquette de " capitalistes ", mais c'est là une notion très illusoire car, en fait, ils n'ont jamais cessé de tirer continuellement les ficelles des partis de gauche aussi bien que celles des partis de droite. Leur idée est logique, nous l'avons vu : déstabiliser les pays occidentaux aux plans politique, économique, religieux. On pourra être surpris que ces " novateurs " s'en prennent aux religions. Comprenons leurs mobiles : les grandes religions constituent des barrières morales qui s'opposent aux buts peu moraux, non altruistes, des promoteurs de ce qu'ils appellent l'Ordre Nouveau Universel [plus récemment rebaptisé : Nouvel Ordre Mondial, JG] ; leur pouvoir sur les masses doit donc être considérablement réduit. Des séides de ces " novateurs "-prédateurs se sont infiltrés dans les hautes sphères des principales religions, à savoir au Vatican, en Israël et dans les milieux (d'aucuns disent " lobbies ") juifs des USA. Ils ont été habiles à perturber, altérer, noyauter ces religions et à les rendre pratiquement impuissantes. Les divisions fluctuantes au sein des croyances juive et catholique en sont un exemple. »

Ces éléments perturbateurs, déstabilisateurs, sont également habiles à jeter de l'huile sur le feu pour entretenir et aggraver les dissensions entre les juifs et les musulmans, pourtant issus de la même illustre lignée : celle d'Abraham qui engendra Isaac (géniteur du rameau israélite) et Ismaël (géniteur du rameau ismaélien ou arabe). De toute évidence, les deux peuples sont frères, et les mêmes agents déstabilisateurs qui œuvrent au long des siècles et des millénaires jusqu'à nos jours en ont malheureusement fait des ennemis ! D'où la négation *officielle* des OVNI, des ET, EBE & Cie dont la reconnaissance aujourd'hui impliquerait la reconnaissance jadis (époque prébiblique) des liens privilégiés ayant existé entre les Elohim/ Extraterrestres et les Hébreux... Ce que les intégristes juifs actuels (peut-être victimes eux aussi du MJ 12), tout autant que leurs homologues du catholicisme ou de l'islam, ne sauraient admettre sans preuves « accablantes » ni grincements de dents. Et au lieu de s'entredéchirer, qu'ils se préparent au contraire à les recevoir tôt ou tard en pleine figure, ces preuves, car elles vont surgir...

« Ainsi, la déstabilisation morale sur le plan religieux étant en très bonne voie, nos maîtres de la finance passèrent ensuite à l'application du début de leur plan de déstabilisation économique, selon un procédé très lent, certes, mais fort efficace et assez élémentaire. Ils obtinrent tout simplement que les pays producteurs de pétrole pratiquent une augmentation soudaine et simultanée du baril de brut, et ce fut ce qu'à l'époque l'on a appelé " les chocs pétroliers ". Leur plan diabolique leur permettait de " tirer les ficelles " et d'agir dans l'ombre, sans être publiquement impliqués dans des tractations peu recommandables. Pour atteindre leur but tout en ayant l'air de n'agir que dans l'intérêt des nations dites sous-développées, nos financiers poussèrent les pays arabes à faire payer le pétrole plus cher, alléguant que s'ils agissaient dans le sens suggéré, ils aideraient les pays sous-développés d'Afrique et d'Amérique latine. Ils promirent aux magnats du pétrole de faire accepter les majorations tarifaires par les USA et l'Europe, à la condition que les revenus provenant de ces majorations soient versés à l'International Reserve Bank, *laquelle se trouve être entièrement entre les mains des princes de la haute finance américaine et internationale* [autrement dit, l'incontournable Trilatérale ! JG].

» Nous avons tous assisté, avec plus ou moins d'étonnement, à ce qu'il advint par la suite : la Reserve Bank a remis ces fonds à une banque de holding qui, très libéralement, a prêté cette masse énorme de dollars aux pays du tiers-monde, à des taux usuraires. Cette banque de holding, de nos jours, continue à recevoir à peu près régulièrement les intérêts payés par tous les pays sous-développés, accumulant ainsi des sommes astronomiques dépassant le budget de nombreuses nations. Ces intérêts sont reversés presque en totalité à une autre banque de holding, qui place ce pactole pour le compte des pays arabes. Ces placements s'effectuent dans des affaires prospères et généralement de top niveau : chaînes d'hôtels internationaux, productions cinématographiques, domaines agricoles gigantesques, etc. [sans doute aussi blanchiment des narco-dollars, JG]. On ne transfère dans les pays producteurs de pétrole que des intérêts relativement peu élevés. Néanmoins, ceux-ci sont suffisamment confortables pour permettre aux monarques de l'or noir de réaliser des transformations, des travaux d'amélioration impressionnants dans leurs pays, tout en leur laissant assez de menue monnaie pour s'offrir de belles résidences personnelles en Europe et en Amérique. Rien ne semble louche dans toutes ces opérations, mais les auteurs de ce plan machiavélique savent que les choses changeront bientôt.

» En effet, les dirigeants tiers-mondistes, auxquels la banque américaine a prêté des sommes fabuleuses, auraient la tentation de mettre dans leurs poches une bonne partie des fonds colossaux soudain confiés à leur gestion (au besoin, on les y encouragerait un peu !). Les banques de holding savent également que la situation économique de ces pays ne pourrait être valablement améliorée, du fait que l'aide apportée aux industries et aux entreprises agricoles ne pouvait être suffisante. Le taux d'intérêt très élevé exigé par les prêteurs américains ne pourra donc pas être honoré éternellement et ces pays se trouveront plongés dans des difficultés financières encore plus grandes qu'auparavant. D'ailleurs, certains de ces pays commencent déjà à avoir tellement de difficultés à payer les intérêts, que la banque de holding leur suggère la solution suivante, dont le but officiel et de façade est d'arranger tout le monde, sans mettre en péril l'économie de ces nations sous-développées : ladite banque propose donc d'annuler la dette (principale et intérêts) que ces pays ont vis-à-vis d'elle, à la condition que leur gouvernement accepte de signer un accord attribuant à la banque *les droits perpétuels et exclusifs de recherche et d'exploitation de toutes les ressources minières de leur territoire national !*

» De toute façon, que les gouvernements ainsi pris à la gorge signent ou non de tels accords importe peu aux instigateurs de cette combine monstrueuse. Si les débiteurs ne peuvent pas payer, la banque de holding se trouvera en faillite *et cela fait partie du plan diabolique :* l'International Reserve Bank expliquera alors aux pays arabes que, la banque de holding ayant fait de mauvais placements, tout leur avoir se trouve volatilisé et dès lors, plus aucun intérêt ne pourra leur être payé ! [Le krach de la BCCI, la Bank of Credit and Commerce International — dont tels clients ou actionnaires angéliques sont par exemple Noriega, la CIA, Abou Nidal et le Cartel de Medelin —, a servi de ballon d'essai ou de répétition générale en prélude aux futures réjouissances ! JG.] Les pays arabes n'auront alors aucun autre moyen de s'en sortir que de mettre sur le marché, simultanément et d'un seul coup, la globalité des valeurs boursières en leur possession, ainsi que bon nombre de biens acquis par la deuxième banque de holding. D'ailleurs, beaucoup de ces derniers, ayant été acquis à l'aide de prêts non encore remboursés, feront partie des avoirs de la première banque de holding mise en faillite et ne pourront être touchés. Quant aux valeurs boursières, il est aisé de comprendre que la profusion d'actions jetées sur le marché, en même temps, provoquera une banqueroute sans précédent et d'une telle ampleur que toutes les économies du monde occidental s'écrouleront à peu près simultanément !

» C'est là précisément le but visé par nos Machiavels de la finance, car l'argent ne vaudra plus rien, les petites et moyennes entreprises disparaîtront, la classe moyenne connaîtra presque la misère, l'homme de la rue sera mécontent et malheureux, et les risques d'un conflit généralisé seront très grands. Les responsables de cette situation commenceront alors à parler de leur projet de Gouvernement Mondial, le présentant comme la seule solution permettant une vraie égalité sociale, l'égalité absolue entre les pays et les peuples, et le meilleur moyen de rendre les guerres impossibles. C'est à ce moment-là que l'utilité des bases comme celle de Pine Gap deviendra évidente. En effet, il est prévu qu'en cas de conflit généralisé, elles serviront de refuge à un groupe privilégié " d'ayants droit " ! Ces cités abriteront les politiciens du moment, leur administration, les financiers internationaux et leurs lieutenants, ainsi que les familles de ce beau monde.

» Si aucun conflit n'éclate, le Gouvernement Mondial sera alors progressivement mis en place ; le matériel électronique de contrôle psychique des individus qu'abritent ces bases ainsi que les énormes batteries d'ordinateurs perfectionnés contenant les données sur tous les citoyens du monde occidental serviront alors à enrayer toute velléité d'opposition à ce nouveau genre de dictature, ce qui ne sera évidemment pas du goût de tout le monde. Dès le début, ce nouveau régime proposera aux peuples " unis " la formule-miracle qui les sauvera à coup sûr : à savoir, le remplacement de toutes les monnaies par des cartes plastiques spéciales et la suppression de la propriété, ce qui en principe assurera la " vraie égalité " pour tous. [Avé les Staline, Hitler, Mao, Khomeiny et autres « sommités » du Troisième Millénaire ! JG.] Une chose est probable : les masses salueront l'avènement de ce Gouvernement Mondial qui garantira la paix universelle, et établira la paix et la justice sociale par la force, sans faiblesse... Les possibilités offertes par les équipements des bases souterraines disséminées un peu partout dans le monde permettront de faire disparaître sans trace les récalcitrants opposés au " bonheur du peuple " ; peut-être même seront-ils envoyés " ailleurs ", comme dans *Alternative 3*, de Leslie Watkins (Sphere Books, Editeur) et Christopher Miles pour son adaptation TV [bien évidemment non traduits ni diffusés en France !]. Quoi qu'il en soit, tous mouvements insurrectionnels éventuels seront écrasés sans pitié. Nos nouveaux maîtres, c'est probable, annonceront au peuple qu'ils bénéficient de l'aide des Extraterrestres [ce sera vrai, mais ces EBE seront les Gris ! JG] et que nous sommes au début de l'Age d'Or promis par les Ecritures. En fait, ce sera la pire des dictatures jamais connues sur Terre ! »

L'Apocalypse nous parle de la « Dictature de la Bête », dont le nombre est 666. Or, c'est précisément ce nombre qui, en chiffres géants, domine le colossal empire du Rockefeller Center de Manhattan, siège de l'empire colossal du magnat de la finance à New York. Se pourrait-il que cet éminent personnage devienne notre premier président du Gouvernement Mondial ? On sait déjà que David Rockefeller, dont la fortune incalculable a comme par hasard été générée par le pétrole, se trouve être président-fondateur du CFR et président nord-américain de la Commission Trilatérale... qui pourrait bien avoir (ou avoir eu) des « connexions » avec l'affaire des EBE, plus exactement les Gris... lesquels n'existent pas seulement dans les livres de Jimmy Guieu ! On sait aussi que George Bush, avant d'être élu président des Etats-Unis, a été l'un des membres fondateurs de cette commission, qu'il dirigea la CIA et présida la Zapata Petroleum Co. Cette dernière compagnie fut étroitement liée aux tractations qui se déroulèrent entre les pays arabes. Il se trouve également que c'est David Rockefeller qui finança la campagne électorale de Dwight D. Eisenhower... et qui, avec lui, élabora les structures secrètes du MJ 12 (nom-code de la commission chargée au début des contacts avec les Extraterrestres), sous le contrôle de ce que les Anglo-Saxons appellent les « Etrangers » (*Aliens*), entendant par là qu'ils sont étrangers à notre Terre et non pas natifs de la Papouasie ou du Liechtenstein !

« On peut déjà imaginer tout ce qui sera dit contre ces " sales Arabes " lorsque la vente de toutes leurs valeurs boursières provoquera la ruine de l'Occident. Que l'on ne se méprenne pas : je ne suis ni pro-Arabe ni pro-juif, j'évoque simplement la propagande qui se développera à cette époque pas trop éloignée. Il est intéressant de noter également ceci : au cours des conférences qu'il a données, Peter Sawyer dévoile notamment que deux frères, banquiers et milliardaires du Texas, dégoûtés de ce qu'ils voyaient se tramer, ont tenté d'enrayer ces manigances incroyables. Pour avoir plus de crédibilité auprès du monde arabe, ils parvinrent à obtenir l'appui politique et financier du shah d'Iran, avant sa brusque déposition si opportune pour les futurs maîtres de la planète... En l'espace de quelques semaines, les deux frères se retrouvèrent en faillite, prétendument frauduleuse, et jetés en prison. Dans le même temps, le shah eut à faire face à une révolution [orchestrée par ce démon pervers de Khomeiny, depuis son exil en France où il entretint, galvanisa ses partisans fanatiques, *avec la bénédiction*

occulte de certains membres français de la Trilatérale !
JG]. Le résultat de cette révolution fut la chute du
monarque et son départ pour les Etats-Unis, où il
suivit un court traitement en clinique, alors qu'il
n'était pas malade ; il parvint à fausser compagnie à la
CIA et se réfugia en Egypte où il décéda peu après.

» On voudra bien me pardonner ces digressions,
mais il ne m'était pas possible de parler de Pine Gap
sans exposer ce qu'elle représente vraiment dans le
contexte mondial actuel... insoupçonné par la majorité
des Terriens ! Les bases sœurs de Pine Gap à travers le
monde bénéficient exactement des mêmes installations techniques. En Australie, Pine Gap est
" appuyée " par une autre base dans la Nouvelle-Galles
du Sud, ainsi qu'une base en Australie septentrionale
et la base de West Cape, en Australie-Occidentale, pas
très loin de Perth (voir fac-similé « Peace Dossier 1 »).
Il est certain qu'aux Etats-Unis et dans l'hémisphère
nord, d'autres bases de ce type ont été construites.
Peut-être même que les bases américaines occupées
par les Gris en Amérique appartiennent à la même
catégorie. A ce sujet — et je n'avais pas l'intention de le
mentionner tellement cela paraît incroyable — la
rumeur veut qu'un représentant des Petits Gris se
trouve dans chacune des bases souterraines US de
l'hémisphère sud. [Hélas, il n'y en a pas qu'un ! JG.]

» Tout ce qui précède n'est nullement de la science-
fiction ; et si certains détails doivent se révéler différents, dans le futur, cela sera dû aux réajustements
secondaires opérés au cours des événements. Tout ce
que je relate dans ce texte est absolument véridique et
ne fait pas voir l'avenir en rose. Véritablement, l'Australie et le monde actuel auraient bien besoin des
Chevaliers de Lumière et des FTL (les Forces Terriennes Libres) de Jimmy Guieu. Si seulement on
pouvait les rendre réels...

Lucien H. Cometta. »

Ici, une mise au point s'impose afin de dissiper un éventuel malentendu sur ce qui précède. Lucien Cometta aussi bien que moi-même faisons un distinguo formel et sans réserve entre les Forces Noires dont le fief suprême est aux Etats-Unis et le peuple américain, viscéralement attaché à sa Constitution. (Tel n'est pas le cas des crapules du MJ 12 qui la violent gaillardement!) L'Amérique, à l'instar des autres peuples « vulgum pecus », pâtira tout comme eux de la situation catastrophique découlant des menées occultes évoquées plus haut. C'est là que les patriotes, les pionniers de l'Union, les fils de l'Oncle Sam, devront se souvenir plus que jamais de Gettysburg et des fortes paroles d'Abraham Lincoln, prononcées le 3 juillet 1863 lors de la victoire des fédéraux sur les sudistes : *The liberty of the people, by the people, for the people* (La liberté du peuple, par le peuple, pour le peuple). S'ils s'en souviennent à temps et s'ils terrassent l'hydre maléfique, ils entendront le cri des patriotes européens — HELP, AMERICA ! — et une nouvelle fois, ils voleront à leur secours... si lesdits Européens *de facto* (avec ou sans traité) ont commencé à secouer le joug de leur hydre à eux, émanation de l'Autre...

Nous devons cependant garder confiance en l'avenir : *tout peut encore arriver...* C'est ce que me disait un ami ufologue (toujours resté dans l'ombre), personnalité laïque mais croyante, non dogmatique et qui me fit me rappeler un passage d'un courrier de Lucien Cometta, en date du 20 mars 1989 : « *Tu remarqueras,* m'écrivait-il, *que tous ceux qui tentent de s'opposer au Gouvernement Mondial, dans les pays anglo-saxons, essayent de s'appuyer sur la fraction chrétienne de la population, et qu'ils parlent tous de Dieu et du Christ.* »

Cette personnalité laïque évoquée plus haut, avant de prendre congé, m'a offert un petit livre : *Cahier de l'Amour,* de Luigi Gaspari, qui vénère le Padre Pio (édité par une association sans but lucratif : Message du Ciel, 10 place de l'Eglise, 16600 Ruelle). Ces écrits ont ravivé en moi d'étranges résonances et il se pourrait fort bien que, à travers le discours mystique de Jésus et d'autres initiés, se cache *la Force,* ou l'une des forces d'amour et d'union contre les démoniaques *Short Greys* (car il est bel et bien question des « démons », dans la Bible) et leurs séides, ces traîtres à l'espèce humaine, prêts à la sacrifier en partie pour sauver leur peau ! Mais qu'on ne se méprenne pas, là non plus : il est tout à fait hors de question de voir dans les multiples espèces « étrangères » qui hantent nos cieux (et certaines notre sous-sol) des manifestations « sataniques », ainsi que je l'ai lu dans un opuscule bigot complètement délirant avec ses « véhicules de Satan », leurs « esprits diaboliques », ses « OVNI créations de Lucifer-Satan », ses « il n'y a pas d'êtres humains (sous-entendu d'humanoïdes ET) sur les planètes de notre galaxie » et autres clowneries du même tonneau. Les rédacteurs de cet opuscule feraient bien de ne pas oublier qu'une certaine tradition enseigne que lorsque reviendra le Messie, il brandira une verge de fer et ce ne sera sûrement pas pour chasser les moustiques ! La tradition du retour du Grand Monarque libérateur ne le fait pas revenir non plus en touriste mais bien en héros qui chassera impitoyablement les oppresseurs. Alors, assez de prêchi-prêcha culpabilisant. Forgeons-nous plutôt une âme de défenseurs prêts à accueillir avec les honneurs dus à leurs rangs ceux qui se préparent à nous assaisonner à leur sauce !

Réveillez-vous et cessez de geindre ! Et que les censeurs ne voient aucune contradiction entre ce qui précède (sans lien aucun avec l'athéisme ou le matérialisme stupide) et ce qui suit (sans lien aucun non plus avec les bondieuseries de grenouilles de bénitier)...

Demain, le chaos ?

Si nous nous souvenons du discours des Polariens adressé au président Eisenhower en 1954, tout n'est pas perdu. « Ne serait-il pas temps de " renverser la vapeur " (écrivai-je en 1980 dans *Contacts OVNI Cergy-Pontoise*), de substituer ou de juxtaposer à notre société de l'*avoir* une société de l'*être* ? Qu'aurions-nous à craindre de suivre les mises en garde des " Intelligences du Dehors " ? *Rien !* Qu'aurions-nous à gagner ? *Tout :* la paix, la justice, enfin, la joie de vivre dans le bonheur retrouvé entre les hommes qui se tendraient la main au lieu de se brandir le poing ! Quel formidable enjeu !

» C'est un peu le " pari de Pascal " : *Pesons le gain et la perte, en prenant croix que Dieu est. Estimons ces deux cas : si vous gagnez, vous gagnez tout ; si vous perdez, vous ne perdez rien. Gagez donc qu'Il est, sans hésiter.* »

Alors, amis et frères en adversité, qui avec *nous* croyez encore que tout n'est pas perdu, ce pari, « on se le fait », comme le diraient les Provençaux ? Et si demain, venus Dieu sait d'où, résonnent les quatre percussions de la Cinquième de Beethoven et l'appel clandestin des FTL, répondrons-nous : présents ? Pourquoi pas, si l'on sait que « le monde sera sauvé par un petit nombre » ? En attendant les luttes épiques à venir (car nous sommes à peine à l'aube de la résistance) il faut prendre la défense morale des Terriens qui en ont assez de s'entendre traiter d'imbéciles, d'hallucinés, par des scientistes ayant le culot de soutenir que les OVNI sont des reflets de phares de voitures dans les yeux des vaches ! Un Comité de Défense (à la raison sociale non encore arrêtée, donc, la boîte à idées est ouverte) est en gestation sous la houlette de M. Claude Chapeau (lauréat de l'Académie nationale des sciences, arts et belles-lettres), 17, Les Lavandes, Hameaux du

Soleil, 06270 Villeneuve-Loubet), qui espère réunir des hommes de science à l'esprit ouvert, sans dogmatisme, mais aussi des « Terriens moyens » de bonne volonté. Seront également les bienvenues les associations lucides, répondant à des critères d'objectivité, de liberté d'esprit, qui pourront soumettre leur candidature. Les autres peuvent continuer de dormir ou de braire : *Panem et circenses* (du pain et des jeux !) comme le faisait la plèbe romaine abâtardie, autour des arènes... peu avant la chute de l'Empire de Rome !

Aux battants, à ceux qui *pensent* encore, je dis : à bientôt, au sein de ce Comité... qui, n'étant pas définitivement baptisé, recevra peut-être une autre appellation que celle de « Comité ».

BIBLIOGRAPHIE

Ouvrages en anglais

Alien Abductions, The Mystery Solved, Jenny Randles, Inner Light Publications, Box 753, New Brunswick, NJ, 08903, USA.

UFO Contact from Reticulum, Wendelle C. Stevens & William J. Herrman. Published by Wendelle C. Stevens, 3224 South Winona Circle, Tucson, Arizona 85730.

UFO Contact from Reticulum Update, mêmes auteurs, même éditeur.

UFO's Over Modern China, Wendelle C. Stevens & Paul (Moon Wai) Dong, UFO Photo Archives, P. O. Box 17206, Tucson, Arizona 85710.

The Gulf Breeze Sightings, Ed Walters and Frances Walters, Avon Books, New York.

The UFO Casebook, Captain Kevin D. Randle, USA ret. Warner Books, New York.

Alien Liaison, The Ultimate Secret, Timothy Good, Century, Century Random Ltd, 20 Vauxhall Bridge Road, London SW1V 2SA, England. Du même auteur, l'excellent *Above Top Secret : The Worldwide UFO Cover Up*, Sidgwick & Jackson, London.

Livres en portugais (du Brésil)

UFO's E Abduçaos no Brasil, Irène Granchi, Novo Milênio Editora, Rua Sa Freire, 40, Sao Cristóvao, 20930 Rio de Janeiro, RJ, Brasil.

As possibilidades do infinito, M.A.O. Bianca *(De um Contato do 3ᵉ Grau à Conquista da Auto-Consciência)*, 1987, Editora e Distribuidora Kôpyon Ltda. Caixa Postal 6658- CEP : 01.051, São Paulo, SP Brasil.

Revues américaines d'ufologie

UFO Universe, Charlotte Magazine Corp., 1700 Broadway, New York, NY 10019, USA.
UFO, Journal of Facts, P. O. Box 17206, Tucson, Az 85710, USA.
International UFO, 11684 Ventura Blvd, # 708, Studio City, Ca. 91609, USA.

Revue anglaise

Flying Saucer Review, 21 Cecil Court, Charing Cross Road, London WC2, England.

Revues espagnoles (de grande qualité)

Espacio Y Tiempo, General Aranaz 60, ch 16, Madrid 28027, Espagne.
Año Cero, carretera de Irún Km 12, 28049 Furrencaral/Madrid.
Mass Alla, calle san Isidro 23, 28220 Majadahonda, Madrid, Espagne.
Mundo Desconocido, Orbita MD, Apartado de Correos n° 20.200, 08080 Barcelona, Espagne.

Revue italienne (consacrant une part notable à l'ufologie)

Il Giornale dei Misteri, Via Massaïa 98, 50134 Florence, Italie.

Ouvrages en français

Révélations, contact avec un autre monde ou manipulation humaine? (1992) Jacques Vallée, Ed. Robert Laffont. A lire absolument (même si l'on ne partage pas toutes les options de l'auteur) et à relire... entre les lignes. Un ouvrage captivant.
La Conspiration des étoiles, Les Ummos : terrestres ou extraterrestres? Martine Castello, Philippe Chambon, Isabelle Blanc, Ed. Robert Laffont. Une étude objective et pertinente de trois journalistes intelligents qui n'ont pas cru devoir ironiser sur les « petits hommes verts » ni invoquer les stupides « explications » des scientistes.
Le Véritable Langage des Ummo, Les Extra-Terrestres sont-ils parmi nous? Antonio Ribera, Ed. du Rocher. Publié en 1979 en Espagne, édité en France en 1984 et réédité en

1991, ce livre est le premier (à ma connaissance) à avoir été consacré exclusivement aux Ummites. Agrémenté d'une abondante inconographie, cet ouvrage de référence puise vraiment à la source des étranges Ummites dont un « commando » atterrit en 1950 à La Javie, Alpes-de-Haute-Provence (France). L'une des plus grandes (et irritantes) énigmes de l'ufologie.

OVNI : Expérimentations très spéciales (1990) Geneviève Vanquelef, 12 avenue du Vallespir, 66700 Argelès-sur-Mer. L'un des premiers ouvrages documentaires consacrés aux activités néfastes des « Gris » par la première femme ufologue de France.

Les Extraterrestres en question, Paule Picard, un excellent ouvrage documentaire au titre provisoire (?) à paraître chez Michel Lafon/Edition n° 1.

Les Années-lumière, troublante enquête sur les contacts extra-terrestres d'Eduard Meier, Gary Kinder, Editions Arista. Et troublante, elle l'est, cette enquête minutieuse sur ce cas — controversé — de Billy (surnom d'Eduard) Meier. Mon confrère et ami Wendelle C. Stevens, lors de notre rencontre à Albuquerque (Nouveau-Mexique) en août 1991, m'a confirmé sa conviction en la réalité des contacts de Billy. Nombre de photographies d'engins prises par ce dernier, analysées, n'ont révélé aucun trucage. En aurait-il glissé de « moins authentiques », dans le lot, pour faire bonne mesure ? Et pourtant, si ses contacts (rencontres) avec des ET sont imaginaires, d'où détient-il des photos prises depuis l'espace montrant certains de nos satellites artificiels et autres cosmonautes soviétiques... photos *inconnues de la NASA ?*

Fille de Mératos, témoignage d'une rencontre avec des extraterrestres, Roseline Pallascio ; singulière aventure que celle de cette amie québécoise enfin décidée à relater par le menu son enlèvement par des êtres d'une haute spiritualité. Mais ne pratiquent-ils pas, eux aussi, une certaine forme de manipulation ? Paru au Québec chez Louise Courteau.

AMI, l'enfant des Etoiles, Enrique Barrios, Les Editions du ravissement intérieur, 1298 St-Zotique Est, Montréal, Québec, Canada. Un livre pour enfants, qui relate les rencontres de l'auteur (alors enfant) avec de sages et bénéfiques Extraterrestres.

Revues et bulletins

Prisme, « Profondes altitudes », numéro spécial OVNI, revue semestrielle, 11 avenue de la Gare, 17230 Marans ; cette intéressante revue nous présente ici d'excellentes études de pointe sur les crashes de naguère et les contacts (mais aussi les rapts) d'aujourd'hui, sans oublier « Du nouveau sur Dulce » de Geneviève Vanquelef et de passionnants et courageux articles d'autres auteurs tout aussi lucides.

IMSA-Contact (non exclusivement consacré aux OVNI), siège social et vice-présidence : J. Y. Gambetta, 24 boulevard d'Arras, 13004 Marseille.

Contact-OVNI, publié par le CEOF (Centre d'Etudes OVNI/ France), président : René Voarino, BP 21, 13170 La Gavotte.

Tau Ceti, publié par le groupe du même nom. Président : Marcel Pech, 11590 Cuxac-d'Aude.

Phenix, la renaissance d'un savoir caché, bulletin du SERPPE (Service d'Etude et de Recherches sur les Phénomènes Parallèles et Etranges), président : Philippe Mathé, 24 avenue des Frères-Lumière, 69008 Lyon.

UFO Bulletin, publié par la SLUB : Section Locale Ufologie de Buis-les-Baronnies, présidente : Suzanne Perreau, 26170 Buis-les-Baronnies.

Crash Réalité (Groupement pour la levée du secret sur les crashes d'OVNI dans le monde). Olivier Riefel, 2 rue du 2-décembre-1970, 94360 Bry-sur-Marne.

Le Monde inconnu, excellent mensuel principalement axé sur l'ésotérisme et la Tradition.

Romans

Opération Jugement dernier, Sidney Sheldon, Ed. Presses de la Cité ; le mécanisme machiavélique et criminel des autorités occultes pour éliminer « ceux qui en savaient trop sur un crash d'OVNI ». Suivi d'annexes. A lire absolument.

Contrat sur un pasteur, Frédéric Charpier, Roman Vaugirard. Rien à voir avec les OVNI... mais un sérieux coup de projecteur sur les menées criminelles de certains organismes de coercition couvert et orchestré par l'Etat pour étouffer certaines vérités. Les ufologues de pointe qui œuvrent à mes côtés, harcelés au téléphone, dont les fax sont piratés, qui reçoivent des menaces, en savent quelque chose... Une introduction des plus valables à la bibliographie qui va suivre :

Les ouvrages ci-après révèlent les dessous (tout aussi criminels) ainsi que les magouilles perpétrées au plus haut niveau des nations (gouvernants occultes/MJ 12/Groupe Bilderberg/Commission Trilatérale/CFR ou *Council on Foreign Relations*) qui, prolongeant les annexes du présent ouvrage, confirment le bien-fondé de notre cri d'alarme : RÉVEILLEZ-VOUS !

Notre allié Saddam, Claude Angéli et Stéphane Mesnier, Olivier Orban.
La Dernière Valse des Tyrans : la prophétie, Judy Pope Koteen, Louise Courteau Editrice, 7433, rue Saint-Denis, Montréal/H2R 2E5, Québec, Canada.
La République corrompue, Yves Chalier, Ed. Robert Laffont.
Justice, vous avez dit justice ? Guy Thomas, Editions N° 1.
Entre Rome et la France 1926-1946, Pierre Ordioni, Ed. Albatros, Paris.
Les Financiers qui mènent le monde, Henry Coston, publications Henry Coston, BP 92-18, 75862 Paris Cedex 18.
Le Veau d'or est toujours debout, Henry Coston.
Divers fascicules chez le même éditeur :
Le monde secret de Bilderberg
Le fric est à gauche
Une nouvelle synarchie internationale : la Trilatérale.
Mais qui gouverne l'Amérique ?

Enfin, le numéro spécial (mars-avril 1992) du *Crapouillot* intitulé « Les secrets des RG »... dont les activités (écoutes téléphoniques, entre autres) ressemblent curieusement aux harcèlements téléphoniques, dont mes amis et moi sommes victimes depuis des années, avec écoutes systématiques du lundi 8 h 30 au vendredi 17 h 30, horaire de fonctionnaires, à l'évidence. Simple coïncidence, bien sûr... L'un de ces « harceleurs », menacé par mes soins (avec un ton qui excluait la plaisanterie), m'adressa peu après une lettre anonyme signée « un ennemi malgré lui », émaillée de fautes d'orthographe volontaires, lettre reproduite en fac-similé. Signalons aussi *Le Crapouillot* n° 9 de juillet 1992, numéro hors série intitulé « Voyage à travers la France insolite », où les OVNI et les ET n'ont pas été oubliés. Passionnant !

Peu connu, démuni de moyens, ne disposant que d'un vieil ordinateur quasi à bout de souffle, le CNRE « La Licorne » (Centre National de Recherche sur l'Etrange) 36, avenue de Nieppe, 57110 Basse-Ham, n'en accomplit pas moins un travail de bénédictin et de qualité. Son président, Patrick Billaudé, prépare un ouvrage de référence sur les RR III dans le monde de 1600 à 1990. Les ufologues et amateurs de singularités cachées le liront avec profit. Ce groupement et d'autres mériteraient grandement d'être épaulés par des dons de matériels d'informatique (ordinateurs, imprimantes) et de bureau : machines à écrire, fax, photocopieurs, etc.). Je n'ai aucune honte, ici, à faire appel à la générosité de firmes informatiques et bureautiques susceptibles de les aider par des dons de matériels, même de seconde main. M'écrire chez l'Editeur qui transmettra. Pour ces groupements de chercheurs non officiels, dignes d'intérêts, merci.

Un coup de chapeau, enfin, à la nouvelle émission mensuelle « Mystères », de Philippe Plaisance (déjà producteur de la « Nuit des Héros ») présentée par le journaliste Alexandre Baloud. La première (le 8 juillet 1992) fut consacrée aux lieux « hantés » (avec effets physiques) et à la parapsychologie. Entre autres personnalités, le professeur Rémy Chauvin y apportait une intelligente et courageuse caution. Ultérieurement, le domaine des OVNI et des Extraterrestres (amis ou ennemis !) sera abordé. Espérons que les ufologues invités n'appartiendront pas à la catégorie « douteuse » des sociopsychologues et autres individus inféodés au SEPRA ! Et de grâce, que le plateau soit à jamais *interdit* aux sombres comiques rationalistes qui ont assez fait de mal comme cela à la recherche de la vérité !

Pour conclure, une mention spéciale et chaleureuse à *VSD* pour son ouverture d'esprit envers l'ufologie en général. Dans sa livraison n° 775 des 9-15 juillet 1992, cet intéressant hebdomadaire aborde les enlèvements de Terriens (dramatiquement nombreux aux Etats-Unis). Les coupables, non déterminés, sont à l'évidence les « Gris » dont j'ai dénoncé les crimes dans *E.B.E. 1* et *E.B.E. 2*, crimes contre lesquels les autorités ferment les yeux en feignant l'ignorance ! Philippe Romon, l'auteur de l'article, a su traiter avec objectivité et lucidité (sans raillerie stupide propre aux rationalistes et esprits forts !) le très grave problème de ces rapts, assortis souvent de mutilations avec prélèvement de sperme pour les hommes et d'insémination artificielle pour les femmes (enlevées une deuxième fois trois mois plus tard par ces êtres démoniaques afin de prélever leur fœtus hybride !).

NB : Chose impensable au pays de Descartes où règne le terrorisme intellectuel de l'Union rationaliste et celui des nombreux universitaires négateurs par principe : au MIT (Massachusetts Institute of Technology, Harvard, USA) s'est tenue une assemblée de scientifiques, thérapeutes, ufologues, hypnotiseurs (dont Bud Hopkins) sous la présidence du Dr John Mack, psychiatre à l'école de médecine (Harvard) et du professeur David Pritchard du MIT. Objectivement et positivement, ils planchèrent sur les terrifiantes épreuves *réellement* vécues par des milliers (et certainement davantage) de citoyens américains. Une partie des psychothérapeutes présents parle d'hallucination (c'est commode et cela dispense de réfléchir) mais d'autres, moins bornés, reconnaissent la matérialité objective des faits[1]. A quand (et où), en France, un congrès mondial sous le contrôle des *ufologues de pointe* de l'IMSA, du CEOF et autres organismes positifs cités dans mon ouvrage ? Quelle municipalité dynamique et courageuse, dotée de structures d'accueil adaptées, relèvera-t-elle le défi avec le concours de sponsors nationaux ? Là aussi m'écrire aux Presses de la Cité, qui transmettront...

1. L'on ne peut en dire autant de Marie-Thérèse de Brosse dans son article « Enlevés par les ET » (*Paris-Match*, 17 septembre 1992). Ses commentaires ironiques, partiaux, tentent de jeter le discrédit sur les conclusions des scientifiques américains du MIT (Massachussetts Institute of Technology), sur d'autres chercheurs engagés dans l'étude des exactions et forfaitures des « Gris » ; commentaires dans le droit fil du GEPAN, du SEPRA et autres organismes officiels bidon partie prenante de la conspiration du silence. La journaliste se garde bien de reconnaître que votre serviteur fut le premier en Europe à révéler ces faits dans *E.B.E. 1* (avril 1990) ; elle ne cite pas davantage Geneviève Vanquelef qui elle aussi poursuivit dans cette voie de l'honnêteté intellectuelle. D'autres faits vont être divulgués sur l'affaire de Cergy-Pontoise (*absolument authentique* en dépit de l'intox du GEPAN, de J.-C. Bourret & Cie). Voilà qui intéressera sûrement *Paris-Match*...

DU MÊME AUTEUR

Aux Éditions Fleuve Noir :

Collection « Anticipation » :

Le pionnier de l'atome (adapté en B.D., coll. « Sidéral »).
Au-delà de l'infini (adapté à la radio ; traduit en néerlandais, grec et portugais ; adapté en B.D., coll. « Sidéral »).
L'invasion de la Terre (traduit en italien et grec ; adapté à la radio et B.D., coll. « Sidéral »).
Hantise sur le monde (traduit en italien et grec ; adapté en B.D., coll. « Sidéral »).
L'univers vivant (traduit en portugais et grec ; adapté en B.D., coll. « Sidéral »).
La dimension X (adapté en B.D., coll. « Sidéral »).
Nous les Martiens (traduit en portugais et italien).
La spirale du temps (adapté en B.D., coll. « Sidéral »).
Le monde oublié (adapté en B.D., coll. « Sidéral »).
L'homme de l'espace (Grand Prix du Roman S.-F. 1954 ; traduit en italien, espagnol, portugais, yougoslave ; adapté à la radio et en B.D., coll. « Sidéral »).
Opération Aphrodite (adapté en B.D., coll. « Sidéral »).
Commandos de l'espace (traduit en espagnol ; adapté en B.D., coll. « Sidéral »).
L'agonie du verre (traduit en allemand ; adapté en B.D., coll. « Sidéral »).
Univers parallèles (adapté en B.D., coll. « Sidéral »).
Nos ancêtres de l'avenir (adapté en B.D., coll. « Sidéral »).
Les monstres du néant (traduit en allemand et grec ; adapté en B.D., coll. « Sidéral »).
Prisonniers du passé (adapté en B.D., coll. « Sidéral »).
Les êtres du feu (adapté en B.D., coll. « Sidéral »).
La mort de la vie (avant-propos de l'atomisticien Charles-Noël Martin ; traduit en italien ; adapté en B.D., coll. « Sidéral »).
Le règne des mutants (adapté en B.D., coll. « Sidéral »).
Cité Noé n° 2 (traduit en portugais ; adapté en B.D., coll. « Sidéral »).
Créatures des neiges.
Le rayon du cube.
Convulsions solaires (traduit en portugais).
Réseau Dinosaure (traduit en grec).
La force sans visage.
Expédition cosmique (traduit en italien).

Les cristaux de Capella.
Pièges dans l'espace (traduit en portugais ; paru en feuilleton dans *Dernière Heure,* Alger).
Chasseurs d'hommes.
Les sphères de Rapa Nui (traduit en italien et portugais).
L'ère de Biocybs (traduit en portugais).
Expérimental X. 35 (traduit en portugais).
Planète en péril.
La caverne du futur (traduit en espagnol).
La grande épouvante.
L'invisible alliance.
Le secret des Tschengz (traduit en portugais).
Opération Ozma.
L'âge noir de la Terre.
Mission « T ».
Les forbans de l'espace (traduit en portugais).
Projet King (traduit en espagnol).
Les destructeurs (traduit en portugais).
Les portes de Thulé.
Le retour des dieux (traduit en portugais).
Les sept sceaux du cosmos (traduit en portugais).
Joklun-N'ghar la Maudite (traduit en portugais).
La terreur invisible (traduit en portugais).
L'Ordre Vert (Prix du roman ésotérique 1969).
Traquenard sur Kenndor.
Demain l'Apocalypse.
L'arche du temps.
Le triangle de la mort.
Plan catapulte.
Les orgues de Satan.
La voix qui venait d'ailleurs.
Le grand mythe.
La charnière du temps.
Enjeu cosmique.
Les maîtres de la Galaxie.
Les rescapés du néant.
La mission effacée.
Opération Neptune (traduit en portugais).
Les germes du chaos (Grand Prix du Roman S.-F. Jean Auvray 1973 ; traduit en portugais).
Les veilleurs de Poséidon.
L'exilé de Xantar.
Le maître du temps.
Manipulation psi.
Les pièges de Koondra (traduit en grec).
Les fugitifs de Zwolna (traduit en grec).
Les Krolls de Vorlna.
Le bouclier de Boongoha (traduit en grec).

La stase achronique.
La colonie perdue.
Oniria.
La lumière de Thot.
Les légions de Bartzouk.
Les yeux de l'épouvante.
Hieroush, la planète promise.
La clé du Mandala.
Trafic interstellaire.
Les fils du serpent.

La totalité de ces titres a déjà été rééditée dans la collection « S.F. Jimmy Guieu » aux éditions Plon, puis aux Presses de la Cité (poche) et actuellement sous la marque Vaugirard.

Chez Vaugirard (inédits) :

Magie rouge
Les rebelles de N'Harangho (série « Blade & Baker » ; avec la collaboration de Philippe Randa).

Dans la collection « Les Dossiers Vaugirard » :

Les soucoupes volantes viennent d'un autre monde (ouvrage documentaire ; traduit en anglais et espagnol). Réédition.
Black-out sur les soucoupes volantes (préface de Jean Cocteau). Réédition.

Dans la collection
« Les Chevaliers de Lumière »/Fleuve Noir :

La Force Noire (Prix du roman à succès 1987, catégorie SF). (*Épuisé.*)
Le Pacte de Kannlor.
La terreur venue du néant.
Narkoum : finances rouges.
Plan d'extermination.
Réseau Alpha.
L'Héritage de Noé.
Les sentiers invisibles.
L'Empire des ténèbres.
Le piège du Val Maudit.

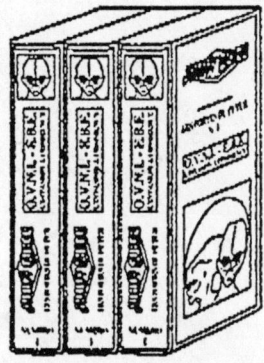

*Cet ouvrage a été composé
par l'Imprimerie BUSSIÈRE
et imprimé sur presse CAMERON
dans les ateliers de la S.E.P.C.
à Saint-Amand-Montrond (Cher)
en octobre 1992*

Nº d'édition : 6074. Nº d'impression : 2468-1587
Dépôt légal : novembre 1992
Imprimé en France